Globalização, logística e transporte aéreo

Dados Internacionais de Catalogação na Publicação (CIP)
(Câmara Brasileira do Livro, SP, Brasil)

Barat, Josef
 Globalização, logística e transporte aéreo / Josef Barat. – São Paulo : Editora Senac São Paulo, 2012.

 Bibliografia.
 ISBN 978-85-396-0193-6

 1. Cidades-aeroportos 2. Comércio internacional 3. Empresas aéreas – Brasil 4. Globalização 5. Logística (Organização) 6. Logística empresarial 7. Transporte aéreo 8. Transporte aéreo de cargas I. Título.

12-03496   CDD-387.7

Índice para catálogo sistemático:

1. Logística aeroportuária : Transporte aéreo :
        Comércio   387.7

Globalização, logística e transporte aéreo

Josef Barat

Administração Regional do Senac no Estado de São Paulo
Presidente do Conselho Regional: Abram Szajman
Diretor do Departamento Regional: Luiz Francisco de A. Salgado
Superintendente Universitário e de Desenvolvimento: Luiz Carlos Dourado

Editora Senac São Paulo

Conselho Editorial: Luiz Francisco de A. Salgado
Luiz Carlos Dourado
Darcio Sayad Maia
Lucila Mara Sbrana Sciotti
Jeane Passos Santana

Gerente/Publisher: Jeane Passos Santana (jpassos@sp.senac.br)

Coordenação Editorial: Márcia Cavalheiro Rodrigues de Almeida (mcavalhe@sp.senac.br)
Thaís Carvalho Lisboa (thais.clisboa@sp.senac.br)
Comercial: Rubens Gonçalves Folha (rfolha@sp. senac.br)
Administrativo: Luis Americo Tousi Botelho (luis.tbotelho@sp.senac.br)

Edição de Texto: Léia Fontes Guimarães
Preparação de Texto: Valdinei Dias Batista
Revisão de Texto: Amanda Lenharo di Santis, Edna Viana, Luiza Elena Luchini (coord.), Rinaldo Milesi
Projeto Gráfico e Editoração Eletrônica: SFSantana
Capa: Fabiana Fernandes, sobre foto de Stephen Strathdee/iStockphoto
Impressão e Acabamento: Intergraf Indústria Gráfica Ltda.

Proibida a reprodução sem autorização expressa.
Todos os direitos desta edição reservados à
Editora Senac São Paulo
Rua Rui Barbosa, 377 – 1º andar – Bela Vista – CEP 01326-010
Caixa Postal 1120 – CEP 01032-970 – São Paulo – SP
Tel. (11) 2187-4450 – Fax (11) 2187-4486
E-mail: editora@sp. senac.br
Home page: http://www.editorasenacsp. com.br

© Josef Barat, 2012

Sumário

Nota do editor   7

Prefácio   9
Brigadeiro Mauro Gandra

Apresentação | Josef Barat, quando o mundo faz sentido   13
Jacob Klintowitz

Agradecimentos   19

Introdução: Os desafios para o transporte aéreo   23

1. As infraestruturas de logística e transporte: avaliação e perspectivas   31

2. O transporte aéreo mundial: expansão, gargalos e perspectivas   75

3. O transporte aéreo no Brasil: obstáculos e oportunidades   129

4. A regulação do transporte aéreo   191

Bibliografia   219

Anexos   225

Nota do editor

A crise no transporte aéreo brasileiro ocorrida entre 2006 e 2007 chamou a atenção do país para as graves falhas estruturais do setor. O aumento da demanda pelo transporte aéreo e os problemas de infraestrutura e de gestão no sistema de aviação civil brasileiro foram fatores determinantes dos apagões aéreos ocorridos na época.

Josef Barat, ex-diretor de relações internacionais, estudos e pesquisas da Agência Nacional de Aviação Civil (Anac), faz neste livro um estudo minucioso dos problemas enfrentados pela aviação civil brasileira. Também analisa as questões ligadas à expansão do setor e suas tendências no longo prazo. Discute ainda como estabelecer um equilíbrio saudável entre dinâmica de mercado e regulação de serviços para garantir segurança e qualidade.

O Senac São Paulo apresenta mais esta publicação, indispensável para profissionais e estudantes da área de negócios, planejamento e gestão, turismo e hospitalidade, economistas e administradores e para os interessados em entender os dilemas da aviação civil brasileira.

Prefácio

Conheço Josef Barat desde que coordenou um trabalho, do qual participei, sobre logística e transporte no processo de globalização, realizado pelo Instituto de Estudos Econômicos Internacionais (IEEI), em 2005-2006, o qual era então presidido pelo saudoso professor Gilberto Dupas.

Chama-me a atenção a sensibilidade do autor para lidar com temas, normalmente de conhecimento restrito a profissionais de um ramo específico, sensibilidade que exemplifico com o tratamento dado à questão relativa à investigação de acidentes aeronáuticos, dando ênfase absolutamente necessária ao fato de que a finalidade "dogmática" da investigação é a de impedir a repetição do acidente. Esse dogma, infelizmente, foi quebrado ao ser tratado pela sociedade do país, nos acidentes do voo GOL 1907 em 2006 e do voo TAM 3054 em 2007, muito mais pelo viés da busca de culpados e pela expectativa de suas respectivas condenações. Ressalta ainda que tal atitude abalou a credibilidade do Brasil na apuração das causas de seus acidentes aéreos.

No campo da logística, sua análise da necessidade quase compulsiva de criação das cadeias logísticas, principalmente em decorrência da globalização, demonstra a importância isonômica entre a produção e a logística. Em termos de infraestrutura, notadamente a relativa aos transportes, a exegese é esclarecedora da gênese dos problemas, assim como do abandono dos Planos Nacionais de Desenvolvimento, que, em suas épocas, privilegiaram as infraestruturas de transporte, energia e comunicações e que, por causa de crises econômicas internacionais ou domésticas, deixaram o país órfão do conveniente desenvolvimento nesses importantes campos da economia nacional.

Mesmo com o advento das parcerias público-privadas (PPPs), em 2004, legislação que trouxe a perspectiva de ser o "ovo de Colombo" para a complementação dos investimentos estatais, lembra o autor que a consciência e a cultura empresariais de duvidar (com certa razão) da segurança jurídica dos contratos com os governos têm impedido a atração de grandes volumes de capital privado, necessários aos investimentos em infraestruturas de grande porte, estando até o momento as PPPs focadas em investimentos de menor grandeza.

A pesquisa levada a cabo para construir as páginas relativas ao transporte aéreo mundial é digna de admiração e respeito. As mudanças de paradigma que o autor destaca, em relação à logística e à produção, são maximizadas no trato do modal aéreo. Além dos dados estatísticos, as análises sobre os radicais avanços tecnológicos do setor, os fatores de expansão, os gargalos restritivos, o advento da globalização e as respectivas mudanças de cenário e de mercado dela decorrentes, bem como as influências do 11 de setembro e da questão ambiental, são convenientemente exploradas, dando ao capítulo um quadro completo da evolução do transporte aéreo nesses 66 anos de pós-Guerra Mundial.

Novamente, o capítulo 3 ("O transporte aéreo no Brasil: obstáculos e oportunidades") é farto em esclarecedores gráficos estatísticos. Chama atenção, o autor, para o baixo índice de participação do modal aéreo na matriz de transporte de passageiros e de cargas no Brasil. Entretanto, demonstra que tal condição é fator de reais oportunidades para o setor, em razão de sua enorme capacidade de expandir-se até alcançar um percentual próximo ao apresentado em países considerados de maior desenvolvimento econômico e social, o que já estaria acontecendo nos anos mais recentes.

É feita ainda uma passagem nos "tempos" da política de flexibilização (ofertas, destinos, tarifas aéreas, etc.), desde o período da regulação com intervenção (competição controlada – 1973-1986) até os períodos de quase desregulamentação (2001-2002) e rerregulação (2003-2005), para chegar-se ao atual ambiente de liberação, condicionada tão somente à capacidade da infraestrutura aeronáutica e, principalmente, à da capacidade da infraestrutura aeroportuária.

Ao tratar das infraestruturas aeronáutica e aeroportuária, reporta o descompasso entre o aumento da demanda de passageiros e cargas transportados, notadamente a partir de 2001, e a capacidade governamental de adequar as mencionadas infraestruturas à nova realidade do mercado, cujo substantivo aumento de demanda doméstica não foi afetado nem pelo 11 de setembro nem pela crise econômica desencadeada em 2008.

O capítulo destaca a vulnerabilidade das empresas aéreas, quando de conjunturas econômicas recessivas, considerando a servidão da demanda nesse segmento da economia ao PIB do país, além de sua vulnerabilidade à flutuação dos preços do petróleo. Destarte, considera equivocada a liberdade tarifária abrupta imposta pela Anac nos voos internacionais, à exceção do mercado sul-americano, pontuando que a liberação dever-se-ia ter dado numa transição mais longa, de no mínimo cinco anos.

A menção ao "apagão aéreo" lista uma conjunção de fatores contribuintes para o resultado caótico nunca antes ocorrido na história da aviação civil brasileira, com destaque para os trágicos acidentes da GOL e da TAM, principais desencadeadores do inusitado problema.

O capítulo 4 ("A regulação do transporte aéreo") traz conceitos amplos sobre o tema, para então explorar o perfil institucional e administrativo da aviação civil no Brasil, percorrendo os quase setenta anos de regulação do segmento no país, passando pelos órgãos envolvidos no processo, a saber: Ministério da Aeronáutica, DAC, Cernai, Cotac, Cenipa, Decea, CTA, Infraero e IAC. Posteriormente, com a criação do Ministério da Defesa e a subordinação da Infraero àquele Ministério, cita em sequência as criações do Conac, da Anac e da SAC, estes últimos hoje os responsáveis pela condução do setor. Registra, ainda, a necessidade de revisão do Código Brasileiro de Aeronáutica, o qual deveria ser substituído por uma lei geral da aviação civil mais ajustada à realidade vigente.

Tendo percorrido, em "passo acelerado", este verdadeiro vade-mécum sobre transporte aéreo, logística e globalização, gostaria de afirmar que, com meus 62 anos dedicados à aviação, encontrei no livro um dos melhores trabalhos relativos a esses imbricados temas de natureza econômica, social, administrativa e institucional. Consiste, portanto, em fonte de consulta importante para quem queira conhecer alguns dos meandros desses complexos assuntos abordados, mas obrigatória para os profissionais ligados a tais atividades.

Mauro Gandra

Tenente-brigadeiro do Ar. Foi diretor-geral do Departamento de Aviação Civil (DAC), ministro da Aeronáutica no primeiro mandato do ex-presidente Fernando Henrique Cardoso e presidente do Sindicato Nacional das Empresas Aeroviárias (SNEA). Atualmente é presidente executivo da Associação Nacional das Concessionárias de Aeroportos Brasileiros (Ancab) e *Chairman* da empresa AEL Sistemas (ex-Aeroeletrônica).

Apresentação

Josef Barat, quando o mundo faz sentido

Minucioso, Josef Barat observa com isenção as questões sociais e jamais abandona a sua capacidade de perceber o mundo de maneira sistêmica. Em constante confronto com a realidade cotidiana do país, é dotado de extrema precisão. De alguma maneira, ou de muitas maneiras, esse homem objetivo e isento nos evoca a imaginária figura de um professor de plantão que dissesse à nação: "Bom, antes de tudo, vamos nos colocar de acordo quanto ao significado das palavras...".

A busca da verdade é uma obsessão nos textos desse economista, e a tônica multidisciplinar de sua abordagem é uma constante. Estamos diante de um analista que deixa indícios de seu conhecimento literário, da familiaridade com os mestres do cinema e da música popular e da identificação com alguns agudos expoentes da comunicação. É assim que, de seu assíduo trabalho de esclarecimento, nos chegam o eco e as reminiscências de Nelson Rodrigues, Machado de Assis, Norman Mailer, Noel Rosa, Federico Fellini, Woody Allen, Dick Farney, Tim Maia, etc. E, ao percorrer os cenários brasileiros narrados com mestria por Barat, quem deixará de se lembrar dos cenários de Franz Kafka, especialmente de *O castelo*?

Entretanto, estes textos de Barat são contidos, por um esforço do escritor para se manter nos limites de um espaço estreito, evitando que o leitor imagine que se trata de outra coisa que não de um texto científico embasado em vetores confiáveis, em estatísticas, em modelos nacionais e internacionais, na história das ideias econômicas e nas regras da boa administração do século XXI. Mas é uma autorrestrição frágil, pois todos percebemos a riqueza multifacetada das fontes do autor.

É notável como a observação de Josef Barat é sistêmica. Nela o mundo faz sentido. Todas as coisas estão ligadas umas às outras; há um encadeamento entre as ações, a intervenção no cotidiano, o passado e o futuro. O planejamento, quando fundado na boa informação e no pensamento esclarecido, gera riqueza, conforto, alegria e torna o país mais institucional e menos irracional. Se a permanente análise por Barat das questões nacionais tem uma finalidade principal, esta seria a defesa do planejamento como instrumento essencial da vida democrática e da construção do futuro.

Acredito que esse martelar cívico do escritor Josef Barat tem um segundo e estimulante vetor. Pensar é uma maneira de não submergir no pântano da superficialidade política e da irrelevância administrativa. Penso, logo sobrevivo. São de tal maneira evidentes certos descaminhos do país; são tão recorrentes as suas mazelas ao longo das décadas e tão farsantes as soluções – até mesmo as midiáticas iniciativas educacionais –, que alguns intelectuais e artistas honestos têm na atividade incessante um instrumento pessoal capaz de preservar a sanidade e o autorrespeito. Pensar e discorrer sobre o mundo dos homens é uma maneira de não se anular na cumplicidade. Nada de omissão. Falar é estar vivo.

Josef Barat tem profunda experiência de gestor público e trabalhou com figuras icônicas de nossa vida política. Nessas oportunidades foi considerado um homem aberto ao diálogo, atento às nuanças dos conflitos humanos e políticos, mas sempre propositor de novos métodos e de soluções renovadoras, ou seja, um homem flexível, porém austero. Um intelectual sempre disposto a considerar as imediatas questões humanas, mas norteado pelo bem maior coletivo e fundado em ideias atualizadas e universais: menos a política menor e a ideologia partidária, mais o servidor público e a ciência.

Participei de dezenas de conferências e debates em companhia de Barat. Sempre me surpreenderam suas intervenções impregnadas de cordialidade, iniciadas com uma clara fundamentação histórica e uma declaração de princípios. Barat sempre explicita de que mirante está olhando a realidade. Ele é cooperativo e honesto, mas não são esses dois elementos que me surpreendem, e sim o seu entusiasmo. Para ele, essas são sempre oportunidades para tornar a vida mais viável e espantar a obscuridade. Certamente nessas ocasiões eu o acho ingênuo. Mas, devo confessar, como velho amante que sou do *Eclesiastes* e de Shakespeare, Kaváfis, Borges, Kafka, Swift, Dostoiévski, sinto inveja desse elã e dessa boa vontade.

A trilha que o economista Josef Barat percorre é desconhecida e árdua; é original, pois foi ele mesmo que a abriu e continua a desenvolvê-la. Não é inédito que uma pessoa faça o seu próprio caminho, mas é raro, e, no Brasil, essa possibilidade tem se estreitado, uma vez que o espaço público, arena desse tipo de comportamento, é cada vez menor.

É curioso observar esse percurso e o personagem, pois Josef Barat é gentil, cordial, ponderado e rigoroso. Suas intervenções em debates se pautam pelo respeito ao interlocutor. "Aí está" – pensamos logo – "um homem que ama o diálogo e a lógica". Cabe, para tratar dessa análise, utilizar a norma de atuação do mafioso: "Não é pessoal". Nunca é uma análise pessoal quando se trata de um intelectual público. O Brasil perde muito ao pretender que todos os intelectuais devam estar ligados a instituições. Essa é uma regra amortecedora do talento e da independência, que cerceia a verdadeira contribuição. Em Josef Barat encontramos justamente isto: o talento do intelectual público.

Jacob Klintowitz

Jornalista, editor de arte, *designer* editorial e autor de 116 livros sobre teoria da arte e obras de ficção. Exerceu a curadoria de inúmeras exposições e eventos culturais e recebeu duas vezes o Prêmio Gonzaga Duque, da Associação Brasileira de Críticos de Arte, pela sua atuação profissional. Integra o Conselho de Economia, Sociologia e Política da Federação do Comércio de Bens, Serviços e Turismo do Estado de São Paulo (Fecomercio).

*Dedico este livro às minhas
filhas Andrea e Daniela.*

Agradecimentos

Sou grato a todos os que me ajudaram, de alguma forma, a tornar possível a elaboração e edição deste livro:

Ao Senac São Paulo, nas pessoas de Isabel Maria Alexandre e Léia Guimarães.

Ao amigo Jacob Klintowitz, pela gentileza de me agraciar com a Apresentação.

Ao brigadeiro Mauro Gandra, pela generosidade de me contemplar com o Prefácio.

À Eliana Astrauskas, pelo incentivo e apoio nos momentos difíceis que enfrentei em meio ao turbilhão da Anac e do "apagão aéreo".

Aos amigos e colaboradores Roberto Guena de Oliveira e Ari Gorenstein, que me auxiliaram em diversos trabalhos sobre logística, transporte e aviação civil.

Aos que, na Anac, ajudaram a tornar mais claros meus pensamentos e ideias e incentivaram ou contribuíram, em algum momento, para dar forma a este livro: Henrique Augusto Gabriel, Carlos Fonseca, Arão Parnes, Margareth Maria da Silva, Alex Castaldi Romera, Fabíola Santos, Juliano Alcântara Noman e Ronei Saggioro Glaznann.

Aos que, no Ipea, colaboraram para tornar possível a elaboração do capítulo sobre o setor aéreo do livro *Infraestrutura econômica no Brasil: diagnósticos e perspectivas para 2025*: Márcio Wholers de Almeida, Carlos Álvares da Silva Campos, Bolívar Pêgo Filho, Leonardo Fernandes Soares Vasconcelos e Fabiano Mezadre Pompermayer, bem como o presidente Márcio Pochmann.

Finalmente, agradeço, *in memoriam*, ao saudoso amigo Gilberto Dupas pelo incentivo que me foi dado para ampliar o debate sobre a globalização e o transporte aéreo.

Se eu não for por mim, quem o será?
E, sendo apenas por mim, o que eu sou?
E, se não for agora, quando será?

Hillel

O que foi é o que há de ser; e o que se fez é o que se fará; e nada há de novo sob o sol.

Eclesiastes 1,9.10

Introdução: Os desafios para o transporte aéreo

As sequelas do "apagão aéreo"

Quando ocorrem os chamados "apagões" nos serviços de utilidade pública, eles acabam por revelar, de alguma forma, tanto os gargalos infraestruturais de natureza física quanto as inúmeras deficiências operacionais e de gestão que os geraram. As causas são sempre múltiplas, cumulativas e, principalmente, de responsabilidade do Estado. Não foi diferente no caso da prolongada crise aérea ocorrida entre 2006 e 2007, com suas graves repercussões e sequelas que se mantêm latentes até hoje.

A primeira constatação foi a de que, por mais de dois anos, o Ministério da Defesa falhou na coordenação das ações relacionadas com a multiplicidade de segmentos que compõem o sistema nacional de aviação civil. Ou seja, falhou em integrar e coordenar a gestão das infraestruturas aeroportuária e aeronáutica, a regulação técnica e econômica, bem como os mecanismos de prevenção e investigação de acidentes. Houve, sobretudo, dificuldade de diálogo entre os órgãos públicos responsáveis por esses segmentos.

Não bastasse isso, o Conselho Nacional de Aviação Civil (Conac), responsável pela formulação de diretrizes e políticas públicas, não se reuniu por quase quatro anos. Portanto, por um bom tempo um setor dessa complexidade não teve orientações claras de planejamento e integração entre as partes, exatamente em um momento de crescimento acelerado da demanda. Quando a crise aérea começou a arrefecer, tal constatação induziu, finalmente, o Ministério da Defesa a criar a Secretaria de Aviação Civil (SAC), visando restabelecer a coordenação e integração das ações dos órgãos envolvidos.

No que diz respeito à falta de planejamento e capacidade de gestão, é importante constatar o que ocorreu com as infraestruturas, tanto aeroportuária quanto aeronáutica. A Empresa Brasileira de Infraestrutura Aeroportuária (Infraero) investiu considerável montante de recursos, dispersando-os, porém, entre aeroportos, sem critérios de prioridade ante as reais necessidades da demanda e distribuindo mal os investimentos em relação às imposições de segurança, em termos de instalações e capacidade nos terminais, pátios, pistas e sistemas de aproximação e proteção ao voo. O Departamento de Controle do Espaço Aéreo (Decea), por sua vez, viu-se às voltas com sérias carências de pessoal e degradação de equipamentos, resultantes da imposição de sucessivos contingenciamentos de recursos. Esses problemas tornam-se mais críticos diante do desafio de substituir, no longo prazo, o ambiente tecnológico atual pelos sistemas mais avançados baseados em satélites geoestacionários.

A Agência Nacional de Aviação Civil (Anac), pressionada no nascedouro pela crise da Varig, não conseguiu se viabilizar na regulação econômica de um setor marcado pela competição acirrada e, por vezes, predatória, principalmente em aeroportos aglutinadores. Engolfada por uma multiplicidade de funções herdadas do Departamento de Aviação Civil (DAC) e de outros órgãos de natureza militar, relegou a segundo plano sua principal função como agência reguladora moderna, qual seja, a de zelar pelo equilíbrio de mercado, dando ênfase à regulação econômica. Num ambiente de forte crescimento da demanda e de ampla liberdade na oferta, a Anac não conseguiu estabelecer claramente as exigências de suporte infraestrutural para os sistemas operacionais, diante do crescimento da demanda. Trata-se, assim, de uma contradição ainda não resolvida, a do estímulo ao crescimento da demanda – resultante da estabilidade monetária, da redução nos preços das passagens aéreas e da ampliação do crédito – com a permanência de fortes restrições de oferta.

Precisamente nesse contexto ocorreram, em menos de um ano, os dois maiores acidentes da história da aviação civil brasileira. Foi natural, portanto, que se buscasse apontar os "culpados". Mais do que culpados, interessava ao governo, naquele momento, encontrar "bodes expiatórios", como forma de aplacar a ansiedade da mídia e da opinião pública, uma vez que os acidentes aéreos as mobilizam fortemente. Em suma, o governo não queria expor as suas responsabilidades na atabalhoada condução da crise, na falta de planejamento, de políticas públicas consistentes e coordenação dos órgãos envolvidos, nas flagrantes deficiências na oferta de infraestruturas aeroportuária e aeronáutica em face do crescimento da demanda, bem como no abusivo movimento dos controladores de voo, que criou uma tensão nunca vista entre pilotos e tripulantes das aeronaves comerciais. No Brasil não há busca exaltada da culpa quando ocorrem acidentes com vítimas pobres, seja em embarcações na Amazônia, seja em ônibus nas estradas malcuidadas. Mas na aviação é diferente, e tende-se a buscar a criminalização.

Ocorre, no entanto, que o Brasil é signatário da Convenção de Chicago de 1944. Esta, em seu Anexo 13, estabelece princípios para a investigação de acidentes aéreos, destacando-se o da finalidade: "A investigação deverá ter como objetivo a apuração da causa do acidente, para impedir a sua repetição". Portanto, deverá distanciar-se da pressão pública e, principalmente, correr em sigilo. O Anexo veda expressamente a divulgação de dados da caixa-preta, salvo por autorização judicial.

Nesse sentido, se a finalidade de prevenção deve ser observada antes de qualquer outra, o Judiciário somente poderá autorizar a divulgação para pessoas essenciais à investigação. Uma vez concluída, caberá ao Judiciário decidir se houve conduta criminosa. A responsabilidade poderá ser humana, do equipamento, da empresa aérea e/ou do gestor da infraestrutura. Ocorre que o clima emocional e as motivações políticas que envolveram o desditoso acidente com a aeronave da TAM tumultuaram as necessárias objetividade e isenção dos procedimentos recomendados pela Convenção da qual o Brasil é signatário.

No caso de falha humana, não se poderia ignorar, vale insistir, o ambiente de extremo estresse entre controladores de voo e pilotos, que se estendeu por todo o apagão aéreo. Em tese, eventual falta de treinamento adequado e de assistência por parte das empresas poderia, também, indicar caminhos mais complexos nas investigações. Mas o fato é que, quando se cria no curso de uma investigação de acidente aéreo um ambiente de extrema pressão político-partidária, corre-se o risco de desviar antecipadamente a atenção das verdadeiras responsabilidades. Como se não bastasse toda a complexidade da crise aérea, as quebras de sigilo e o desvio de finalidade da investigação puseram em risco a credibilidade do Brasil na apuração das causas de seus acidentes aéreos. Se o país não consegue realizar investigações adequadas, não estará apto, no futuro, a impedir a repetição do acidente e, assim, não manterá um transporte aéreo seguro.

Os desafios futuros

A demanda pelo transporte aéreo cresceu aceleradamente nos últimos quinze anos, em decorrência do ambiente de estabilidade criado pelo Plano Real e da incorporação de novos contingentes da população a novos nichos de mercado. Entre 1995 e 2009, mais que triplicou a demanda pelos serviços domésticos de passageiros e cargas. Em consequência, tornou-se um fator crítico à capacidade – ou seja, à oferta – na cadeia do sistema de aviação civil como um todo. Este é o ensinamento mais importante que se pode tirar dos acontecimentos e sequelas que marcaram o apagão aéreo.

Na verdade, a capacidade tem significados diferentes para cada segmento do sistema. Considerada sua complexidade e abrangência, quais são os desafios para o transporte aéreo no Brasil? Nas empresas aéreas, o aumento da oferta respondeu, no geral, às exigências impostas pelo crescimento da demanda. As empresas atuam em ambiente de liberdade de mercado e intensa competição. Por terem margens estreitas de lucratividade, são muito sensíveis aos desequilíbrios entre oferta e demanda, ou seja, decisões errôneas com relação ao dimensionamento das frotas podem acarretar capacidade ociosa ou insuficiente. Este é um desafio sempre presente na gestão das empresas aéreas.

Por outro lado, a regulação do mercado tem por desafio evitar tanto a ociosidade quanto a competição predatória e a desestabilização do mercado. Mas a questão crítica para o melhor desempenho das empresas reside no fato de as infraestruturas aeroportuária e aeronáutica não terem acompanhado o crescimento da demanda e os novos modelos operacionais. Estes se basearam na utilização mais intensiva das aeronaves, operações *hub-and-spoke* (conexões e distribuição em aeroportos aglutinadores) e práticas *low cost* (redução drástica de custos nos serviços de bordo e atendimento aos usuários).

Na infraestrutura aeroportuária, os inúmeros gargalos têm afetado os movimentos de tráfego aéreo e causado desconforto aos passageiros nos terminais. Os aeroportos mais congestionados são os coordenados, ou seja, aqueles em que se limita o número de *slots* disponíveis para equilibrar as restrições de movimentos (pousos e decolagens). Com a intensificação das operações *hub--and-spoke*, os aeroportos de Congonhas, Guarulhos, Brasília e Manaus (este, no que de refere à carga aérea) tornaram-se críticos para o sistema de aviação civil, no seu conjunto.

O grande desafio, portanto, é ofertar infraestrutura aeroportuária compatível com o crescimento da demanda pelo transporte aéreo de passageiros e cargas, decorrente da evolução da economia brasileira. É de esperar que os acréscimos de renda, a maior inserção do país na economia globalizada e a realização de eventos esportivos mundialmente populares incrementem ainda mais a movimentação nos aeroportos brasileiros. As deficiências na infraestrutura aeroportuária têm prejudicado consideravelmente as operações aéreas, sendo que os aeroportos mencionados já atingem ou estão próximos de atingir a sua capacidade operacional máxima. Esses gargalos se tornarão mais graves a partir de 2013.

No que diz respeito à infraestrutura aeronáutica, os gargalos são de dois tipos. Em primeiro lugar, aqueles ocorridos por insuficiência de controladores de voo e deficiências na sua qualificação, e, em segundo lugar, os ocorridos por falta de investimentos na adequação e modernização das instalações e equipamentos. Não se pode esquecer que a repetição do comportamento abusivo dos controladores – uma das causas primordiais do apagão aéreo – pode provocar uma significativa restrição de capacidade do espaço aéreo, especialmente nos aeroportos críticos.

Os sistemas de controle do espaço aéreo e proteção ao voo vêm sendo objeto de profundas transformações. As bases em instalações de terra, centralizadas e com integração dispersa, evoluem para bases espaciais (por meio de satélites georreferenciados), descentralizadas e altamente integradas. O grande desafio, portanto, é a evolução em direção aos complexos e sofisticados modelos de comunicação por satélite e tecnologias digitais. Eles superarão as atuais técnicas de comunicação, navegação, monitoração e gerenciamento do tráfego aéreo, com mudanças significativas resultantes da introdução de tecnologias de ponta.

Já para o governo, o grande desafio é dotar o país de estratégias e políticas para a aviação civil, num horizonte de trinta anos, sobretudo políticas e regras de regulação econômica que balizem a evolução dos mercados internacional, doméstico e regional. O Código Brasileiro de Aeronáutica não atende mais às necessidades da regulação. Ele é anterior ao Código de Defesa do Consumidor e ao sistema de defesa da concorrência. A Infraero carece de um planejamento de longo prazo que permita orientar objetivamente suas prioridades e que, portanto, não a mantenha refém de interesses político-partidários imediatistas, dispersando recursos para investimentos. O Conac, por sua vez, ainda não compreendeu bem que seu papel é o de formulador de políticas públicas e não o de regulador ocasional.

Por fim, mas não menos importante, com relação à regulação seria desejável uma reestruturação da Anac que a tornasse mais "parecida" com as demais agências reguladoras. A Anac herdou uma vasta gama de atribuições relacionadas com todos os segmentos da aviação civil. O ideal seria ter maior foco, regulando e fiscalizando apenas os serviços aéreos domésticos e internacionais, os acordos bilaterais ou multilaterais, a adequação da infraestrutura aeroportuária, bem como os estudos e pesquisas necessários ao exercício das suas funções.

Algumas palavras sobre este livro

Este trabalho resultou da consolidação, revisão e ampliação de conceitos, análises e propostas feitas por mim em diversos trabalhos, artigos e seminários técnicos. É a consolidação, também, de um conhecimento acumulado desde a participação, como membro titular, na Comissão do Transporte Aéreo Civil (Cotac), passando pelas propostas apresentadas, em 1991, ao ministro da Aeronáutica Sócrates Monteiro, para flexibilização da regulação do transporte aéreo, incorporadas posteriormente às diretrizes da Conferência Nacional de Aviação realizada em 1992.[1] Novas formulações e propostas foram por mim consolidadas na qualidade de coordenador técnico do seminário A Modernização do Transporte Aéreo, realizado em março de 2000, no Centro de Convenções do jornal *Gazeta Mercantil*, em São Paulo.

Em 2005, dei uma contribuição importante aos estudos realizados pelo Ministério do Turismo, com a coordenação de uma análise detalhada do mercado de aviação civil na América do Sul e de suas perspectivas.[2] Em 2010, tive a oportunidade de coordenar, para o Instituto de Pesquisa Econômica Aplicada (Ipea), o capítulo referente ao setor aéreo, no âmbito do amplo trabalho de

---

[1] Uma síntese da análise e propostas, entregues ao ministro da Aeronáutica, encontra-se em Josef Barat, "Transporte aéreo e a infraestrutura aeroportuária", em *Brasil: transporte para o futuro – CNT'92* (Brasília: CNT, 1992).

[2] Planejamento, assessoria e monitoração de projetos, *Turismo: estudo de potencial de mercado da aviação civil – América do Sul – módulo três (pares de cidades)* (Brasília: Ministério do Turismo, 2005).

pesquisa realizado por aquele Instituto denominado Projeto de Perspectivas do Desenvolvimento Brasileiro.[3]

Finalmente, minha atuação como diretor de relações internacionais e estudos e pesquisas da Anac – em um período marcado pela turbulência da crise aérea – serviu para uma reflexão mais aprofundada das perspectivas, gargalos e inconsistências de todo o nosso sistema de aviação civil e do transporte aéreo em particular.

Algumas observações metodológicas

Houve uma dificuldade muito grande no trabalho de consolidar as séries históricas que serviram de embasamento para as análises feitas aqui. Para questões relacionadas à movimentação aérea de passageiros e cargas no mundo, foram utilizados, como fontes principais, dados da Organização da Aviação Civil Internacional (Oaci), das Nações Unidas e da Associação Internacional do Transporte Aéreo (Iata). Para o transporte e a logística, em geral, foram utilizados dados do Banco Mundial e da Organização para a Cooperação e o Desenvolvimento Econômico (OCDE), além de diversas organizações setoriais citadas nos quadros e gráficos.

Para os dados de movimentação aérea de passageiros e cargas no Brasil foram consultados os *Anuários Estatísticos do Transporte Aéreo* editados pelo DAC e posteriormente pela Anac. O grande problema na coleta desses dados foi a frequente inconsistência entre aqueles constantes nas publicações anuais e os que eram oferecidos nas consolidações posteriores, na forma de séries históricas, inclusive objeto de revisões metodológicas, como a ocorrida em 2000. Optei, assim, pelos dados das séries, sempre que havia a alternativa de uma série histórica posterior. No caso dos dados históricos mais antigos me vali do estudo realizado pelo Instituto de Aviação Civil (IAC), do Ministério da Aeronáutica, intitulado *Demanda global do transporte aéreo*, de 1998.

No caso dos dados financeiros mais recentes, foram utilizados como fontes Ipea, Ministério da Defesa (Decea e Infraero), Ministério do Planejamento e Orçamento/Deset, Ministério da Fazenda/Siaf. Como as inconsistências entre as fontes eram, por vezes, de grande vulto, optei pelas consolidações recentemente realizadas pelo Ipea.

---

3 Ipea, "Panorama e perspectivas para o transporte aéreo no Brasil e no mundo", em *Infraestrutura econômica no Brasil: diagnósticos e perspectivas para 2025*, vol. I (Brasília: Ipea, 2010).

Convém lembrar, por fim, que os dados relativos a receitas e quantidade de passageiros ou volume de carga transportados foram atualizados até o ano de 2009. Por referirem-se a informações de estratégia comercial das empresas aéreas, são, por essa razão, mantidos sob sigilo pelo período de dois anos. Consequentemente, no momento em que o livro foi concluído – no início de 2011 – os dados de 2010 ainda não haviam sido divulgados.

O livro oferece em seu Anexo I uma visão panorâmica dos gargalos de natureza institucional que afetam o sistema de aviação civil do país. O Anexo II mostra os gargalos físicos e operacionais, que, se não forem superados, tolherão o desenvolvimento do nosso setor aéreo. Já o Anexo III consolida todos os quadros com as séries históricas e comparativos entre países – que deram origem aos gráficos deste livro –, com a menção das suas fontes.

1 As infraestruturas de logística e transporte: avaliação e perspectivas

Uma breve introdução conceitual

Apesar da dificuldade em localizar a origem histórica do termo "infraestrutura", sua etimologia remete à ideia da parte inferior de uma estrutura, ou o que a ela serve de sustentação. "Estrutura", por sua vez, é o conjunto formado pela reunião de partes ou elementos, em determinada ordem ou organização. "Infraestrutura" seria, assim, a base de um sistema onde os componentes se relacionam. O conceito difundiu-se pela economia e ciências sociais e, do ponto de vista filosófico, o marxismo o disseminou como um conjunto de relações sociais e econômicas que determinam as superestruturas, estas representando o complexo das ideologias e instituições religiosas, filosóficas, jurídicas e políticas dominantes numa sociedade.

O conceito de infraestrutura mais agregado ao ponto de vista econômico é o da base material ou econômica de uma sociedade ou organização. Podemos dizer que a infraestrutura – no singular – de um país, região ou área urbana é o conjunto das instalações necessárias às atividades humanas, tais como os sistemas de logística e transporte, energia elétrica, telecomunicações, bem como as redes de gás canalizado, abastecimento de água, coleta e tratamento de esgotos e recepção de águas pluviais. No plural, o termo pode ser usado, quando se adota uma visão abrangente, para designar a articulação desses diversos segmentos que compõem a base ou conjunto de equipamentos públicos, instalações e facilidades num país ou região.

Os diversos segmentos infraestruturais dão suporte à prestação de serviços públicos, além de fomentar o desenvolvimento regional. O conceito de infraestruturas está ligado ao atendimento das necessidades tanto da vida social – ao proporcionar serviços essenciais à melhoria dos padrões de vida – quanto das empresas, na medida em que os serviços delas decorrentes se incorporam como insumos às funções de produção.

Já o termo "logística", em sua remota origem grega, era a denominação dada à parte da aritmética concernente às quatro operações e, no campo da filosofia, ao conjunto de sistemas de algoritmos aplicado à lógica. Modernamente, a palavra adquiriu, na arte da guerra, o sentido de planejamento e realização de projeto, desenvolvimento técnico, obtenção de meios, armazenamento, transporte, distribuição, reparação, manutenção e evacuação de materiais ou pessoas (para fins operativos ou administrativos).

O conceito de logística difundiu-se largamente após o término da Segunda Guerra Mundial. A partir da sua intensiva aplicação pelas tropas aliadas no conflito, consolidou-se gradualmente o conceito de logística empresarial, abrangendo tanto as atividades de suprimentos e de distribuição quanto os métodos e procedimentos relacionados à logística interna das empresas. Por outro lado, o conceito de uso militar também evoluiu para escopos mais abrangentes no âmbito governamental, relacionados às necessidades de escoamento de mercadorias destinadas às exportações, ao abastecimento do mercado interno e aos processos de estocagem e distribuição, inclusive aqueles voltados à segurança alimentar. Nesses casos, as concepções da logística no planejamento governamental implicam planejar alternativas, buscar a redução de custos e contornar as dificuldades causadas por gargalos físicos e ineficiências nas operações.

Os planos de governo passaram a dar atenção igualmente à superação dos obstáculos de natureza institucional, legal e burocrática em cada uma das etapas do suprimento, escoamento e distribuição de importantes fluxos de mercadorias. Como se sabe, a complexidade dos processos logísticos abrange desde a coleta na origem, estocagem, escoamento e distribuição no destino, até o apoio dos sistemas de comunicação e informática nos diversos estágios do deslocamento das cargas. As infraestruturas de transporte, em seus diversos modais, constituem o principal suporte para as atividades relacionadas com a logística.

Os estudos e ações de logística centraram-se, inicialmente, na administração das funções de transporte e estocagem. Nesse estágio, as preocupações diziam respeito aos aumentos de produtividade e às aplicações incipientes da informática. Essa abordagem intensificou-se com a globalização, a partir dos anos 1970, na medida em que as empresas tornaram seus processos produtivos cada vez mais internacionalizados – e com cadeias produtivas mais extensas – na busca de suprimentos (ou frentes de exportação) de matérias-primas, peças e componentes.

Nos anos 1990, num mercado caracterizado pela intensificação da concorrência global, surgiram novas prioridades, tais como as reestruturações organizacionais e os controles de custos baseados em segmentos específicos de atividades. As preocupações passaram a ser relacionadas principalmente com tempo e qualidade. Os desafios voltaram-se para a integração interna, acompanhada de esforços em terceirização e difusão das tecnologias de informação. Ao longo de mais de quarenta anos, portanto, a logística empresarial vem sendo tratada de forma sistemática, passando por abordagens inovadoras e ajudando a resolver problemas complexos de armazenagem, transporte e cadeias de distribuição de produtos e insumos. Esse tratamento também passou a dar suporte às decisões de localização e de dimensionamento das instalações de novas unidades de produção (Ballou, 2003).

A logística e as mudanças no processo produtivo

Com a ampliação da globalização e dos sistemas de produção flexível, bem como com a sofisticação das técnicas mercadológicas, redefiniram-se os princípios da logística e alteraram-se as prioridades e estratégias. Surgiu uma preocupação maior com a racionalização de tempo e custo, uma vez que a concorrência apenas em função de qualidade e preço já não garantia a sustentação de vantagens competitivas. A realidade atual é a de uma vastíssima gama de produtos demandados e ofertados, redução nos ciclos de vida, maiores exigências dos consumidores e variada segmentação de clientes, canais e mercados (Ballou, 2003).

Hoje, os consumidores demandam flexibilidade crescente, disponibilidade e segurança da mercadoria procurada, tudo ao menor custo final. Dessa forma, a demanda pela utilização de operadores logísticos tem aumentado, principalmente devido à complexidade operacional e à sofisticação tecnológica. O conceito de logística já não diz respeito exclusivamente às cadeias de distribuição, mas sim a um processo estratégico de planejamento e técnicas de controle de estoques e fluxos de materiais, desde o ponto de origem da produção até o seu destino final, para fins de transformação, embarque ou consumo (Quayle & Jones, 2002).

Note-se que a fragmentação dos sistemas produtivos induziu a especialização produtiva de regiões e países, com uma lógica de produção orientada pela oferta de produtos diferenciados e personalizados. Constatou-se a necessidade de respostas baseadas na demanda, estando a produção fortemente condicionada às exigências do mercado. É crescente, assim, a importância da logística apoiada em cadeias de transporte cada vez mais complexas e fortemente dependentes de novas tecnologias de informação, nas quais a estratégia das empresas é basicamente centrada em fatores de localização, informação e comunicação.

Nesse sentido, intensificou-se a aplicação de tecnologias de localização e transmissão de dados por meio de sistemas de satélite de navegação globais (GNSS), assim como houve grande avanço nas concepções dos chamados sistemas de transportes inteligentes. As vantagens oferecidas pelas tecnologias de satélites de observação, telecomunicações e navegação são adaptadas às necessidades específicas dos diversos modais de transporte. São, no entanto, de especial importância para as complexas cadeias logísticas baseadas no transporte multimodal. Tanto nos Estados Unidos como na União Europeia, foram notáveis os avanços na aplicação dos sistemas de monitoração por satélites aos transportes inteligentes, com informações em tempo real em relação à identificação das cargas – por meio de ID *tags* – em termos de movimentação, posicionamento dos veículos, monitoração de velocidade, etc., desde a origem até o destino final.

O atual estágio de evolução das tecnologias de informação permite que bancos de dados sofisticados possam acompanhar *on-line* níveis de estoque, despachos e deslocamentos de mercadorias em escala mundial, via internet. Por conseguinte, as tecnologias associadas às cadeias logísticas constituíram um dos segmentos de crescimento mais acelerado no campo das tecnologias da informação.

Numa economia mundial cada vez mais integrada, o fator mais importante de diferenciação competitiva entre países e regiões é a adequação da logística das cadeias produtivas, racionalizando rotas de abastecimento e escoamento, bem como reduzindo custos. Portanto, a logística tem que ter uma abordagem sistêmica da origem até o destino final dos produtos, interna e externamente. Ou seja, deve estar inserida na cadeia de suprimentos (*supply chain*), representada por matérias-primas, insumos, produção, transporte, impostos, distribuição, fluxo de informação, burocracia, gargalos institucionais e principalmente eficiência gerencial (Pavan, 2008).

A globalização, a logística e o transporte

As cadeias logísticas e a competitividade

Tornou-se lugar-comum afirmar que a globalização – associada à evolução tecnológica acelerada na informação e comunicação – alterou radicalmente as características da produção de bens e serviços. De fato, a globalização trouxe a fragmentação e o espalhamento das cadeias produtivas em escala mundial, dispersando-se a produção de componentes, partes e montagens finais. A forte integração horizontal estimulou a terceirização da produção e serviços, a qual, por sua vez, ampliou o alcance dos deslocamentos de matérias-primas e produtos. As novas cadeias produtivas impuseram, assim, o surgimento de novas logísticas de abastecimento e escoamento, por meio da utilização mais intensiva dos contêineres e do transporte multimodal.

O crescimento do uso da internet e dos sistemas de tecnologia de informação trouxe, por sua vez, mudanças radicais nas cadeias logísticas, principalmente em decorrência das tendências em direção à terceirização e à produção de componentes ou produtos fora do país ou região (*offshoring*). Em consequência, as atividades de logística e transporte, incluindo o gerenciamento de *supply chains*, procedimentos de compras (*procurements*) e distribuição tiveram grande expansão em escala mundial. Para assegurar competitividade nos mercados globais, produtores e varejistas, em todo o mundo, passaram a valer-se do estágio atual do desenvolvimento das tecnologias de informação no gerenciamento das cadeias de suprimento para reduzir estoques e custos de armazenagem e de formação de estoques. Com isso, diminuíram de forma vertiginosa os tempos de estocagem e de entrega de insumos e produtos finais (Quayle & Jones, 2002).

Note-se que a rápida adoção da terceirização e do *offshoring* levou muitas empresas que tinham no deslocamento das suas mercadorias um fator crucial para seus negócios a se tornarem também ofertantes de serviços de logística, inclusive provendo armazenagem e planejando serviços de abastecimento e distribuição. Assim, os serviços de logística, armazenagem, transporte, distribuição, bem como os de gerenciamento de cadeias de suprimento e compras, tornaram-se de tal forma entrelaçados que acabaram por gerar graus de eficiência jamais imaginados há três ou quatro décadas. No entanto, como os gargalos nas infraestruturas de transporte comprometem a eficiência das cadeias logísticas, obviamente a globalização impôs grandes desafios competitivos para sua superação por parte de governos e empresas. Assim, a competitividade teve o seu principal suporte nos investimentos maciços (públicos e privados) em infraestruturas.

Na verdade, a globalização e a formação dos grandes blocos econômicos vêm sendo conduzidas pelos grandes conglomerados transnacionais; eles detêm o comando da produção e induzem padrões inovadores de consumo. Determinam, ainda, como se formam as cadeias produtivas e, portanto, as cadeias logísticas e os processos de distribuição de bens e serviços pelo mundo. Como vimos, as mudanças nas formas de produção e de distribuição foram radicais, impulsionadas, sobretudo, pelos grandes avanços nas comunicações, informatização, logística e transporte. Por outro lado, a maior participação privada nas infraestruturas e o menor peso dos Estados na sua provisão corresponderam a um movimento que associou a liberalização à regulação.

Cabe acrescentar, por outro lado, que as grandes aglomerações industriais deixaram de ser relevantes para os processos produtivos. Com isso, os conceitos tradicionais de territorialidade tendem a desaparecer e as localizações de atividades pautam-se pelos sistemas em rede. Isso porque se tornou cada vez mais frequente a formação de amplas redes mundiais de empresas fornecedoras e produtoras, com o objetivo de encadear conjuntos de atividades voltadas para o atendimento das necessidades de mercados globalizados (Barat, 2008).

O transporte maciço de granéis e a difusão do uso de contêineres irromperam em rotas ou corredores regionalizados. Propiciou-se, assim, a integração de diversas funções e modais para garantir deslocamentos porta a porta com níveis elevados de produtividade e ao menor custo. Por rotas ou corredores, entende-se o conjunto de infraestruturas, sistemas operacionais e meios logísticos que, em diferentes escalas e especializações, integram-se para propiciar a continuidade do transporte desde a origem da produção até o destino do beneficiamento, transformação, consumo ou embarque nos portos (Barat, 1978).

Assim, os fluxos de mercadorias se materializam, de forma crescente, no transporte multimodal, sendo os portos e aeroportos os elos mais importantes do transporte terrestre com as rotas de longo curso ou de cabotagem. Com a expansão do comércio mundial, gerou-se grande diversidade de opções de rotas ou corredores, o que impôs acirrada concorrência na atração de cargas. Os portos e aeroportos tornaram-se, assim, empreendimentos comerciais, com forte influência no desenvolvimento regional.

Os grandes complexos portuários e aeroportuários norte-americanos e europeus não competem mais como meros polos individuais de carga e descarga de navios, mas sim como "plataformas" logísticas e polos cruciais de ligação de complexas cadeias de suprimento em escala mundial. Assim, a competitividade de um porto ou aeroporto tornou-se cada vez mais dependente de coordenação e controle por parte de atores exógenos às suas gestões.[4]

Por outro lado, ganharam importância novos fatores de gestão de custos, no contexto de acirrada competição, quais sejam, o custo do tempo para a transferência de mercadorias com maior valor agregado, a confiabilidade e a capacidade para atender as premências de tempo e facilitar os embarques e maior flexibilidade na concepção de rotas alternativas disponíveis para atendimento das cadeias logísticas. Na globalização, portanto, a logística e o transporte passam a atuar como fatores essenciais para inserção mais plena no comércio mundial, redução de assimetrias e adição de valor às cadeias produtivas nacionais. A existência de sistemas eficientes e empresas nacionais privadas de porte para a logística e o transporte é hoje condição essencial para que as negociações entre países e blocos possam ser feitas em bases de maior reciprocidade.[5]

Em síntese, para que um país, região ou empresa possam competir nos mercados de um mundo globalizado, torna-se imperativo acompanhar as tendências mundiais da logística e do transporte, cuja permanente mudança envolve, entre outros, os fatores abaixo.

- Intensificação da logística integrada porta a porta, para atender aos procedimentos *just in time* e reduzir ao máximo os estoques.
- Agregação de valor nas etapas das cadeias produtivas, pela evolução tecnológica, maior peso da transformação, redução de custos e aumento das escalas de produção.

---

4 Para uma visão mais ampla do ambiente competitivo dos portos, ver OCDE, 2008.
5 Para uma abordagem mais ampla do impacto da globalização na logística e no transporte, ver Barat, 2007-B.

- Geração de novos produtos – não tradicionais – a partir das matérias-primas, como, por exemplo, o que ocorre no Brasil com as cadeias produtivas ligadas à alcoolquímica e ao biodiesel.
- Globalização das empresas produtoras, com consequente espalhamento das cadeias produtivas e aumento das escalas de produção.
- Evolução tecnológica dos modais de transporte, especialmente o marítimo de cabotagem e o transoceânico – com a nova geração de navios Pós-Panamax – assim como os modernos portos e aeroportos aglutinadores de cargas.
- Crescimento da China e da Índia, com forte impacto das estratégias desses países nas decisões de localização da produção mundial.
- Aumento das perspectivas de escassez de recursos naturais, além de crescente instabilidade no mercado mundial de energia.[6]

A Figura 1, a seguir, mostra o entrelaçamento dos objetivos das gestões do transporte marítimo, dos portos e dos operadores logísticos. Por analogia, serve também para ilustrar as operações aeroportuárias e o transporte aéreo. Este induziu cadeias logísticas complexas voltadas tanto para o atendimento do chamado *e-commerce* quanto para a movimentação de mercadorias com alto valor agregado por unidade de peso. Os grandes aeroportos destinaram áreas cada vez maiores para a transferência e embarque desse tipo de carga, valendo-se dos grandes avanços ocorridos na tecnologia aeronáutica, bem como nos métodos de unificação e preservação da carga aérea. Têm crescido, também, as escalas de movimentação de passageiros em razão, principalmente, dos aumentos de produtividade e barateamento das passagens aéreas.

---

[6] Sobre os fatores envolvidos na evolução da logística, ver Pavan, 2008.

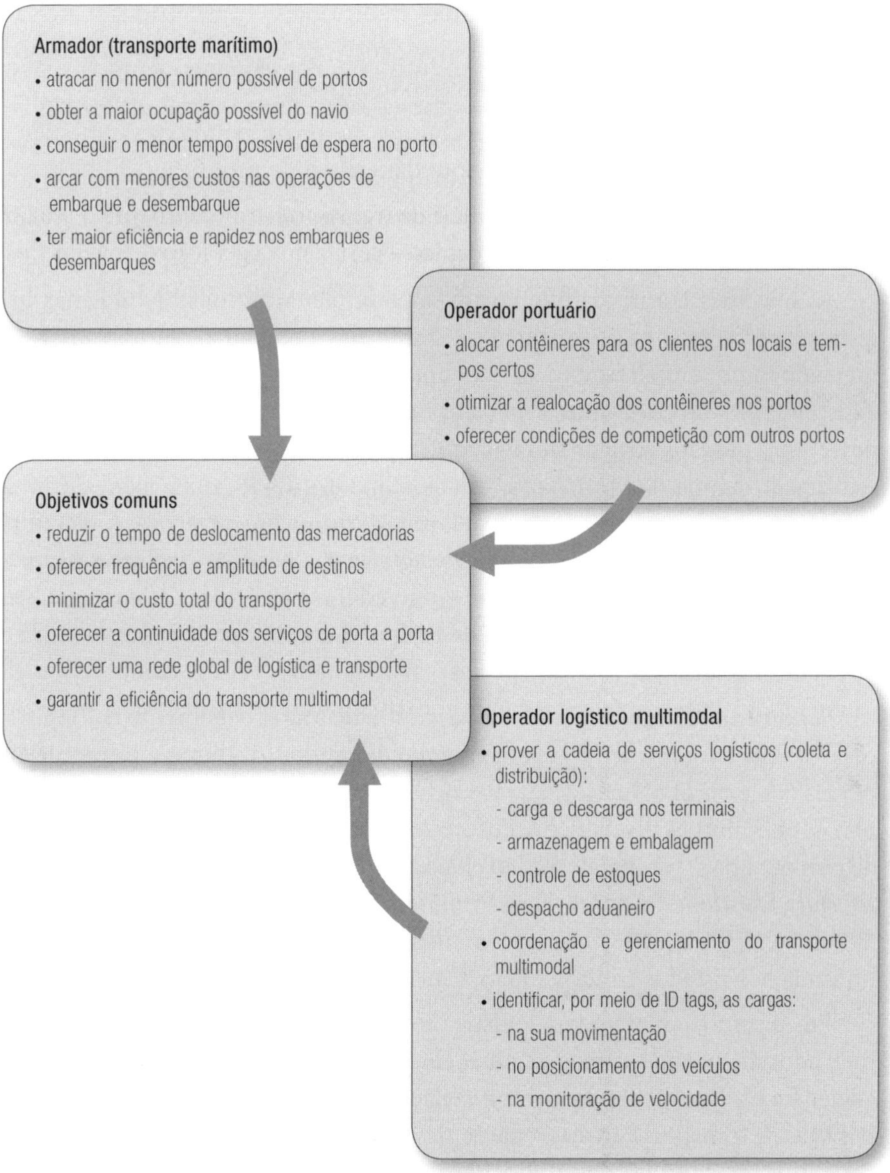

Armador (transporte marítimo)
- atracar no menor número possível de portos
- obter a maior ocupação possível do navio
- conseguir o menor tempo possível de espera no porto
- arcar com menores custos nas operações de embarque e desembarque
- ter maior eficiência e rapidez nos embarques e desembarques

Operador portuário
- alocar contêineres para os clientes nos locais e tempos certos
- otimizar a realocação dos contêineres nos portos
- oferecer condições de competição com outros portos

Objetivos comuns
- reduzir o tempo de deslocamento das mercadorias
- oferecer frequência e amplitude de destinos
- minimizar o custo total do transporte
- oferecer a continuidade dos serviços de porta a porta
- oferecer uma rede global de logística e transporte
- garantir a eficiência do transporte multimodal

Operador logístico multimodal
- prover a cadeia de serviços logísticos (coleta e distribuição):
  - carga e descarga nos terminais
  - armazenagem e embalagem
  - controle de estoques
  - despacho aduaneiro
- coordenação e gerenciamento do transporte multimodal
- identificar, por meio de ID tags, as cargas:
  - na sua movimentação
  - no posicionamento dos veículos
  - na monitoração de velocidade

Figura 1. Objetivos específicos e comuns às gestões do armador, do operador portuário e do operador logístico multimodal

Fonte: Adaptado de Frémont, 2009.

As plataformas logísticas

Com a dispersão das cadeias produtivas e, consequentemente, a maior abrangência geográfica das cadeias logísticas, tornou-se crucial o desenvolvimento de plataformas logísticas. Estas têm a finalidade de atender às necessidades das empresas, fornecedores, distribuidores e consumidores, em termos de redução de custos, provimento de informações mais instantâneas e maior velocidade na circulação das mercadorias.

As questões essenciais que envolvem a implantação das plataformas logísticas são a localização estratégica diante das necessidades impostas pelo mercado, no que diz respeito ao suprimento e escoamento de mercadorias, e a disponibilidade de grandes espaços, acessíveis aos diversos modais de transporte, que possam abrigar uma complexa infraestrutura de vias, centros de estocagem, pátios de manobra e estacionamento de veículos, além de uma ampla gama de equipamentos e instalações de apoio às operações. A plataforma logística tem, portanto, a função de aglutinar atividades que promovam a maior circulação de mercadorias, integrem os fluxos ao mercado e organizem os fluxos de transporte, pela oferta de melhores condições de infraestrutura e posição geográfica.

Fenômeno recente, as grandes áreas destinadas ao ordenamento das logísticas e cadeias de suprimento ou escoamento da produção – tanto em complexos portuários e aeroportuários quanto no entorno de regiões metropolitanas – têm denominações diversas. Na Europa, os termos para as plataformas variam de país para país. Na Inglaterra são chamadas de *freight villages*; na França, *plateformes logistiques* ou *plateformes multimodales*; na Alemanha, *güterverkehrszentrum*; na Itália, *interporto*, na Dinamarca, *transport center*. A expressão mais utilizada nos Estados Unidos, Japão, China e Cingapura é *logistic center*.

Em resumo, a plataforma logística é o lugar de convergência de fluxos de mercadorias, no que concerne ao melhor desempenho da logística e maior eficiência no transporte. Envolve instalações de empresas, complexas infraestruturas de transporte e armazenamento, a fim de melhorar a competitividade, permitir maior fluidez nas atividades de logística, eliminar entraves burocráticos e acelerar as operações comerciais. A plataforma logística é, portanto, um elo fundamental das cadeias logísticas e do transporte multimodal, como também um grande centro de geração de negócios e serviços.

Uma concepção abrangente de moderna plataforma logística com suas diferentes funções é apresentada na Figura 2, a seguir. Por ela pode-se ter uma visão da complexidade de funções envolvidas nas atividades que convergem (em termos de suprimentos) e se desdobram no processo de distribuição originado na plataforma. Para os diversos modais de transporte, são oferecidos infraestruturas, instalações, equipamentos e serviços relacionados com transporte multimodal e transbordo das cargas, estocagem e distribuição, serviços aduaneiros e serviços logísticos de forma abrangente.

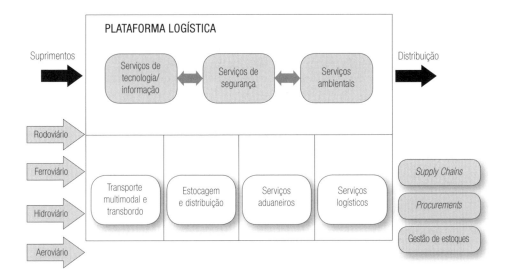

Figura 2. Concepção abrangente de uma moderna plataforma logística com suas diferentes funções
Fonte: Elaboração do autor.

Como vimos, em decorrência das tendências dos processos produtivos em direção à terceirização e ao *offshoring*, as atividades de logística e transporte ampliaram significativamente o seu escopo, passando a incluir o gerenciamento de cadeias de suprimento, procedimentos de compras e geração de complexas redes de distribuição. Essa ampliação de escopo reflete-se na organização física e operacional das grandes plataformas logísticas, que têm crescentemente alcance em escala mundial.

Note-se, por fim, que a crescente inserção da produção nacional no mercado mundial e as novas escalas impostas pela globalização tornam importante o suporte da navegação de longo curso e do transporte aéreo de bandeira nacional. Isso porque a redução do pagamento de fretes em moeda estrangeira tem papel importante no equilíbrio da conta corrente do balanço de pagamentos. A expansão da frota mercante dependerá, obviamente, do crescimento da construção naval e dos armadores nacionais. Mas não se avançará muito se os portos persistirem como gargalos ao comércio e à navegação, pelas dificuldades burocráticas, longos tempos de espera e custos operacionais elevados.

Por outro lado, um sistema de aviação civil forte e estruturado (empresas aéreas, aeroportos e indústria aeronáutica) poderá aumentar o poder de barganha diante das grandes mudanças que ocorrem no transporte aéreo mundial. Portanto, a inserção mais madura do país no cenário mundial da logística e do transporte impõe hoje a definição de linhas de ação claras voltadas para o aumento da participação da bandeira brasileira no mercado mundial dos transportes marítimo e aéreo.

O mercado interno, a logística e o transporte

No Brasil a evolução da logística e dos sistemas combinados de transporte se deu de maneira tardia. Para se ter uma ideia de quanto o setor ainda pode se desenvolver, o país encontra-se, na média, na transição entre as fases 2 e 3, de acordo com o processo evolutivo ilustrado na Tabela 1. Essa esquematização permite identificar as mudanças de paradigmas ocorridas no campo da logística. Em cada uma das etapas notam-se as redefinições do escopo de atuação e do foco na prestação dos serviços logísticos. Os Estados Unidos, por exemplo, comparativamente ao Brasil, encontram-se atualmente entre as fases 5 e 6.

Tabela 1. Evolução dos conceitos na logística

Fases	Fase 1	Fase 2	Fase 3	Fase 4	Fase 5	Fase 6
Atuação	armazenagem e transporte	distribuição física	logística integrada	supply chain management	qualidade total em logística	planejamento estratégico em logística
Foco	operacional	tático e gerencial	tático e estratégico	mercado	consumidor	integração total

Fonte: Ballou, 2003.

Somente a partir da segunda metade da década de 1990, as empresas brasileiras conseguiram integrar suas atividades de forma que difundissem o uso e a aplicação dos conceitos da logística. Isso foi possível, sobretudo, em decorrência da estabilização da economia. Mas o interesse maior pelos serviços logísticos deveu-se, também, à busca de competitividade da indústria nacional em virtude dos desafios impostos de início pela abertura comercial iniciada no governo Collor e, posteriormente, pela valorização cambial decorrente do Plano Real, no governo Fernando Henrique Cardoso.

Em 1997 a receita anual do setor de logística era estimada em cerca de R$ 1 bilhão, e as empresas operadoras não passavam de 35. Dez anos depois, o faturamento saltou para próximo de R$ 20 bilhões e as empresas, entre elas gigantes multinacionais, ultrapassavam 120. O crescimento acelerado do setor no Brasil começou, portanto, há pouco mais de uma década, período no qual se intensificou a diversificação do lançamento de produtos, e quando ocorreram, também, reduções importantes nos seus ciclos de vida. Entre as operadoras de serviços logísticos, cerca de 70% atuam no mercado há menos de dez anos, contra apenas 30% que existiam anteriormente.

Com a abertura da economia e a inserção gradual no processo de globalização, as atividades produtivas passaram a enfrentar acirrada concorrência internacional, sendo obrigadas a se ajustar aos padrões de competição mundial. Criou-se a necessidade de aumentos da eficiência e da produtividade, bem como de esforços na gestão das logísticas de suprimento e distribuição. Por outro lado, vale insistir, com a globalização estreitaram-se de tal maneira as distâncias entre as nações e os novos mercados, que as dinâmicas de circulação de mercadorias se alteraram radicalmente.

Apesar de o Brasil apresentar graves deficiências nas infraestruturas de transporte, armazenagem e distribuição – tendo como referência os países desenvolvidos –, o setor de logística ocupa posição importante na economia brasileira. Os principais usuários encontram-se nos setores químico e petroquímico, automotivo, de alimentos, farmacêutico (englobando higiene, limpeza e cosméticos), bem como de eletroeletrônicos, nessa ordem. Entre os principais serviços oferecidos pelas operadoras logísticas, destacam-se os de armazenagem, controle de estoques e transporte nas funções de coleta, transferência e distribuição, compondo o núcleo central da gestão integrada da logística.

Infelizmente, as cadeias logísticas do país são dependentes de uma matriz do transporte de carga bastante distorcida. O Quadro 1, a seguir, mostra que o transporte rodoviário é responsável por quase 64% da movimentação de cargas do país. Se excluído da matriz o minério de ferro (principal carga cativa da ferrovia), a participação do transporte por caminhões aproxima-se dos 70%,

Quadro 1. Matriz do transporte de cargas (ano de 2008 – em milhões de toneladas-quilômetro úteis e percentagens)

	Ferroviário	(%)	Rodoviário	(%)	Dutoviário	(%)	Aquaviário	(%)	Total	(%)
Alemanha	115.652	21,5	341.550	63,5	15.670	2,9	65.091	12,1	537.963	100,0
Austrália	218.980	37,8	190.779	32,9	45.415	7,8	124.540	21,5	579.714	100,0
Brasil (2007)	257.460	22,7	724.700	64,0	29.500	2,6	121.250	10,7	1.132.910	100,0
Canadá	340.092	51,6	146.600	22,3	122.296	18,6	49.926	7,6	658.914	100,0
China	2.511.804	49,9	1.135.470	22,5	1.220.000	24,2	169.700	3,4	5.036.974	100,0
Estados Unidos[1]	2.594.715	42,6	1.923.300	31,6	815.890	13,4	759.945	12,5	6.093.850	100,0
Federação Russa	2.116.240	60,1	216.276	6,1	1.112.852	31,6	75.407	2,1	3.520.775	100,0
União Europeia	439.067	22,3	1.269.185	64,3	126.271	6,4	138.037	7,0	1.972.560	100,0

[1] Ferrovias de classe 1

Fontes: Union Internationale des Chemins de Fer (UIC); OCDE/International Transport Forum; Banco Mundial; Transportation, Water, and Urban Development Department, Transport Division; US Bureau of Transport Statistics/Research and Inovative Technology Administration (Rita); CNT, 2009.

o que não tem paralelo em países com as dimensões continentais do Brasil. Nos Estados Unidos, Canadá, Austrália, Rússia e China, as ferrovias, dutos e navegação (fluvial ou costeira) têm participação muito mais expressiva, apesar do inevitável avanço do transporte rodoviário, em razão da complexidade dos processos de coleta e distribuição das cargas industriais.

O Quadro 1 mostra, ainda, a baixa participação da cabotagem num país cuja extensão costeira é de mais de 8 mil quilômetros. Por outro lado, o modal rodoviário está saturado em trechos vitais e tem infraestruturas deterioradas em grande extensão da malha viária. Por seu turno, o modal ferroviário – com exceção do escoamento do minério de ferro – apresenta baixas distâncias e velocidades médias, graves deficiências de traçado ou saturação da capacidade física de transporte, tanto em termos da via permanente como de sistemas de apoio de comunicações e de material rodante e de tração.

Por outro lado, o Quadro 2, a seguir, faz um comparativo entre as escalas e a repartição modal do transporte de cargas no Brasil e nos Estados Unidos. Enquanto o custo médio para transportar mil toneladas-quilômetro útil (tonelada por quilometro útil – TKU) no Brasil (excluído o transporte do minério de ferro) é de US$ 40,00, nos Estados Unidos esse custo é de US$ 27,00, ou seja, uma diferença significativa de US$ 13,00. Fica bem evidente o desbalanceamento da nossa matriz de transporte, que, segundo estimativas, onera o Custo Brasil em cerca de R$ 22 bilhões ao ano (Pavan, 2008).

Quadro 2. Comparativo entre Brasil e Estados Unidos na matriz do transporte de cargas e fretes médios (ano de 2007)

	Cargas transportadas		Distância média (km)	Matriz de transportes (%)			Frete médio padrão internacional (US$/mil t)
	TKU (milhões)	TU (milhares)		Brasil (c/ minério)	Brasil (s/ minério)	EUA (total)	
Rodoviário	724,7	1.135,8	638	63,8	78,0	31,1	45,0	60,0
Ferroviário	257,4	456,4	564	22,6	5,4	42,2	20,0	16,0
Aquaviário	121,2	432,8	280	10,7	13,1	13,1	12,0	5,0
Dutoviário	29,5	33,5	880	2,6	3,2	13,2	10,0	10,0
Aeroviário	3,8	0,3	1.000	0,3	0,3	0,4	360,0	320,0
Total	1,136,6	2.058,8	552	1000,0	100,0	100,0		
Custo médio (US$/mil t)				37,0	40,0	27,0		

Fontes: Coppead, UFRJ; Pavan, 2008, e atualização do autor.

Acrescente-se, por fim, que a precariedade do transporte afeta a confiabilidade e presteza das cadeias logísticas, uma vez que ocorrem atrasos constantes e perdas devido a roubos, acidentes e avarias. A maneira que os organizadores logísticos encontram para se proteger dos riscos e incertezas decorrentes de atrasos, anulações de entregas, entre outros, é a constituição de grandes estoques. Comparado com o sistema norte-americano, o brasileiro carrega, em média, 22 dias adicionais de estoque, equivalentes a um acréscimo desnecessário de investimento estimado em cerca de 120 bilhões de reais. Por outro lado, os custos logísticos no Brasil são estimados em 12,6% do PIB, contra 8,6% nos Estados Unidos. O transporte é responsável por 7,5% dos custos logísticos no Brasil, contra 5% dos custos norte-americanos (Caleffi, 2008).

É importante salientar que o processo de globalização vem promovendo significativa melhoria tanto na capacidade de movimentação mais eficiente de matérias-primas e produtos como na conectividade entre fabricantes e consumidores em escala mundial. No entanto, em termos mundiais, ainda é necessário evoluir mais para fomentar o crescimento econômico e propiciar maiores benefícios da globalização para países, regiões, empresas e consumidores. Estudo do Banco Mundial sobre a logística e o comércio mundial identifica os desequilíbrios que existem na fluidez das trocas internacionais e os gargalos que dificultam o fortalecimento das cadeias produtivas em todos os países (Banco Mundial, 2010).

Esse estudo apresenta o índice de performance da logística (LPI), baseado em uma pesquisa mundial com empresas (expedidoras e transportadoras) que operam a movimentação de cargas, as quais forneceram uma avaliação do ambiente mais ou menos favorável para a logística nos países em que estão presentes ou com quem comerciam. Na avaliação, combinam o conhecimento detalhado das operações em um país com a avaliação qualitativa provinda de outros países e a sua experiência do ambiente da logística global.

Note-se que a avaliação dos operadores é complementada com dados quantitativos relativos à performance de componentes-chave da cadeia de logística de um país. Com dados reunidos para 130 países, o LPI compõe-se, por conseguinte, tanto de avaliações qualitativas, quanto de mensurações quantitativas e ajudam a identificar perfis de ambientes que favorecem ou emperram a logística. O índice mede a performance ao longo das cadeias de suprimento no âmbito de um país, oferecendo duas perspectivas:

- o LPI internacional, que fornece avaliações qualitativas de um país em seis áreas, por parte dos seus parceiros comerciais – ou seja, profissionais de logística que operam fora do país –, com dados primários disponíveis para 155 países;
- o LPI doméstico, que fornece tanto avaliações qualitativas quanto quantitativas de um país por profissionais de logística que nele operam. Inclui informação detalhada do ambiente de logística, processos de logística, principais instituições, tempo de *performance* e dados de preços e fretes.

O LPI (que varia de 1 a 5) é formado pela média ponderada da classificação obtida por um país em seis dimensões, consideradas essenciais.

1. Eficiência do processo de escoamento (isto é, rapidez, simplicidade e previsibilidade das formalidades) por parte das autoridades públicas, em geral, e alfandegárias, em particular.
2. Qualidade e eficiência das infraestruturas relacionadas ao comércio, à logística e ao transporte (portos, aeroportos, ferrovias, rodovias, tecnologia de informações, entre outros tipos).
3. Facilidades para oferecer preços competitivos nos embarques.
4. Competência e qualidade dos serviços de logística (operadores de transporte, agentes de carga, agentes aduaneiros, entre outros).
5. Capacidade de roteirizar e monitorar os despachos de cargas.
6. Pontualidade ou capacidade de atingir os destinos nos tempos previstos de despacho e entrega.

O Gráfico 1 e o Mapa 1, a seguir, mostram o LPI agregado para o ano de 2010, em que o Brasil ocupa a 41ª posição, com nota 3,20. A dimensão em que o Brasil está mais bem classificado é a da "pontualidade", em que se encontra na 20ª posição, com nota 4,14, contribuindo, portanto, para a elevação do LPI agregado. Seguem-se "competência logística", na 34ª posição, com nota 3,30, seguida de "capacidade de roteirizar e monitorar", na 36ª posição com nota 3,42, e de "qualidade das infraestruturas", na 37ª posição, com nota 3,10. Já em "despachos internacionais", a posição é a 65ª, com nota 2,91, e, no que diz respeito à dimensão "procedimentos alfandegários", o Brasil está muito mal classificado, na 82ª posição, com nota 2,37.

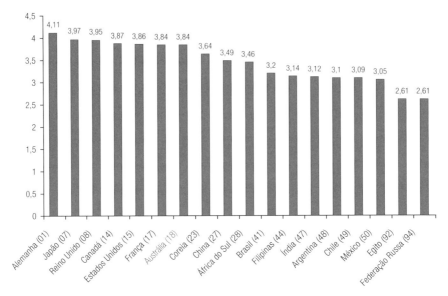

Gráfico 1. LPI agregado (ano de 2010)
Fonte: Banco Mundial, 2010.

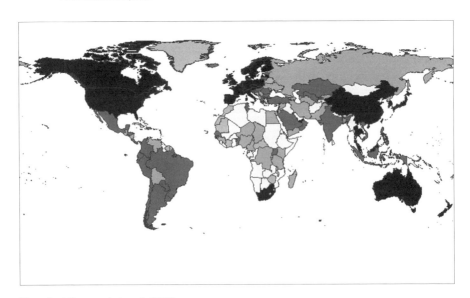

Mapa 1. LPI agregado (ano de 2010)

■ 3,23 a 5,00   ■ 2,75 a 3,23   ▢ 2,48 a 2,75   ▢ > 2,48

Fonte: Banco Mundial, 2010.

A deterioração das infraestruturas de transportes

As infraestruturas em geral e a de transportes, em particular, passaram a fazer parte da agenda das políticas públicas nos anos 1930. Houve o colapso de um modelo econômico exportador de matérias-primas e alimentos fortemente dependente do transporte ferroviário que se inviabilizou com a crise do comércio internacional. Ao longo dessa década – e por força, inclusive, dos desdobramentos da Revolução de 1930 –, o Estado brasileiro teve uma característica marcantemente unificadora e centralizadora. Passou, não só a induzir a industrialização por meio de medidas de políticas econômica e cambial, como também a atuar de forma crescentemente intervencionista. De início, promoveu a expansão da infraestrutura rodoviária e, posteriormente à Segunda Guerra Mundial, realizou investimentos vultosos e atuou nas operações das ferrovias, portos, energia elétrica e telecomunicações por meio de organizações estatais que sucederam as antigas empresas privadas que exploravam os serviços por meio de concessões.[7]

A consolidação progressiva dessas infraestruturas propiciou a ampliação e a unificação do mercado interno, induzindo e dando suporte ao desenvolvimento industrial. Esse modelo, fortemente dependente do transporte rodoviário, prevaleceu até meados dos anos 1980. Note-se que, apesar dos conflitos de interesse com os beneficiários das atividades exportadoras primárias nos anos 1940 e 1950, o objetivo de industrializar o país contou com o apoio de importantes segmentos políticos, empresariais, militares e de trabalhadores. Assim, a implantação das infraestruturas para consolidar o mercado nacional e incorporar as fronteiras agropecuárias, sob a perspectiva do federalismo, integrou-se, na verdade, a um longo ciclo de liderança centralizadora da União.

Esse ciclo, atenuado pela ordenação democrática do período 1946-1964, foi reforçado pela centralização ocorrida no regime militar (1964-1985). As ações da União, no período compreendido entre os governos Dutra (1946--1950) e Geisel (1974-1979), foram balizadas por uma sucessão de planos de governo voltados para o desenvolvimento. Surpreendentemente, constata-se que, apesar de marcantes diferenças nas posturas políticas e ideológicas, as prioridades de governo foram praticamente as mesmas, principalmente no que diz respeito à ênfase dada às infraestruturas de transporte, energia e, posteriormente, telecomunicações e saneamento básico. Isso tanto nos planos ela-

---

[7] Uma visão histórica mais ampla sobre o assunto pode ser encontrada em Barat, 2007-A.

borados sob a vigência da Constituição de 1946, como naqueles concebidos nas diversas administrações sob o regime militar.

Dessa forma, o melhor momento do desenvolvimento econômico brasileiro – quando o país deixou de ser mero exportador de matérias-primas, construindo uma economia diversificada, com sólida base na industrialização – teve o suporte de grandes investimentos estatais na expansão das infraestruturas. No entanto, desde o início dos anos 1980, deixou de existir a visão da contínua expansão e modernização das infraestruturas como instrumento de correção de distorções econômicas e sociais, no quadro de um planejamento governamental abrangente e moderno.

A grave crise econômica do início dos anos 1980 – reflexo da "crise do petróleo" – traduziu-se num ciclo oposto ao que ocorreu por cinco décadas, desde os anos 1930. Entre 1930 e 1980, apesar (e mesmo em decorrência) de um contexto de elevada centralização decisória e ênfase na alocação de recursos segundo prioridades de caráter nacional, foi explicitada uma preocupação das infraestruturas, especialmente as de transportes, com a questão espacial e a correção dos desequilíbrios regionais.

A deterioração das infraestruturas, desde os anos 1980, deveu-se a uma multiplicidade de causas. Esses anos foram marcados pelo desmoronamento do chamado Estado desenvolvimentista. Houve o impacto da crise fiscal e a redução drástica da capacidade do setor público de financiar investimentos, com o colapso dos mecanismos tradicionais de aporte de recursos. A consequência foi o fim de uma contínua expansão da oferta por mais de três décadas. A queda ou estagnação nos investimentos acabou por se estender pelos anos 1990. Esse quadro foi agravado pela redução dos financiamentos das entidades multilaterais de crédito (Bird e BID), abundantes ao longo dos anos 1970, em razão tanto da crise do balanço de pagamentos quanto da impossibilidade de oferecimento de contrapartidas com recursos públicos. Outro fator de redução – e mesmo de paralisação – dos investimentos públicos nas infraestruturas em geral foi a vedação de financiamentos do BNDES às organizações públicas.

Por fim, no que diz respeito aos problemas institucionais, em fins dos anos 1980 e início dos 1990, ocorreu a desestruturação das organizações públicas e dos núcleos de inteligência governamental. A ênfase nas políticas de curto prazo, em razão das crises inflacionárias, e as ameaças constantes de hiperinflação diminuíram a importância do planejamento de longo prazo, das estratégias de crescimento e da formulação de políticas públicas consistentes para as infraestruturas. Somou-se, ainda, a dificuldade no estabelecimento de novo pacto federativo, tendo em vista uma ampla reforma fiscal que a Constituição de 1988 não conseguiu consolidar. As repercussões sobre as infraestruturas de transportes foram significativas, e entre elas podemos citar as que seguem:

- Estagnação na oferta por falta de ampliação de capacidade.
- Degradação física e queda significativa da qualidade dos serviços.
- Queda no nível de profissionalização das organizações públicas, para a gestão e operação dos serviços sob sua responsabilidade.
- Estrangulamentos na oferta de serviços, aumentando a incidência do Custo Brasil nas atividades econômicas.
- Desmonte das organizações públicas, sem que ocorresse uma reforma mais ampla do Estado.
- Mudanças profundas nas escalas e estruturas de produção na indústria e agricultura, que passaram a exigir maior capacidade de resposta das instalações e operações das infraestruturas.

As deficiências generalizadas, em termos de descompasso entre a oferta de serviços infraestruturais e a demanda reprimida, atingiram principalmente a malha rodoviária federal, os portos e as ferrovias. As deficiências são sentidas até hoje, tanto nos efeitos sobre a qualidade, resultantes da prolongada falta de manutenção sob a gestão estatal quanto nas dificuldades resultantes dos gargalos na oferta. Constituem os exemplos mais gritantes o estado deplorável das rodovias – que elevou a insegurança, os custos operacionais e os tempos despendidos com o transporte –, a ineficiência portuária, que onera as exportações, reduzindo a nossa competitividade, e o sucateamento do material rodante e de tração das ferrovias, que onera os esforços de modernização de muitos segmentos ferroviários.

O Quadro 3, a seguir, identifica, em pesquisa da Confederação Nacional dos Transportes (CNT), o grau de deterioração das rodovias federais. Observa-se que 74,2% da extensão pesquisada da malha rodoviária federal encontra-se em situação insatisfatória, classificada como em estado regular, ruim ou péssimo. O contraste com a extensão de toda a malha operada por concessionárias é flagrante, uma vez que apenas 22% estão nessa situação, mas com predomínio da condição de regular (aproximadamente 20% do total). Pode-se dizer, assim, que as concessões rodoviárias – como de resto as ocorridas nos outros modais

– representaram um avanço considerável, não somente no estancamento parcial da degradação, como na recuperação de muitas infraestruturas, como será abordado mais detidamente na próxima seção.

Quadro 3. Grau de deterioração das malhas rodoviárias federal e concedida (ano de 2008 – extensão pesquisada de, respectivamente, 58,8 mil e 10,8 mil quilômetros)

Estado geral	Extensão federal (km)	%	Extensão concedida (km)	%
Ótimo	4.812	8,2	4.974	45,9
Bom	10.339	17,6	3.437	31,7
Regular	27.597	46,9	2.143	19,8
Ruim	11.653	19,8	232	2,1
Péssimo	4.411	7,5	50	0,5
Total	58.812	100,0	10.836	100,0
Extensão deteriorada	43.661	74,2	2.425	22,4

Fonte: CNT, 2008.

Os avanços no ordenamento institucional

Apesar das graves consequências apontadas e da queda drástica nos montantes de investimentos na restauração e expansão das infraestruturas, houve, a partir de meados dos anos 1990, alguns importantes avanços institucionais. Assim, foi criado um suporte legal adequado e amplo para as concessões das infraestruturas (que favoreceu os setores de energia elétrica, telecomunicações e modais de transportes). Nesse sentido, um importante passo, do ponto de vista da base legal, foi a promulgação da Lei Federal nº 8.987/95, referente às concessões de serviços públicos, complementada pela Lei nº 9.074/95. Sua aplicação passou a se dar em conformidade com o disposto pela Lei Federal nº 8.666/93, que disciplinou as licitações (Barat, 2007-A).

Esse referencial foi imediatamente seguido e adaptado por muitos estados da Federação. A Lei nº 9.277/96, por seu turno, permitiu delegar a exploração de rodovias federais, para efeito de concessão pelos estados, no âmbito de uma diretriz de descentralização. Com essa base legal, abriu-se caminho para a implementação das concessões de longo prazo para exploração privada nas telecomunicações, distribuição de energia elétrica, rodovias, ferrovias e portos.

Um grande avanço institucional foi a decorrente implantação das agências reguladoras para controle e fiscalização dos contratos de concessão. Mas, talvez, a principal inovação tenha sido a promulgação da Lei Complementar nº 101, de 4 de maio de 2000 (Lei de Responsabilidade Fiscal). Por ela, passou a haver a limitação de despesas com pessoal e o impedimento à transferência de parcelas do contrato para serem pagas no exercício seguinte, sem disponibilidade de caixa. Assim, se o prazo de maturação do projeto ultrapassa o mandato, os valores previstos – com a soma de todas as despesas da mesma espécie realizadas e a realizar – não podem ultrapassar os limites estabelecidos para o exercício. Pela lei não é permitido, portanto, transferir despesas com investimentos para a próxima administração sem recursos definidos e assegurados. É importante notar que as restrições são drásticas em períodos pré-eleitorais.

Mais recentemente foi promulgada a Lei Federal nº 11.079 de 30 de dezembro de 2004, que regula as parcerias público-privadas (PPPs). Em tese, ela seria um fator contribuinte para a retomada do desenvolvimento econômico com maior justiça social. Cabe ressaltar, a esse propósito, que mesmo considerada a tendência de maior participação do setor privado nos investimentos e operação das infraestruturas, deve-se ter presente que, num país com a extensão territorial do Brasil, os desequilíbrios interpessoais e inter-regionais da renda e as enormes carências acumuladas historicamente, será sempre importante a presença governamental. Mas é inegável o avanço que se conseguiu com o processo de concessões que, em parte, deteve o processo de deterioração das instalações fixas e equipamentos de apoio aos serviços infraestruturais.

Em linhas gerais, a Lei nº 11.079 procura melhorar as condições de atratividade de recursos privados para investimentos nas infraestruturas, por meio da flexibilização das ações do poder público, a fim de eliminar ou mitigar parte dos riscos que o investidor identificaria num procedimento de concessão. Ou seja, numa parceria há repartição de riscos e a administração pública assume parcela dos encargos. A parceria tem a mesma concepção básica da concessão, valendo-se do ambiente criado pela legislação mencionada. Na parceria o investimento mínimo é de R$ 20 milhões e o prazo máximo de vigência contratual é de 35 anos.

De forma muito resumida (e superficial), na concessão administrativa, a cobrança da tarifa ao usuário remunera os investimentos e os padrões de operação definidos para o seu prazo de vigência. Ou seja, a engenharia financeira baseia-se no conceito de que um projeto para ser viável tem que ser financiável, portanto um empreendimento atraente e que ofereça perspectivas de retorno do capital ao longo do período de concessão. O escalonamento de prioridades e a escolha de projetos tornam-se, assim, mais seletivos e menos centrados na ótica da obra pública. O que está em jogo é a rentabilidade no longo prazo de um empreendimento, capaz de atender às expectativas dos investidores e balizada pelas exigências do poder concedente.

Já nas PPPs – no que seria uma concessão patrocinada – o custo de implantação de uma infraestrutura e/ou operação de um serviço público pode não ser coberto pela tarifa e, por conseguinte, não é passível de uma concessão convencional. Trabalha-se com o conceito de "tarifa sombra", ou seja, o diferencial (ou o integral) da tarifa é subsidiado pelo poder público. Isso pode ocorrer na forma de investimentos com recursos públicos e/ou subsídios operacionais. A parceria definida contratualmente estabelece as regras e os compromissos dos parceiros públicos e privados. Entre outros dispositivos, a lei permite ao setor público assumir riscos que eram vedados pela legislação anterior.

Cabe, no entanto, refletir sobre aspectos práticos que merecem especial cuidado no que se refere às parcerias. A lei das PPPs representa, sem dúvida, um importante avanço na atração de capital privado para empreendimentos até então exclusivos do governo. Mas, dada a tradição brasileira de quebra de contratos e mudanças arbitrárias das regras estabelecidas, o avanço poderá ser pouco efetivo para atrair grandes volumes de capital privado necessários para investimentos em infraestruturas de grande porte, como, por exemplo, usinas hidrelétricas, ferrovias e portos. Sendo assim, as PPPs poderão acabar por ser um mecanismo de suporte apenas para pequenos investimentos, com curtos períodos de maturação e baixo risco.

Portanto, se não houver garantias jurídicas, um ambiente de estabilidade nas regras do jogo e maior credibilidade das agências reguladoras, poderão ficar de fora os grandes investimentos necessários para suprir as gigantescas carências nas infraestruturas. Note-se que um aspecto vital é o de definir quem será responsável pela regulação dos contratos. É importante ter presente que as PPPs, assim como as concessões, exigem uma ação reguladora por parte de organizações públicas independentes.

As mudanças de paradigma

No Brasil, como vimos, as cadeias logísticas estão baseadas em uma matriz de transporte (e, consequentemente, energética) distorcida. Esforços têm sido feitos para mudar o paradigma que prevaleceu por mais de seis décadas. Por exemplo, as concessões das ferrovias, rodovias e instalações portuárias incentivaram a migração de empresas de transporte para a atividade logística. Muitas empresas rodoviárias (e algumas ferroviárias), pressionadas pela acirrada disputa no mercado de fretes, tomaram essa decisão estratégica. Ao adotarem o conceito de operador logístico, adicionaram novos serviços e capacidades aos seus portfólios. Ocorreu, até mesmo, um processo de consolidação de empresas de transporte rodoviário de cargas, que, embora limitado, atenuou, em certa medida, a ainda grande fragmentação do setor.

O fato de a economia brasileira ter parte do seu dinamismo calcado no agronegócio torna a logística dos granéis o grande desafio. Nesse setor, o transporte responde por 60% ou mais dos custos logísticos. Muitos são os problemas de infraestrutura que deverão ser sanados para facilitar o escoamento de granéis, reduzir custos e, em consequência, aumentar a competitividade das exportações. Por outro lado, no que diz respeito à produção industrial, os principais usuários de logística demandam serviços de armazenagem, controle de estoques e transporte de suprimentos, transferência e distribuição, que, como visto, constituem o núcleo da gestão integrada da logística.

O suporte das infraestruturas e dos serviços de transporte às cadeias logísticas é, todavia, um problema que persiste. Em todos os modais identificam-se (em maior ou menor grau) problemas relacionados ao estado de degradação das infraestruturas e das instalações de apoio. Além disso, também são graves os problemas relacionados aos elevados custos operacionais do transporte (insumos, combustíveis e pedágios), à lenta absorção de inovações tecnológicas e de gestão (idade elevada das frotas e equipamentos, assim como um baixo nível de automação), à carga tributária elevada, à insegurança e roubo sistemático de cargas, e às exigências crescentes (nem sempre coerentes) da legislação ambiental. Desse modo, as deficiências nas infraestruturas de suporte à logística e ao transporte acarretam inevitavelmente a perda de competitividade e, portanto, a elevação do Custo Brasil.

Em síntese são amplos e profundos os problemas do transporte de cargas, podendo-se destacar em linhas gerais as questões relacionadas com insuficiência de investimentos em manutenção das infraestruturas, carga tributária, burocracia estatal e práticas de corrupção, deficiências de fiscalização e controle, e a crônica escassez de informações.

Apesar da persistência dos gargalos, cabe lembrar que ocorreram grandes mudanças nos últimos quinze anos. Toda a malha ferroviária para o transporte de carga já é operada por empresas privadas, com níveis crescentes de produtividade. Os programas de concessão rodoviária avançaram bastante no âmbito da União e de muitos estados. A operação de terminais portuários é, em parte, privada, muito embora o sistema de gestão pública dos portos ainda permaneça muito centralizado. No caso dos portos, acrescente-se uma burocracia complexa, cara e manipulada por interesses políticos, o que sobrecarrega os custos das operações portuárias.

Cabe chamar a atenção para o fato de que paradigmas que prevalecem por longos períodos usualmente orientam a busca de soluções para o desenvolvimento posterior no âmbito das próprias premissas, e constituem a grande dificuldade que se interpõe às mudanças. Dessa forma, no Brasil o processo de mudanças no paradigma dos transportes não é nada simples, tanto em razão da persistência de abordagens estanques e da defasagem tecnológica quanto da amplitude dos problemas e proporções significativas do setor. Os itens abaixo (rodovias, ferrovias, dutos, portos e aeroportos) apresentam dados que fornecem uma ideia das dimensões do setor de transportes (U.S. Bureau of Transportation Statistics, *Central Intelligence Agency Fact Book, 2009*; CNT e Ministério dos Transportes, Agência Nacional de Transportes Terrestres (ANTT) e Agência Nacional de Transportes Aquaviários (Antaq).

Rodovias

Em 2009, a extensão da malha rodoviária (de responsabilidade da União, estados e municípios) era de 1,58 milhão de quilômetros. Trata-se da quarta do mundo em extensão. No entanto, apenas 212,7 mil quilômetros eram pavimentados, ou seja, apenas 13,5% do total. A extensão da malha rodoviária concedida à exploração privada era de 14,6 mil quilômetros, representando apenas 7,8% do total das malhas pavimentadas, tanto sob a responsabilidade da União quanto dos estados, que é de 185,6 mil km.

Em 2009, o número estimado de veículos de carga e de transporte coletivo circulando em toda a malha rodoviária era de 3.743 mil caminhões, cavalos mecânicos, de reboques e semirreboques (com idade média de 15 anos), e 184 mil ônibus interestaduais, intermunicipais, urbanos e de fretamento. Nesse ano, o número de empresas transportadoras de carga era estimado em aproximadamente 188,6 mil e o de caminhoneiros autônomos de 817,6 mil, o que evidencia a grande fragmentação do modal rodoviário.

Uma visão da posição do Brasil no contexto mundial, no que se refere à extensão das malhas rodoviárias (total e pavimentada), assim como à dimensão da frota de veículos automotores, é dada pelo Quadro 4, a seguir. A comparação é feita com países de grande extensão territorial e níveis de renda *per capita* elevados (Austrália, Canadá e Estados Unidos), médios (Federação Russa e Brasil) e baixos (Índia e China), além da União Europeia (com 27 países), Alemanha e França.

Observa-se que o Brasil tem o índice mais baixo de rodovias pavimentadas em relação ao total da malha rodoviária (13,5%). Isso, apesar do volume relativamente elevado das TKUs movimentadas por veículos rodoviários, apenas atrás dos Estados Unidos, China e União Europeia, o que demonstra um flagrante desequilíbrio entre a demanda pelo transporte e a oferta de infraestrutura de qualidade. O mesmo desequilíbrio estende-se ao tamanho da frota de veículos automotores.

Quadro 4. Dados comparativos de extensão das malhas rodoviárias (total e pavimentada), TKU rodoviária e da frota de veículos automotores (ano de 2009)

	Extensão total (km)	Extensão pavimentada (km)	Pavimentada/ total (%)	TKU rodoviária (milhões)	Frota de veículos (mil)	Frota de automóveis (mil)	Automóveis/ frota total (%)
Alemanha	644.480	644.480	100,00	307.575	45.362	41.759	92,06
Austrália	812.972	341.448	42,00	190.370	15.028	12.053	80,20
Brasil	1.580.964	212.738	13,46	724.700	29.780	22.275	74,80
Canadá	1.042.300	415.600	39,87	136.200	20.413	13.833	67,77
China	3.860.800	3.056.300	79,16	1.203.598	49.264	37.281	75,68
Estados Unidos	6.506.204	4.374.784	67,24	1.821.365	248.369	138.460	55,75
Federação Russa	982.000	776.000	79,02	180.136	38.789	33.051	85,21
França	951.125	951.125	100,00	166.052	37.445	30.995	82,77
Índia	3.320.410	1.517.077	45,69	231.073	46.213	34.660	75,00
União Europeia	5.814.080	5.610.580	96,50	1.154.089	258.080	242.254	93,87

Fontes: International Road Federation (IRF); Banco Mundial; Transportation, Water, and Urban Development Department, Transport Division; US Bureau of Transport Statistics/Research and Innovative Technology Administration (Rita); European Commission; Eurostat; Sindicato dos Fabricantes de Autopeças (Sindipeças).

O Gráfico 2, a seguir, apresenta uma *cross-section*, para o ano de 2009, com dados comparativos da frota total de veículos automotores e da extensão das malhas rodoviárias (total e pavimentada), ambas por habitante, para diversos países. Observa-se a posição mais elevada da combinação das duas variáveis para os países com PIB *per capita* mais elevados, destacando-se os três com maior extensão territorial (Austrália, Canadá e Estados Unidos). Numa posição intermediária estão países emergentes de PIB *per capita* médio – entre eles o Brasil – e, em posição desfavorável, a China e a Índia.

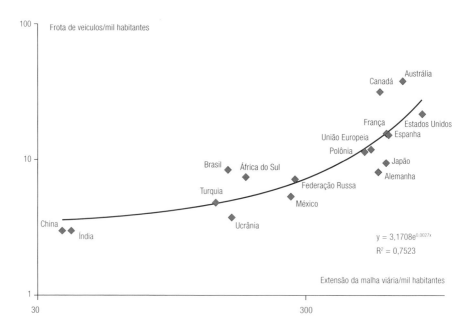

Gráfico 2. Dados comparativos da frota de veículos automotores por mil habitantes e da extensão das malhas rodoviárias (total e pavimentada – ano de 2009)

Fontes: International Road Federation (IRF); Banco Mundial; Transportation, Water, and Urban Development Department, Transport Division; US Bureau of Transport Statistics; Research and Innovative Technology Administration (RITA); European Commission; Eurostat; Sindicato dos Fabricantes de Autopeças (Sindipeças).

Já o Gráfico 3 mostra, para o ano de 2009, dados comparativos da frota de automóveis por mil habitantes e o PIB por habitante para os mesmos países. Nesse caso, as posições mais favoráveis são também as dos países com elevados níveis de PIB *per capita*, mas independentemente da extensão territorial, como é o caso do Reino Unido e Japão. Ou seja, como seria de esperar, há uma correlação mais direta entre níveis de renda e propriedade de automóveis. O Brasil ocupa uma posição intermediária, com outros países emergentes, e com grande potencial de crescimento em relação à renda. Interessante notar as posições de ex-países comunistas, como a Federação Russa, Ucrânia e Polônia, com uma proporção maior de automóveis em relação aos seus níveis de renda. Observa-se, também, o grande potencial de crescimento do consumo de automóveis na China em relação à tendência apresentada pela *cross-section*.

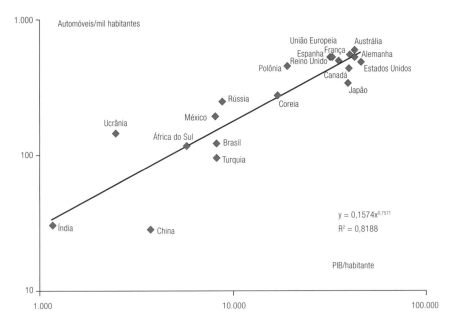

Gráfico 3. Dados comparativos da frota de automóveis por mil habitantes e do PIB por habitante (ano de 2009)

Fontes: International Road Federation (IRF); Banco Mundial; Transportation, Water, and Urban Development Department, Transport Division; US Bureau of Transport Statistics; Research and Innovative Technology Administration (RITA); European Commission; Eurostat; Sindicato dos Fabricantes de Autopeças (Sindipeças).

Ferrovias

Em 2009, a extensão da malha ferroviária brasileira era de 28,8 mil quilômetros, operada por onze concessionárias. Trata-se da oitava malha mais extensa do mundo. Nesse ano, o número de locomotivas que circulavam nos trilhos dessa malha era de 2.624. Os vagões de todos os tipos em tráfego eram em número de 88.132 (sendo 62 mil vagões próprios das empresas concessionárias).

Os vagões ferroviários transportaram 243,4 bilhões de TKUs e 395,5 milhões de toneladas úteis (TUs) anuais. Predominou o transporte de minério de ferro (76,4% do total das TKUs e 75% das TUs), realizado pelas duas ferrovias da Companhia Vale do Rio Doce (Vitória-Minas e Carajás) e pela MRS Logística. O complexo da soja representou aproximadamente 12% do total, e foram movimentados 272,8 mil contêineres para carga geral fracionada.

O transporte de minério de ferro é realizado pelas duas ferrovias da Companhia Vale do Rio Doce (Vitória-Minas e Carajás) e pela MRS Logística. As três concessionárias transportaram, em 2008, nada menos que 75% de toda a carga ferroviária, expressa em TU.

As ferrovias da Vale e a MRS Logística operam com níveis elevados de produtividade, comparativamente a ferrovias norte-americanas e canadenses. Sem essas ferrovias, no entanto, os indicadores ferroviários brasileiros caem bastante, como pode ser visto nos dados para 2009 do Quadro 5, a seguir. É importante salientar, todavia, que as concessões ferroviárias modificaram radicalmente o desempenho das ferrovias brasileiras na última década.

Note-se que, em decorrência da gravidade da crise econômica, o ano de 2009 caracterizou-se por quedas bastante significativas na movimentação de cargas (e consequentemente, nos índices de produtividade) na América do Norte, União Europeia, Rússia e, embora em menor escala, em alguns países emergentes, inclusive o Brasil.

Quadro 5. Dados comparativos de produtividade nas ferrovias (ano de 2009)

	Extensão (em km)	t-km/ /ano	t-km/ /km linha	t-km/ /empregado	t-km/ vagão
Alemanha	33.706	95.834	2.843	402	843
Austrália	38.445	226.992	5.904	14.929	14.361
Canadá	58.345	299.646	5.135	9.456	3.610
China	65.491	2.523.917	38.538	1.228	4.315
Estados Unidos (classe 1)	192.123	2.431.181	12.654	14.785	5.399
Federação Russa	85.194	1.865.305	21.895	1.676	4.623
França	30.041	32.137	1.070	265	1.431
Índia	63.273	551.448	8.715	395	2.842

(cont.)

	Extensão (em km)	t-km/ /ano	t-km/ /km linha	t-km/ /empregado	t-km/ vagão
União Europeia (27 países)	230.237	288.214	1.252	268	643
Brasil (sem Vale e MRS)	24.843	58.260	2.345	2.142	1.308
Vale (EFC e CVRD) e MRS	3.471	185.200	53.356	19.763	4.248
Brasil (total)	28.314	243.460	8.599	7.099	2.762

Fontes: UIC, OCDE/International Transport Forum, ANTT.

O Gráfico 4, a seguir, oferece uma *cross-section*, para o ano de 2009, comparando diversos países no que diz respeito ao transporte ferroviário de cargas e fazendo uma correlação entre o trabalho realizado pelas ferrovias, em termos de TKU, com a extensão da malha ferroviária. Países com grandes extensões – tanto de território quanto de malhas ferroviárias – obviamente movimentam maior volume de cargas por percursos maiores. Em geral, especializaram as ferrovias no transporte de longa distância de minérios, granéis agrícolas, granéis líquidos ou contêineres, tirando partido de corredores onde operam trens unitários com elevados níveis de produtividade. Apesar da intensa competição dos transportes duto e rodoviário, as ferrovias conseguem fazer frente a esse desafio por meio do melhor aproveitamento das suas vantagens competitivas no que diz respeito às operações multimodais nas longas distâncias.

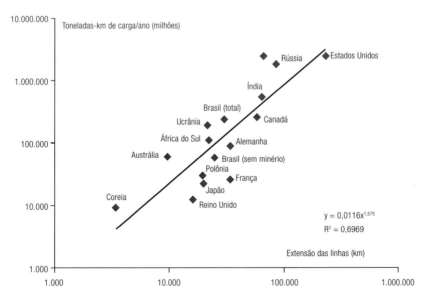

Gráfico 4. Dados comparativos de trabalho realizado (TKU) e extensão de linhas nas ferrovias (ano de 2009)

Fontes: UIC, International Transport Forum, OCDE e ANTT.

Observa-se que Estados Unidos, Federação Russa, China, Índia e Canadá – países com forte tradição ferroviária – apresentam níveis elevados de utilização das suas extensas malhas, enquanto países com igual tradição, porém com menores territórios, enfrentam hoje a forte competição do transporte rodoviário e dos dutos, como Coreia, Japão, Reino Unido e França. O Brasil ocupa posição intermediária, apesar de suas dimensões continentais e da contínua expansão das suas fronteiras econômicas.

Dutos

Em 2008, a extensão da malha dutoviária brasileira era de 22,2 mil quilômetros, sendo a décima do mundo. Essa malha é constituída por oleodutos (que movimentam petróleo, óleo combustível, gasolina, *diesel*, álcool, GLP, querosene e nafta), minerodutos (para o sal-gema, minério de ferro e concentrado fosfático) e gasodutos (para o gás natural).

A movimentação de cargas na malha dutoviária brasileira foi de 251,3 mil toneladas nos oleodutos, 18,3 mil nos minerodutos e de 14 mil nos gasodutos. O gasoduto Brasil-Bolívia (com 3.150 km de extensão) é um dos maiores do mundo, abastecendo o Centro-Sul do país com o gás natural importado.

Portos

O Brasil possui 40 portos e 43 terminais privados que movimentaram, em 2009, 732,9 milhões de toneladas, sendo 432,9 milhões de carga granelizada sólida, 194,9 milhões de granelizada líquida e 102,2 milhões de carga geral. Somente os terminais de Tubarão (ES), Itaqui (MA) e Itaguaí/MBR (RJ) movimentam 253,6 milhões de toneladas – basicamente minério de ferro –, ou seja, 58,6% de toda a movimentação dos granéis sólidos, o que representou 34,6% do total da carga portuária.

Em 2009, os portos brasileiros movimentam 3.866 mil contêineres – 6,1 milhões de TEU (*twenty-foot equivalent unit*) –, representando 65,4 milhões de toneladas. O porto de Santos movimentou 36,9% das unidades de contêineres, assim como 38,3% da tonelagem de toda a carga conteinerizada do país. Note-se que a cabotagem envolveu apenas 19,5% das unidades e 17% da tonelagem. A participação da navegação interior é ainda reduzida, cobrindo, na média, apenas 20% dos rios navegáveis (região Norte 77% e Tietê-Paraná 7,9%).

Uma visão da inexpressiva posição dos portos brasileiros, comparativamente aos maiores portos mundiais, no que diz respeito à movimentação de cargas (em toneladas e em contêineres, para o ano de 2009), é dada pelo Quadro 6, a seguir.

Quadro 6. Dados comparativos da movimentação de cargas em contêineres nos maiores portos mundiais (ano de 2009 – em toneladas e TEUs)

	Porto	País	Toneladas (milhões)	Porto	País	TEUs (mil)
1	Xangai	**China**	505.715	Antuérpia	Bélgica	27.309
2	Cingapura	Cingapura	472.300	Cingapura	Cingapura	25.866
3	Roterdã	Holanda	386.950	Xangai	China	25.002
4	Tianjin	China	381.117	Hong Kong	China	21.040
5	Ningbo	China	371.540	Shenzhen	China	18.250
6	Guangzhou	China	364.000	Shenzhen	China	11.954
7	Qingdao	China	274.304	Guangzhou	China	11.190
8	Qinhuangdao	China	243.850	Dubai	Emirados	11.124
9	Hong Kong	China	242.967	Ningbo	China	10.502
10	Busan	Coreia	226.182	Qingdao	China	10.280
11	Dalian	China	204.000	Roterdã	Holanda	9.743
12	Louisiana	EUA	192.853	Tianjin	China	8.700
13	Houston	EUA	191.729	Kaohsiung	Taiwan	8.581
14	Shenzhen	China	187.045	Kelang	Malásia	7.309
15	Hedland	Austrália	178.625	Hamburgo	Alemanha	7.007
39	Santos	Brasil	75.642	Santos	Brasil	2.256
	Brasil (Total)		732.931	Brasil (Total)		6.108
	Sem minérios		479.360			

Fontes: American Association of Port Authorities, DOT, Bureau of Transportation Statistics/Rita; Antaq, 2009.

Aeroportos

Há no Brasil 734 aeroportos e aeródromos de todos os portes, sendo a segunda maior rede do mundo, apenas superada pela dos Estados Unidos, com 5.146. Dos 67 aeroportos principais operados pela Infraero, 31 são internacionais e 36 domésticos. Em 2009, movimentaram um total de 128,1 milhões de passageiros e 1.114,8 mil toneladas de cargas nos voos domésticos e internacionais.

O número de passageiros no tráfego doméstico foi de 115 milhões e no internacional de 13 milhões. Na movimentação de cargas, 537,9 mil toneladas corresponderam ao tráfego internacional e 576,9 mil, ao doméstico. Do total da movimentação de cargas, o aeroporto de Guarulhos respondeu por 31,6%, Viracopos por 17,2% e Manaus por 12%. Os três aeroportos concentraram nada menos que 61% da carga aérea movimentada no país.

No que diz respeito à movimentação de passageiros, os aeroportos de Guarulhos e Congonhas concentraram, em 2009, 28% do total do país (21,7 milhões e 13,7 milhões de passageiros/ano, respectivamente). Agregando-se Brasília e Galeão, a concentração de passageiros elevou-se a 46% do total.

O Quadro 7 fornece uma visão da posição dos aeroportos brasileiros quanto à movimentação de passageiros e cargas para 2009, comparativamente aos maiores aeroportos mundiais. Valem as observações feitas anteriormente para os impactos da crise de 2009. O ano de 2009 caracterizou-se por quedas significativas na movimentação de passageiros e cargas no transporte aéreo mundial, em especial na América do Norte e Europa.

O Gráfico 5, por sua vez, oferece uma *cross-section*, para o ano de 2009, comparando diversos países no que diz respeito ao transporte aéreo de passageiros (doméstico e internacional). A correlação entre os passageiros transportados por habitante e o PIB *per capita* permite uma visualização mais clara do fator renda (nível e distribuição) sobre a difusão das viagens aéreas. O Brasil situa-se em posição intermediária, juntamente com outros países emergentes, em posição bem aderente à tendência apresentada pela *cross-section*.

Quadro 7. Dados comparativos da movimentação de cargas e passageiros nos maiores aeroportos mundiais (ano de 2009)

	Aeroporto	Passageiros (milhares)	Aeroporto	Cargas (mil t)
1	Atlanta	88.032,1	Memphis	3.697,1
2	Londres	66.037,6	Hong Kong	3.385,3
3	Pequim	65.372,0	Xangai	2.543,4
4	Chicago	64.158,3	Incheon	2.313,0
5	Tóquio	61.903,7	Paris	2.054,5
6	Paris	57.906,9	Anchorage	1.994,7
7	Los Angeles	56.520,8	Louisville	1.949,5
8	Dallas/F. Worth	56.030,5	Dubai	1.927,5

(cont.)

	Aeroporto	Passageiros (milhares)	Aeroporto	Cargas (mil t)
9	Frankfurt	50.932,8	Frankfurt	1.887,7
10	Denver	50.167,5	Tóquio	1.851,9
	Brasil (Total)	128.135,6	Brasil (Total)	1.114,8
	São Paulo[1]	38.791,7	São Paulo[1]	573,4

[1] Inclui os aeroportos de Guarulhos, Campinas e Congonhas.
Fontes: Airports Council International (ACI), 2009, e Infraero.

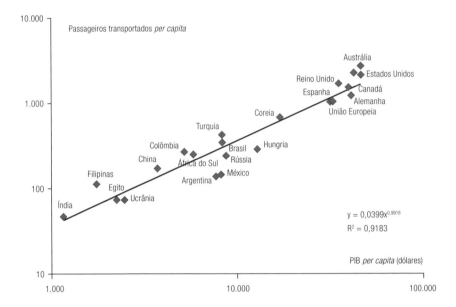

Gráfico 5. Dados comparativos de passageiros-quilômetro transportados por habitante e PIB por habitante no transporte aéreo (ano de 2009)
Fontes: Oaci, Civil Aviation Statistics of the World e estimativas do Banco Mundial.

Pelo Gráfico 5 pode-se observar que países com elevados níveis de PIB *per capita* (e boa distribuição de renda) são os que geram os maiores volumes de passageiros no transporte aéreo, em oposição a países populosos, mas de baixa renda. O Brasil situa-se em posição intermediária nessa escala, juntamente com países emergentes de renda média. Cabe observar, uma vez mais, que o ano de 2009 foi um ano atípico para o transporte em geral, afetando de forma mais incisiva os países mais industrializados e mais ricos, com quedas significativas nas movimentações de cargas e passageiros.

Numa perspectiva mais abrangente do transporte mundial, a mais recente atualização de dados globais da movimentação de cargas – reunidos pelo International Transport Forum da OCDE – mostra que, após a crise financeira de 2008-2009, houve uma recuperação classificada como "ainda incerta" (OCDE, 2009, e OCDE, 2010). Os dados preliminares mais recentes não oferecem ainda uma base segura para reduzir a incerteza, sobretudo quando considerada a combinação com os riscos decorrentes de eventos geopolíticos da economia global. Os níveis dos transportes rodoviário, ferroviário e marítimo de cargas ainda permaneciam, em dezembro de 2010, de 5% a 15% abaixo daqueles imediatamente anteriores à crise. Embora o transporte aéreo de cargas tenha se recuperado da crise, os últimos dados mostram um crescimento mais lento e mesmo declinante em alguns mercados.

Note-se que podem ser constatadas algumas melhoras nas tendências do transporte rodoviário e ferroviário na União Europeia, especialmente no primeiro, que vem demonstrando certa recuperação a partir do primeiro semestre de 2010. Em suma, o panorama global vem se tornando positivo, com aumentos, embora ainda lentos, dos volumes de carga transportada, segundo os dados preliminares da OCDE (OCDE, 2010). Note-se que países emergentes (como China e Índia) e exportadores de *commodities* (como Brasil e Austrália) não sofreram grandes reduções nos volumes de carga, como ocorreu nos Estados Unidos, Canadá e boa parte da União Europeia, em razão da preservação dos volumes de exportação e da dinâmica dos mercados internos.

Dada a apresentação desse panorama geral das dimensões e posicionamento do setor de transportes brasileiro e voltando à questão da mudança de paradigma, cabe lembrar que as transformações mundiais não foram somente de natureza tecnológica, gerencial e de métodos e escalas das operações. Diante do colapso na capacidade de investimento público, novas formas de financiamento passaram a ser buscadas. Com relação a esse aspecto, cabe lembrar que as duas últimas décadas trouxeram profundas modificações no sistema financeiro internacional e nos fluxos de recursos entre países.

Os financiamentos dos investimentos nas infraestruturas por parte de entidades multilaterais de fomento ou financiamentos de governo a governo, predominantes ao longo dos anos 1970, cederam lugar às participações de grupos financeiros privados. Estes lideraram consórcios de investimentos para a exploração das infraestruturas, mediante concessões de longo prazo. As mudanças interferiram, também, na dinâmica dos investimentos em transporte: saiu-se da perspectiva predominante da intervenção estatal para aquela dos interesses do mercado e da maior competitividade.[8] A recente crise financeira internacional, todavia, pode reverter parcialmente essa tendência, na medida em que a carência de recursos privados e a instabilidade do ambiente regulador podem exigir esforços adicionais de investimentos estatais (Barat, 2008).

Na verdade, a junção dos fatores de mudança tecnológica, gerencial e operacional, de um lado, e os de financiamento e planejamento, de outro, ocorrida nos países desenvolvidos nos anos 1980 e 1990, teve uma consequência importante. As cadeias de produção – cada vez mais complexas – engendraram cadeias logísticas igualmente complexas, que, por sua vez, se materializaram, para o consumidor, no transporte porta a porta, resultante da combinação mais conveniente de modais em termos de custo final do transporte. As cadeias logísticas implicaram necessariamente a implementação de investimentos e sistemas operacionais combinados e coordenados.

Nesse sentido, com a crise podem surgir novas oportunidades para parcerias entre interesses privados e governamentais para a configuração de sistemas de transporte voltados para a consolidação de infraestruturas e meios logísticos integrados em corredores regionalizados. Tais sistemas podem propiciar o deslocamento das cargas em níveis elevados de produtividade e custos mais baixos para os consumidores.[9]

Com relação às mudanças de paradigmas, um último aspecto – mas não menos importante a ser lembrado – diz respeito ao forte entrelaçamento das infraestruturas e operações de logística e transporte com a questão ambiental. Dois temas devem ser ressaltados para uma reflexão mais aprofundada por parte de governos e empresas. Primeiramente, a tendência recorrente, no Brasil, por falta de uma fiscalização adequada, é a de que a implantação principalmente de uma nova rodovia pode provocar uma ocupação desordenada do solo e impactos extremamente negativos sobre o meio ambiente. Cabe lembrar que o país carece de uma legislação mais realista e rigorosa que tanto coíba os impactos negativos das infraestruturas quanto regule a ocupação e o uso do solo nas áreas próximas ou lindeiras principalmente às rodovias.

---

8   Para uma visão aprofundada do processo de concessões e parcerias, ver Hakim *et al.*, 1996, assim como Estache e De Rus, 2000.
9   Para uma perspectiva ampla quanto ao planejamento e as mudanças nos transportes, ver Adams, 1981 e Nijkamp *et al.*, 1987.

A segunda tendência é a da distorção da nossa matriz energética em função do predomínio do modal rodoviário no transporte de cargas e passageiros tanto interurbano quanto urbano, por consumir muito combustível em relação à carga transportada e ser um grande emissor de poluentes. Nesse caso, a mudança de paradigma aponta para dois caminhos simultâneos a médio e longo prazo: o fortalecimento do papel dos modais não rodoviários, especialmente em eixos regionalizados (ferrovias, dutos e navegação) e a substituição (ou adição) por combustíveis oriundos da biomassa (etanol e biodiesel) para movimentação do transporte rodoviário.

Note-se que, em escala mundial, o uso de biocombustíveis no transporte é ainda bastante baixo, comparativamente ao dos derivados do petróleo. Nos Estados Unidos, o etanol representa menos de 2% do combustível utilizado no transporte, enquanto no Brasil ele representa aproximadamente 30%. Toda a experiência brasileira na pesquisa e desenvolvimento de combustíveis da biomassa, assim como dos motores flex, não só garantirá uma posição de destaque no cenário internacional, como poderá dar suporte a uma mudança mais profunda na nossa matriz energética.

Cabe destacar, por fim, que, enquanto os preços de produção dos biocombustíveis são fáceis de medir, os benefícios de seu uso são difíceis de quantificar. Mas isso não significa que seus benefícios não sejam substanciais e muito amplos, e, entre eles, podem ser citados a melhoria da segurança energética, a redução de emissões de poluentes (e, consequentemente, do efeito estufa), a melhoria de desempenho dos veículos, o estímulo ao desenvolvimento rural, além da proteção de ecossistemas e dos solos, desde que a produção obedeça a critérios ambientais corretos. Mas, como esses benefícios são difíceis de quantificar, o preço de mercado dos biocombustíveis, por não refleti-los adequadamente, torna-se ainda caro ante os derivados do petróleo, tornando mais difícil a sua difusão em escala mundial (OCDE, 2004). No entanto, no Brasil, os custos de produção dos biocombustíveis (especialmente do etanol) são muito mais baixos do que em países desenvolvidos e mais próximos dos custos dos combustíveis de petróleo, o que nos abre perspectivas bastante promissoras.

Perspectivas

Num mundo em que a economia é crescentemente globalizada, para competir no mercado internacional são necessários investimentos continuados e consistentes em aumentos de capacidade, assim como em inovação tecnológica e gerencial. No que diz respeito às políticas e ações relacionadas com as infraestruturas, é importante levar-se em conta a tendência mundial de rápidos avanços tecnológicos e de escala em todos os segmentos infraestruturais.

Apesar das restrições impostas pela estagnação econômica prolongada que assolou o Brasil por 25 anos, houve avanços extraordinários na incorporação de novos padrões de gestão e novas tecnologias ao processo produtivo em muitos setores da indústria, agricultura e serviços. Isso resultou de um esforço contínuo de empresários e trabalhadores que não dependeu, via de regra, de planos ou iniciativas governamentais. Houve um crescimento significativo da produção física, foram gerados, direta e indiretamente, milhares de empregos e fez-se a prosperidade de centenas de cidades médias e pequenas. Alteraram-se as cadeias produtivas, assim como as logísticas de abastecimento e escoamento, e surgiram *clusters* de especializações.

As infraestruturas de apoio, porém, não acompanharam esse crescimento e diversificação da economia. Assim, as atividades de produzir, armazenar, escoar e distribuir ou embarcar a produção implicaram redução da competitividade das nossas exportações e encarecimento desnecessário do consumo interno (principalmente de alimentos e insumos industriais e agrícolas).

Não há dúvida, portanto, de que é inadiável a provisão de um complexo de infraestruturas integradas, com o objetivo de aumentar os níveis de competitividade em geral e melhorar as condições de movimentação da produção. Mas como atingir tal objetivo se a disponibilidade de recursos públicos é restrita e se as políticas públicas – apesar do alarde feito em torno do Programa de Aceleração do Crescimento (PAC) – continuam a contemplar visões fragmentadas, com ênfase nas ações voltadas para o curto prazo? É importante ressaltar, nesse sentido, que países como China, Índia e Rússia investem de 3% a 5% do PIB nas infraestruturas de transporte, enquanto o Brasil investe apenas 0,9% do PIB, considerando os investimentos do PAC.

O caminho possível passa, primeiramente, pela racionalização das aplicações dos recursos públicos, por meio da implementação de programas que gerem sinergias entre os diversos segmentos infraestruturais envolvidos e integrem as ações dos três níveis de governo, valorizando da forma mais elevada o espírito federativo. Em seguida, pelo envolvimento da iniciativa privada em programas conjuntos de melhorias e novos investimentos por meio tanto de concessões de longo prazo como de parcerias confiáveis e duradouras.

Trata-se, na verdade, de programas que englobarão desde providências simples ou pequenas obras que garantam melhorias operacionais imediatas até a execução de projetos de grande porte, estruturadores do processo de ocupação territorial e do desenvolvimento sustentável. A perspectiva básica dessa concepção é, antes de tudo, a da complementaridade e integração entre as ações de planejamento, fixação de prioridades e execução de projetos, por parte da União, estados e municípios. Além disso, a iniciativa privada prestará a sua colaboração naquelas atividades em que pode (e deve) suplementar ou substituir a ação governamental.

A inserção da logística e do transporte na agenda do desenvolvimento passa por planejamento de longo prazo, formulação de políticas públicas consistentes e consolidação de projetos sinérgicos que propiciem a remoção de gargalos nas infraestruturas. Sem isso não se conseguirá atender às necessidades impostas pelas exportações e pelo abastecimento interno.

Cabe ressaltar que logística e transporte devem ser vistos como fatores de suporte à competitividade e inserção mais plena no processo de globalização, articulação da estrutura produtiva e indução do desenvolvimento tecnológico, geração de oportunidades de emprego nas infraestruturas e operações, articulação de novas cadeias produtivas, *clusters* de especializações e integração regional, suporte à sustentabilidade ambiental e reestruturação da matriz energética.

São tantos e tão complexos os problemas relacionados com a definição de uma política de logística e transporte que cumpre, na etapa atual de nosso desenvolvimento, mudar paradigmas por meio da reformulação de conceitos, discussão de métodos e revisão, em profundidade, da concepção tradicional centrada na ampliação extensiva (e compartimentada) das infraestruturas viárias. Trata-se basicamente de olhar para os problemas de operação no contexto mais amplo do manuseio, acondicionamento e armazenagem das cargas transportadas, bem como de conservação ambiental e segurança do tráfego nas vias. Ou seja, trata-se de redirecionar políticas para uma visão de sustentabilidade ambiental, eficiência econômica, incorporação e difusão de modernas tecnologias e métodos de gestão, resultando em aumentos contínuos de produtividade.

Independentemente da atual crise financeira mundial – porém, talvez, até em decorrência dela –, o novo ciclo de desenvolvimento econômico que se configura para o país se relacionará simultaneamente com a ampliação do mercado interno e a inserção mais profunda da moderna agricultura e da indústria brasileiras no mercado internacional. Essa nova dinâmica englobará, inclusive, as atividades agrícolas industrializadas (em grande escala e com elevada produtividade), além dos serviços decorrentes das tecnologias de ponta. O suporte do transporte em particular e da logística no seu sentido mais amplo ao novo ciclo de desenvolvimento estará vinculado essencialmente à competitividade e ao barateamento da produção nacional, tanto internamente quanto nos mercados consumidores externos.

Nesse sentido, o planejamento e a política de transportes não se pautarão mais nem pela ênfase às ferrovias ou rodovias nem apenas pela correção dos desequilíbrios na matriz dos transportes, por conferir prioridade aos modais não rodoviários. O planejamento e as políticas públicas deverão tornar o sistema de transporte funcionalmente adequado às exigências dos setores produtivos, pela incorporação, em grande escala, das concepções de corredores regionalizados, da multimodalidade e das transformações tecnológicas e gerenciais ocorridas nos países desenvolvidos.

Em síntese, para o Brasil desenvolver-se de forma integrada e sustentável, para superar as desigualdades sociais, gerar empregos estáveis e reduzir drasticamente os danos ambientais, torna-se inadiável desencadear as ações coordenadas abaixo relacionadas (Pavan, 2008).

- Compatibilizar os investimentos em logística e transporte com uma visão sistêmica, com vistas a atender às necessidades dos mercados consumidores, tanto interno quanto externo.
- Dar maior eficiência na integração e coordenação de todas as *supply chains* espalhadas geograficamente.
- Promover maior conhecimento e preparar capital humano mais sofisticado.
- Dar maior eficiência e eficácia às ações governamentais relacionadas com planejamento estratégico, governança, diminuição de despesas, velocidade de decisão, critérios econômicos e sociais para alocação de investimentos, definição de regras mais claras para os licenciamentos ambientais, entre outras.
- Definir estratégias adequadas para competir no mercado globalizado, principalmente complementando-se com os grandes blocos econômicos, bem como com as economias da China e da Índia.

- Viabilizar, institucionalizar, desburocratizar e criar regras flexíveis que permitam às empresas nacionais se adaptarem ao ambiente global altamente competitivo e volátil.
- Fortalecer as especializações regionais e os arranjos produtivos locais.

É fundamental, para isso, que se retome o planejamento estratégico das infraestruturas, principalmente no que diz respeito ao transporte de cargas, considerando, em linhas gerais, a metodologia abaixo.

- Identificação das principais cadeias produtivas, bem como dos fluxos por elas gerados de suprimento, escoamento e distribuição, tanto para o abastecimento interno quanto para as exportações.
- Sobreposição desses fluxos – e suas projeções futuras – às infraestruturas existentes nos espaços, tanto nacional quanto regional.
- Identificação das deficiências nas infraestruturas de logística e transporte existentes, suprimindo as inadequadas e complementando com soluções baseadas em modais de grande capacidade e de menor custo.
- Transposição das fronteiras geográficas dos estados, chegando aos principais portos marítimos e aeroportos, formando os eixos ou corredores de transporte, com a função de integrar as economias por onde passam. (Barat, 1978, e Pavan, 2008)

Note-se que, pelo critério geoeconômico, a área de abrangência econômica dos eixos ou corredores de transporte competitivos se estrutura independentemente das fronteiras geopolíticas. São macrorregiões estratégicas e econômicas, cada uma com um adensamento econômico próprio, que se transformarão em grandes eixos de desenvolvimento, atraindo os investimentos, aumentando a produção, agregando valor aos produtos, gerando emprego e renda, elevando o IDH regional, sendo, portanto, fundamentais para direcionar as políticas públicas e prioridades de investimento. Os eixos ou corredores devem propiciar ainda a integração física, econômica e política dos estados a exemplo do que fizeram recentemente os estados de Minas Gerais, Goiás e Espírito Santo.

Além da integração física e econômica, os eixos são propostas para promover a integração política dos estados, que não deve ser confundida com disputas político-partidárias. Assim, juntamente com a iniciativa privada, torna-se viável formalizar uma espécie de pacto federativo e empresarial, com três objetivos centrais. Em primeiro lugar, aprimorar o planejamento estratégico, promovendo a integração de concepções, planos e ações executivas da União, estados e municípios, no âmbito de uma região ou área de influência de um eixo ou corredor. Em segundo lugar, comprometer de imediato as diversas partes envolvidas na realização do que já está planejado e definido (financiamento, recursos, prazos, gestores responsáveis, assim como a superação de gargalos institucionais). Por fim, criar os mecanismos de gestão entre todas as partes envolvidas, com dedicação exclusiva, para que de forma permanente e continuada sejam implementados os projetos priorizados.

2 O transporte aéreo mundial: expansão, gargalos e perspectivas

Tendências de longo prazo do transporte aéreo

Fatores determinantes da expansão

Numa perspectiva mundial e de longo prazo, a extraordinária expansão do transporte aéreo dependeu da conjugação de uma multiplicidade de fatores. Foram sucessivas décadas de avanços tecnológicos significativos e grandes mudanças organizacionais para ampliar a mobilidade das pessoas e mercadorias em escala doméstica e mundial. O dinamismo e a crescente competitividade do mercado propiciaram ao transporte aéreo a incorporação de tecnologias de ponta geradas nas mais variadas áreas do conhecimento. Podem ser citados os exemplos abaixo dos avanços alcançados nos últimos cinquenta anos.

- Avanços da termodinâmica aplicada às turbinas.
- Combinações de materiais para as estruturas e componentes das aeronaves.
- Notável desenvolvimento das tecnologias de informação e comunicação aplicadas à cadeia produtiva do transporte aéreo.
- Avançadas técnicas de gestão de estoques e materiais.
- Grandes conquistas obtidas nas técnicas de gestão empresarial.

- Sofisticadas técnicas de comercialização, notadamente nos sistemas de reservas e emissão de passagens.

As mudanças significativas na dinâmica e escala do transporte aéreo ocorreram, na verdade, desde os anos 1960 na direção de expressivos ganhos em eficiência. Tais ganhos decorreram cumulativamente da evolução tecnológica das aeronaves e dos sistemas de propulsão (eficiência tecnológica), do melhor gerenciamento dos recursos financeiros, humanos e materiais das empresas aéreas (eficiência gerencial), dos aumentos persistentes da produtividade dos empregados das empresas aéreas (eficiência profissional) e do melhor relacionamento institucional entre o poder público (concedente) e as empresas operadoras, em termos de modernização e adequação da função reguladora (eficiência institucional).

Uma avaliação mais agregada dos impactos dessas mudanças nas tendências de longo prazo do transporte aéreo mundial conduz à constatação da queda sistemática dos custos unitários e das tarifas em termos reais bem como do aumento contínuo dos níveis de produtividade nas operações.

Com relação ao primeiro fator responsável pelos ganhos em eficiência, qual seja, o da evolução tecnológica dos equipamentos de voo, o Quadro 1, a seguir, mostra o que ocorreu em razão dos avanços tanto na tecnologia de propulsão quanto na maior capacidade das aeronaves. Após a Segunda Guerra Mundial e nas décadas subsequentes, as mudanças tecnológicas foram de tal monta que propiciaram extraordinário e contínuo crescimento da produtividade das aeronaves. Consequentemente, os melhores desempenhos contribuíram para a tendência de decréscimo continuado do *yield* – ou seja, a receita operacional por passageiro-quilômetro transportado – em termos reais.

Quadro 1. Evolução tecnológica dos equipamentos de voo e produtividade (anos de 1950, 1985 e 2008)

	1950	1985	2008
Eficiência dos combustíveis dos motores[1]	33,5	47,6	57,6
Número médio de passageiros por voo	48	168	256
Velocidade média por voo[2]	205	418	650
Produtividade dos empregados[3]	(n.d.)	1.750	2.540

[1] Assentos/milha disponíveis por galão
[2] Milhas/hora de voo
[3] Assentos/milha disponíveis por empregado
Fontes: Oaci e U.S. Bureau of Transportation Statistics.

Um segundo fator que, no longo prazo, contribuiu para os ganhos de eficiência das empresas aéreas foi o da melhor utilização dos seus recursos financeiros, humanos e materiais, por meio do aumento da extensão das etapas de voo e do número de assentos disponíveis. Nesse sentido, a etapa média por passageiro e os assentos médios por decolagem cresceram continuamente em escala mundial.

O terceiro fator foi a evolução dos níveis de produtividade dos empregados das empresas aéreas. Os períodos de crescimento rápido da produtividade ocorreram por ocasião da incorporação às frotas de grande número de aeronaves novas e de maior capacidade. A maior oferta de assentos – sem a necessidade de mais contratações – induziu aumentos expressivos de produtividade (em termos de assentos/milha disponíveis por empregado), intercalados por períodos de maior estabilidade.

Houve, também, crescimento da eficiência do trabalho por ocasião dos ajustes à desregulamentação, especialmente nos Estados Unidos e Reino Unido, estendendo-se, posteriormente à União Europeia. Por conta dos ajustes, muitas empresas aéreas fizeram acordos com os sindicatos de aeronautas e aeroviários, obtendo concessões que resultaram em aumentos de produtividade. Com custos unitários da mão de obra sensivelmente menores, as empresas aéreas tiveram seu *yield* reduzido, propiciando a atração de passageiros, com expressiva ampliação do mercado e, ao mesmo tempo, garantindo a rentabilidade do negócio. Nesse sentido, as formas inovadoras de relacionamento institucional entre os poderes públicos e as empresas operadoras também contribuíram para os ganhos de eficiência.

Pelo aumento da etapa média e do número médio de assentos, as empresas aéreas tornaram-se mais aptas a enfrentar os problemas decorrentes dos aumentos de escala, presentes na operação das modernas aeronaves. Novas tecnologias, como, por exemplo, a *ultra-high bypass* (UHB) – que proporciona reduções entre 25% e 40% do consumo de combustíveis – e as aeronaves *wide-bodies twin-aisles* (grande porte e dois corredores), permitiram custos operacionais unitários muito inferiores. As contínuas renovações de frota, portanto, permitiram às empresas aéreas tirar partido das economias de escala propiciadas pela operação das modernas aeronaves de alta capacidade, reduzindo seus custos operacionais unitários.

Os gargalos restritivos à expansão

Apesar da sua excepcional expansão, o transporte aéreo mundial, no seu dinamismo, gerou também problemas de solução muito complexa, que podem ser vistos como fatores restritivos ou gargalos à sua expansão futura. Tais restrições, sem dúvida, acabam por interferir negativamente tanto no desempenho quanto no potencial de desenvolvimento da aviação comercial. Alguns desses problemas são reproduzidos abaixo.

- Saturação do espaço aéreo em rotas áreas e aeroportos com elevadas densidades de tráfego.
- Descompasso entre as infraestruturas aeroportuárias e as necessidades decorrentes do crescimento do tráfego aéreo.
- Conflito entre as exigências de rapidez na acessibilidade aos aeroportos e agravamento dos congestionamentos nos sistemas viários urbanos.
- Crescentes e complexas exigências de segurança no acesso aos aeroportos e às aeronaves.
- Descompasso entre mecanismos de financiamento convencionais e elevados custos das mudanças tecnológicas aceleradas nos equipamentos de voo, bem como nas instalações aeronáuticas e aeroportuárias de apoio.

Nas rotas internas dos Estados Unidos e União Europeia, como também nas rotas internacionais do Atlântico Norte e do Pacífico/Extremo Oriente, o crescimento do tráfego aéreo vem acarretando problemas de saturação do espaço aéreo, em especial nos complexos aeroportuários mais movimentados. Em consequência, têm sido necessários investimentos significativos em equipamentos e instalações, envolvendo tecnologias cada vez mais custosas para preservar as condições de proteção e segurança de voo e de procedimentos de pouso e decolagem. A confiabilidade do transporte aéreo depende, portanto, da destinação de vultosos recursos para esse fim. Note-se que, mesmo com o crescente interesse do setor privado em investir mediante concessões ou parcerias, os investimentos nas infraestruturas aeroportuárias e/ou aeronáuticas continuarão a depender fortemente de recursos governamentais.

Outro problema importante é a dificuldade que tem sido adequar as infraestruturas aeroportuárias às pressões da demanda resultantes do crescimento explosivo do tráfego aéreo. Nas grandes metrópoles, os aeroportos existentes vêm sendo objeto de ampliações contínuas de capacidade, e, quando as possibilidades se esgotam, por falta de áreas lindeiras disponíveis, novos aeroportos são construídos em áreas mais periféricas. Com isso, formam-se grandes complexos aeroportuários que geram problemas de acessibilidade e circulação viária no espaço urbano e metropolitano que circunda as instalações aeroportuárias.

Por mais que muitos dos serviços nos aeroportos sejam terceirizados ou mesmo privatizados, uma parcela significativa dos investimentos em ampliações e construções, vale repetir, depende de recursos governamentais. Estes, quando escassos, comprometem a continuidade de planos e projetos, em prejuízo da eficiência e da imagem de todo o sistema de aviação civil. Para superar essa restrição, foram formulados novos mecanismos de financiamento para as infraestruturas aeroportuárias baseados nos conceitos de *project finance*, de PPPs e concessões de serviços. Esbarram, todavia, na dificuldade de superar a ótica tradicional de ver essas áreas como de responsabilidade pública direta. E há razão para isso, qual seja, o seu forte envolvimento com sistemas de controle do espaço aéreo e proteção de voo.

No que diz respeito à segurança, enquanto se procuram novos modelos de regulação econômica, visando um maior equilíbrio entre a rigidez do intervencionismo do passado e os exageros da liberalização dos anos 1980 e 1990, a regulação da segurança segue um caminho de imposição de padrões cada vez mais rigorosos (e custosos) para o transporte aéreo. Os ataques terroristas de 11 de setembro de 2001 alteraram radicalmente as condições de operação do transporte aéreo e do sistema de aviação civil mundial.

As ações de prevenção levadas a cabo pelo governo norte-americano – e por instâncias similares em outros países – ampliaram os requisitos de segurança impostos aos aeroportos e às empresas aéreas. Com isso, elevaram-se os custos do transporte aéreo e geraram-se pressões para metas e aumentos de produtividade, nem sempre alcançáveis. A situação agravou-se, posteriormente, com as medidas adicionais concluídas com o prolongamento da guerra do Iraque. Não se pode deixar de levar em conta, portanto, que os maiores rigores da segurança impõem custos às empresas aéreas, acabando por afetar o seu equilíbrio econômico-financeiro e também por repercutir sobre a regulação econômica (Pilarski, 2007).

Outra questão importante é a do descompasso entre os mecanismos de financiamento convencionais e as mudanças tecnológicas aceleradas nos equipamentos de voo e instalações de apoio. Como assinalado anteriormente, as aeronaves vêm incorporando, de forma crescente, materiais e tecnologia de alto custo, impondo às empresas aéreas limites de obsolescência cada vez mais curtos, em razão das exigências de um mercado altamente competitivo.

O financiamento das aeronaves é feito por meio de mecanismos de *leasing* em diversas formas, que, porém, muitas vezes se revelam incompatíveis com a capacidade de pagamento das empresas aéreas. Frequentemente, a competição acirrada obriga muitas empresas a assumir compromissos com a renovação de suas frotas, quando seus equipamentos de voo ainda poderiam prestar serviços de qualidade, comprometendo, com isso, a estrutura de custos e, portanto, a sua saúde financeira.

Vale a pena, por fim, deter-se na questão do ambiente da regulação. A desregulamentação que passou a vigorar nos Estados Unidos a partir do Airline Deregulation Act de 1978 propiciou, de início, menores preços e maior lucratividade. O consumidor norte-americano passou a dispor de uma grande variedade de combinações preço/qualidade que não existia anteriormente (por exemplo, a opção por serviços de qualidade inferior e bilhetes com restrições de embarque a preços inferiores). Outro efeito foi o de controlar evoluções tecnológicas que seriam incentivadas pela concorrência e que permitiriam melhorar a qualidade e diminuir custos de produção, aumentando, com isso, a eficiência produtiva.

Por outro lado, as concepções de tipo *hub-and-spoke* (mais conexões em aeroportos aglutinadores, em vez das ligações ponto a ponto) permitiram melhoras concretas em termos de eficiência. Foram feitas inúmeras avaliações do efeito líquido, em termos de vantagens para o consumidor, por meio da análise e comparação de variáveis como tarifas, restrições às viagens, frequências, índices de ocupação, número de conexões, conveniência, bem como tipo de conexões e tempo de viagem (Viscusi, 1995).

A desregulamentação, todavia, também trouxe muitos problemas. A competição entre as empresas tornou-se frequentemente predatória, principalmente na disputa por partidas nos aeroportos principais, os chamados *hub airports*. Na competição desordenada por rotas, ocorreram muitas fusões e incorporações de empresas, mas também muitas falências e desemprego. Os níveis de segurança de voo ficaram, por vezes, comprometidos, especialmente nas empresas de aviação regional. Paradoxalmente, houve queda nos níveis de rentabilidade de muitas empresas pequenas e médias, assim como nas grandes que estavam protegidas anteriormente por reservas de mercado ou que não se adaptaram às novas formas de operação. Finalmente, vale insistir, as bases do financiamento se tornaram inadequadas para fazer frente às vultosas demandas de capital necessárias para a renovação das frotas, impondo pesos crescentes aos *leasings* nos orçamentos das empresas.

Ao longo dos anos 1990, a entrada no mercado – e, de certa forma, a competição – sofreu restrições em razão de três fatores básicos: a ameaça de retaliações predatórias por parte das empresas estabelecidas, o uso – por parte de agentes de viagem – de sistemas de reserva das grandes empresas aéreas e a dificuldade de acesso aos aeroportos – pelo fato de os *slots* (horários disponíveis para chegada e partida) serem insuficientes nos aeroportos *hubs* –, o que elevou seus custos de aquisição, permitindo praticamente a criação de um poder de monopólio ou oligopólio. Por outro lado os programas de milhagem e as grandes alianças estratégicas passaram a oferecer uma vantagem competitiva importante para as empresas já estabelecidas (Tavares, 1999).

Após duas décadas de impacto maior da desregulamentação, as autoridades aeronáuticas norte-americanas passaram a buscar um ajustamento aos parâmetros estruturais da atividade de aviação civil como serviço concedido de interesse público. As atenções do governo e das empresas voltaram-se mais para avaliações dos *cash-flows* (fluxos de caixa) e maior racionalização das estruturas de linhas. Como se verá mais adiante, tanto nos Estados Unidos quanto na União Europeia, o processo de regulação aperfeiçoou-se e buscou maior adaptação às necessidades de segurança e proteção ao consumidor, diante da dinâmica do mercado (Havel & Witaker, 2001).

A continuidade da expansão

Tudo indica que os fatores que contribuíram, no longo prazo, para a tendência de declínio dos custos e a maior eficiência das operações não demonstram sinais de enfraquecimento. As aeronaves continuarão a ser mais eficientes, as tecnologias de informação alcançarão aplicações inimagináveis, o capital investido continuará a aumentar a produtividade dos empregados, e as empresas aéreas persistirão em buscar melhores práticas para gerenciar seus recursos financeiros, humanos e materiais.

Essa conjugação de avanços de eficiência leva a acreditar que não há razões para se prever, em prazo mais longo, uma reversão da tendência histórica de declínio do *yield*. Mesmo que fatores imprevistos – como os atentados de 11 de setembro de 2001, a grave crise financeira mundial de 2008-2009 e novos atos terroristas – possam ter afetado ou vir a afetar severamente o transporte aéreo, numa perspectiva de longo prazo as condições de expansão serão bastante favoráveis.

Cabe, nesse sentido, ressaltar alguns argumentos. Primeiramente, os ganhos em eficiência tecnológica continuarão a estimular a criação de aeronaves de maior capacidade e/ou com melhor desempenho operacional. Continuará a haver progresso na eficiência dos sistemas de propulsão, na eletrônica de bordo e no uso dos materiais compostos na construção de aeronaves, em ritmo provavelmente mais intenso que nas últimas cinco décadas.

Na área da eletrônica e tecnologia da informação e comunicação, os ganhos em eficiência tecnológica terão resultado em voos cada vez mais precisos e eficientes. Com isso aumentará a disponibilidade dos serviços e diminuirão sensivelmente os custos de equipamentos e operações. Por outro lado, o aumento do uso de materiais compostos vem tornando as aeronaves mais leves, reduzindo, também, o consumo de combustível. Finalmente, muitos projetos de novos aviões resultarão em coeficientes de arrasto menores, aumento da eficiência em cruzeiros nos sistemas de hipersustentação e, consequentemente, aeronaves com desempenho muito mais eficiente (Shaufele, 2000).

No que diz respeito à produtividade dos recursos humanos, tudo leva a crer que ela continuará a crescer no futuro. Primeiramente porque, em virtude da acirrada competição, as empresas aéreas e as administrações aeroportuárias darão prosseguimento à aquisição de equipamentos mais eficientes. As novas aeronaves e instalações de apoio somarão à produtividade dos funcionários o progresso da qualidade dos equipamentos por eles operados. Adicionalmente, as empresas aéreas intensificarão a automação das tarefas feitas pelo homem. A utilização da internet, para ficar em exemplo bem conhecido – que possibilitou um elevadíssimo grau de informatização na reserva, emissão e compra de bilhetes –, tenderá a aperfeiçoar-se cada vez mais.

Outro aspecto importante a considerar é o do alcance da forte pressão competitiva na atividade do transporte aéreo. Como se sabe, essa pressão decorre ainda das importantes transformações institucionais ocorridas a partir do movimento de desregulamentação nos Estados Unidos e os consequentes movimentos de flexibilização na Comunidade Europeia e outras regiões do mundo. O fato de ter persistido uma crescente competição leva a admitir que os níveis de produtividade das empresas aéreas vão aumentar. Resta saber, no entanto, quais serão os limites da exacerbação competitiva e, consequentemente, quais os limites da ação reguladora, da redução dos custos e do aumento dos ganhos de produtividade (Pilarski, 2007).

Se os *yields* continuarão a declinar, as razões prováveis serão a extraordinária força da competição no transporte aéreo, a ampliação dos mercados decorrente da globalização, e a aceleração do desenvolvimento tecnológico. Esses fatores promoverão aumentos significativos de escala. Na verdade, o transporte aéreo é essencialmente de natureza competitiva, embora as fatias do mercado sejam disputadas entre poucas empresas e, muitas vezes, objeto de ações oligopolistas. No entanto, o que vem ocorrendo há mais de duas décadas é que, se uma empresa aérea tenta aumentar seu *yield*, ampliando seu lucro, as outras não acompanharão a iniciativa e, ao contrário, usarão esse aumento para ampliar suas condições de participação no mercado, obviamente desde que apoiadas numa regulação adequada (Pilarski & Schaufele, 1989).

Aparentemente não existem motivos, portanto, para que os *yields* – e, consequentemente, as tarifas – não continuem a decrescer no futuro, em termos reais. Assim, os gestores das empresas aéreas que souberem operar num ambiente marcado por tendências decrescentes de receita por assento-quilômetro, evolução tecnológica muito acelerada e contínua ampliação do mercado em geral e particularmente em novos nichos, estarão em melhores condições para enfrentar os desafios futuros da aviação comercial. Por outro lado, a redução de custos do transporte aéreo associada aos desdobramentos da globalização permitirá que um número crescente de pessoas se agregue aos fluxos de viagens domésticas e internacionais de negócios e turismo.

O mercado e a globalização

A visão do mercado mundial

Em 2009, o tráfego aéreo mundial (passageiros-quilômetro pagos em voos regulares internacionais e domésticos) distribuiu-se por sete grandes regiões, da forma apresentada no Quadro 2, a seguir. A América do Norte respondeu por 31,4% da movimentação mundial, seguida da Europa (incluída a Rússia) com 28,0%. O mercado da Ásia e do Pacífico teve participação de 27,1% e a América Latina e Caribe de 4,6%. Essa distribuição permite constatar a grande concentração da demanda mundial – nada menos que 60% do transporte aéreo regular do mundo – nas rotas domésticas e internacionais dos Estados

Unidos-Canadá e da União Europeia. Acrescentando-se às rotas do Atlântico Norte aquelas do Pacífico-Sudeste Asiático-Japão, a concentração do tráfego mundial chegou aos 87%. Note-se que em catorze anos (período de 1996-2009), o tráfego mundial de passageiros cresceu 75,5%. Houve, no entanto, um declínio de cerca de 2% de 2008 para 2009, em virtude da gravidade da crise financeira mundial.

Quadro 2. Tráfego aéreo mundial para voos regulares internacionais e domésticos (anos de 1996 e 2009 – em bilhões de passageiros-quilômetros transportados/ano)

	1996	(%)	2009	(%)	2009/1996
América do Norte	1.012,30	41,8	1.331,5	31,4	31,53
Europa (inclusive Rússia)	712,7	29,5	1.191,5	28,0	67,18
Ásia, Extremo Oriente e Pacífico	526,7	21,8	1.150,5	27,1	118,44
América Latina e Caribe	89,4	3,7	194,4	4,6	112,98
Oriente Médio	58	2,4	282,5	6,6	387,07
África	19,3	0,8	98,1	2,3	407,77
Total mundial	2.418,40	100,0	4.248,5	100,0	75,67

Fonte: Oaci.

No que diz respeito ao transporte de cargas (cargas aéreas, correios e malas postais), o tráfego aéreo mundial (expresso em toneladas-quilômetro nos voos regulares internacionais e domésticos) distribuiu-se pelas sete grandes regiões de forma aproximada à do tráfego de passageiros. A exceção é a de um percentual pouco mais elevado da Ásia e Pacífico, como pode ser visto no Quadro 3, a seguir. Com efeito, em 2009, a América do Norte respondeu por 30% da movimentação mundial das cargas aéreas, enquanto a Europa (incluída a ex-União Soviética europeia) detinha 27%. O mercado da Ásia e do Pacífico teve uma participação de 29,5% e a América Latina e Caribe de 4%. Entre 1999 e 2009, o tráfego aéreo de cargas cresceu 43,4%, e na America Latina e Caribe houve um crescimento expressivo de 70,6%.

Cabe ressaltar que a crise internacional provocou queda inédita de 10% na movimentação mundial de cargas aéreas, com aproveitamento médio de 49%. Na América do Norte a queda foi de 10,6%, na Europa de 16% e na Ásia/Pacífico de 9,2%. Em dezembro de 2009 houve uma recuperação de 24,4% (com aproveitamento de 54%) em relação ao mesmo mês em 2008, que traduziu o nível mais baixo do ciclo de crise.

Quadro 3. Tráfego aéreo mundial para voos regulares internacionais e domésticos (anos de 1999 e 2009 – em bilhões de toneladas-quilômetros transportados/ano)

	1999	(%)	2009	(%)	2009/1999
América do Norte	146,7	39,6	159,3	30,0	8,59
Europa (inclusive Rússia)	106,3	28,7	143,6	27,0	35,09
Ásia, Extremo Oriente e Pacífico	88,5	23,9	156,1	29,5	76,38
América Latina e Caribe	12,6	3,4	21,5	4,0	70,63
Oriente Médio	9,6	2,6	39,4	7,4	310,42
África	6,7	1,8	11,4	2,1	70,15
Total mundial	370,4	100	531,3	100,0	43,44

Fonte: Oaci.

Em 2009, havia 230 empresas filiadas à Iata e baseadas em 139 países, representando 93% do transporte aéreo regular de passageiros e cargas. Desse total, as dez maiores empresas (as chamadas *mega-carriers*) atenderam cerca de um terço (33,6%) da demanda mundial em termos de passageiros-quilômetro transportados em voos domésticos e internacionais. Outras quinze grandes empresas responderam por 26,4% do total, e às restantes 205 coube atender 40% da demanda do transporte regular. No caso das cargas, as dez maiores empresas foram responsáveis por 15% das toneladas-quilômetro movimentadas no mundo em voos domésticos e internacionais.

Cabe ressaltar que, das dez maiores empresas aéreas – que atenderam cerca de um terço da demanda mundial de passageiros e movimentaram mais de 100 bilhões de passageiros-quilômetro em voos domésticos e internacionais –, seis são norte-americanas, as quais responderam por 22% do total mundial. Das restantes, três são europeias e uma asiática. Há uma nítida tendência ao reforço da posição predominante das chamadas *mega-carriers* no mercado mundial, na medida em que foram apenas 25 as empresas que movimentaram mais de 80 bilhões de passageiros-quilômetro ao ano.

No transporte aéreo de cargas ocorre uma concentração menor: das dez empresas que respondem por 16,5% da movimentação mundial (acima de 5 bilhões de toneladas-quilômetro), apenas duas são norte-americanas e atenderam 5,3% da movimentação mundial. Das restantes, cinco são asiáticas e três europeias. Note-se, no entanto, que as empresas norte-americanas (FedEx e UPS) respondiam por um terço da movimentação de cargas realizada pelas dez maiores empresas mundiais. O Quadro 4, a seguir, mostra a participação das dez maiores empresas de passageiros e cargas.

As vantagens comparativas que favorecem as *mega-carriers* têm, na verdade, um efeito cumulativo, em detrimento das empresas menores, especialmente aquelas situadas nos países menos desenvolvidos. As mais importantes são citadas abaixo.

- Sistemas de reservas dominantes altamente informatizados que propiciam facilidades para os agentes de viagens, responsáveis por mais de 70% das emissões nos Estados Unidos e na União Europeia.
- Ofertas de gama diversificada de serviços conjuntamente com as reservas de passagens aéreas, tais como reservas de hotéis, locação de automóveis, refeições especiais a bordo, entre outros.
- Disponibilidade de bancos de dados acoplados aos sistemas de reservas que permitem maior previsibilidade no comportamento dos usuários, fidelização da demanda e oferta de descontos.
- Disponibilidade de maior volume de recursos para a promoção de campanhas publicitárias.
- Maior capacidade de obtenção de *leasing* de novas aeronaves – especialmente as de grande capacidade (*wide-bodies*) – e de permanente atualização tecnológica, inclusive obtendo descontos de fabricantes.
- Maior inserção nas rotas e grandes polos geradores de tráfego aéreo de negócios e turismo.

Às empresas dos países menos desenvolvidos, ou fora das principais rotas de tráfego aéreo, restaram as opções de estabelecer alianças estratégicas, planos conjuntos de rotas, coordenação na compra de aeronaves e centralização do treinamento de pessoal de voo e terra. Estas foram, em muitos casos, as alternativas encontradas para enfrentar a competição das grandes empresas.

Quadro 4. Dez maiores empresas aéreas de passageiros e cargas: tráfego doméstico e internacional (ano de 2009 – em milhões de passageiros-quilômetro e toneladas-quilômetro pagos e percentagens)

	Dez maiores passageiros	Pass.-km (milhões)	% do total mundial		Dez maiores	*t*-km (milhões)	% do total
1	American Airlines	211.987	5,11	1	FedEx	15.122	3,06
2	United Airlines	176.706	4,26	2	UPS	10.977	2,22
3	Delta Airlines	169.895	4,09	3	Korean	8.890	1,80

(cont.)

	Dez maiores passageiros	Pass.-km (milhões)	% do total mundial		Dez maiores	t-km (milhões)	% do total
4	Air France	131.845	3,18	4	Cathay-Pacific	8.245	1,67
5	Continental Airlines	129.433	3,12	5	Lufthansa	8.206	1,66
6	Lufthansa	126.267	3,04	6	Singapore Airlines	7.486	1,51
7	Southwest Airways	118.272	2,85	7	Emirates	6.013	1,22
8	British Airlines	115.734	2,79	8	Air France	5.820	1,18
9	Northwest Airlines	114.608	2,76	9	Cargolux	5.334	1,08
10	Emirates	100.672	2,43	10	China Airways	5.261	1,06
	Dez maiores	1.395.419	33,61		Dez maiores	81.354	16,46
	Brasil (Total)	77.268	1,86		Brasil (Total)	7.528	1,52
	Total mundial	4.151.350	100,00		Total mundial	494.200	100,00

Fonte: Iata.

Nos últimos cinquenta anos, a crescente integração do Pacífico e Extremo Oriente aos polos dinâmicos da economia mundial (situados na América do Norte e Europa Ocidental) – a partir da transformação da economia japonesa na segunda maior do mundo – alterou profundamente os fluxos de transporte aéreo. Reforçaram essa tendência o posterior crescimento da Coreia, Cingapura, Malásia e Taiwan e, mais recentemente, as extraordinárias expansões das economias da China e da Índia.

Outra mudança importante foi a da gradual transformação que sofreu a União Europeia para tornar-se uma grande unidade de cabotagem – como os Estados Unidos –, procurando abandonar a concepção tradicional de rotas internas por país. Finalmente, as prósperas economias exportadoras e altamente competitivas do Sudeste Asiático foram capazes de gerar recursos para financiar maciços investimentos em infraestruturas aeroportuárias e frotas de aeronaves de alta capacidade. A localização privilegiada dos aeroportos, a elevada qualificação dos empregados e a atualização tecnológica das aeronaves tornaram os chamados Tigres Asiáticos um segmento importantíssimo do mercado mundial e suas empresas aéreas altamente competitivas.

Numa perspectiva de longo prazo, em 1978 a participação da Ásia, do Extremo Oriente e do Pacífico no total do tráfego aéreo mundial era de 15%. Em 1996 essa participação elevou-se para 21,8%, atingindo o percentual de 27,1% em 2009. Por essa visão histórica, pode-se observar também que, entre 1978 e 2009, a participação percentual da América do Norte decresceu significativamente (de 45,6% para 31,4%), enquanto a Europa (incluída a ex-União Soviética) manteve uma posição relativamente estável. Por outro lado, a contribuição da América Latina e Caribe para o tráfego aéreo mundial teve um decréscimo de 5,3% para 4,5%, enquanto o Oriente Médio teve a sua participação aumentada de 3% para 6,6%, conforme indica o Quadro 5, a seguir.

Quadro 5. Tendência do tráfego aéreo mundial no transporte aéreo regular (anos de 1978, 1988, 1996 e 2009 – em bilhões de passageiros-quilômetros e percentagens).

	1978	(%)	1988	(%)	1996	(%)	2009	(%)
América do Norte	425	45,6	753	45,3	1.012	41,8	1.332	31,4
Europa (inclusive Rússia)	262	28,1	419	25,2	713	29,5	1.192	28,1
Ásia, Extremo Oriente e Pacífico	140	15,0	315	19,0	527	21,8	1.151	27,1
América Latina e Caribe	49	5,3	82	4,9	89	3,7	194	4,5
Oriente Médio	28	3,0	48	2,9	58	2,4	283	6,6
África	28	3,0	44	2,7	19	0,8	98	2,3
Total mundial	932	100,0	1.662	100,0	2.418	100,0	4.225	100,0

Fonte: Oaci.

Os Gráficos 1 e 2, a seguir, permitem visualizar as mudanças na distribuição do tráfego aéreo mundial no transporte aéreo regular de passageiros (doméstico e internacional) nesse intervalo de três décadas, ou seja, entre 1978 e 2009. Essas mudanças refletem as grandes transformações ocorridas na economia mundial como resultado da intensificação e alastramento do processo de globalização, como vimos no Capítulo 1, o que será mais detalhado adiante, no que diz respeito ao transporte aéreo.

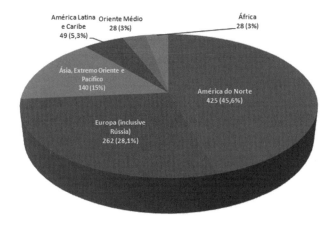

Gráfico 1. Distribuição do tráfego aéreo mundial no transporte aéreo regular (ano de 1978 – em bilhões de passageiros-quilômetros e percentagens)
Fonte: Oaci.

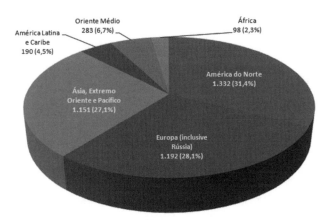

Gráfico 2. Distribuição do tráfego aéreo mundial no transporte aéreo regular (ano de 2009 – em bilhões de passageiros-quilômetros e percentagens)
Fonte: Oaci.

Cabem, por fim, algumas observações sobre o transporte aéreo nos países menos desenvolvidos, onde a aviação civil teve historicamente a tradição de ser (por imposição da realidade socioeconômica) um serviço "quase-governo", uma vez que cumpria funções de ocupação do território e apoio às populações não assistidas por outros meios de transporte. De modo geral, houve um comprometimento da construção de aeroportos e aeródromos com as estratégias de defesa nacional e de desenvolvimento econômico. Por outro lado, as empresas operadoras de linhas internacionais de longo curso praticavam, frequentemente, subsídios cruzados em favor das operações internas. Durante décadas, o contexto da aviação civil foi, portanto, de maior intervenção estatal e reduzida competição (Hofton, 1989). Note-se que o Brasil, na década de 1990, começou a afastar-se da tendência descrita e direcionar-se mais para os paradigmas vigentes no Primeiro Mundo, porém, flexibilizando com cautela a intervenção estatal.

A participação de toda a América Latina – e do Brasil – no mercado mundial do transporte aéreo é de pequena expressão. O continente sul-americano e o país, na verdade, estão à margem das principais rotas mundiais de negócios e turismo, bem como distantes dos mais importantes polos de irradiação do desenvolvimento globalizado. As empresas aéreas brasileiras, por exemplo, foram responsáveis, em 2009, por apenas 1,86% dos passageiros-quilômetro transportados em todo o mundo, nos voos regulares domésticos e internacionais, proporção compatível com a participação de 1,26% das exportações brasileiras de mercadorias no total mundial.

Comparando, todavia, o crescimento do volume de tráfego das empresas aéreas brasileiras com a expansão média ocorrida na América Latina e no Caribe, na América do Norte e em todo o mundo (empresas filiadas à Iata), entre 1978 e 2009, a expansão do mercado brasileiro pode ser considerada bastante expressiva, conforme mostra o Quadro 6, a seguir. Cabe ressaltar, todavia, que o setor aéreo norte-americano foi muito mais atingido pela crise financeira mundial em 2009 do que o Brasil e a América Latina. O tráfego aéreo regular (doméstico e internacional) dos Estados Unidos sofreu uma queda de 5,6% em relação a 2008, enquanto no Brasil houve crescimento de 12%.

Quadro 6. Transporte aéreo regular doméstico e internacional (anos de 1978, 1988, 1996 e 2009 – em bilhões de passageiros-quilômetro transportados e percentagens)

	1978	(%)	1988	(%)	1996	(%)	2009	(%)
Brasil	11	1,2	24	1,4	38	1,6	77	1,8

(cont.)

	1978	(%)	1988	(%)	1996	(%)	2009	(%)
América Latina e Caribe	49	5,3	82	4,9	89	3,7	190	4,5
América do Norte	425	45,6	753	45,4	1.012	41,9	1.332	31,4
Total mundial	932	100,0	1.660	100,0	2.418	100,0	4.245	100,0

Fonte: Oaci.

Como resultado do extraordinário crescimento do mercado, as nossas empresas aéreas buscaram reduzir o distanciamento que existia em termos de padrões de produtividade e qualidade vigentes nos países mais desenvolvidos. Houve, assim, grande avanço nas concepções relativas a sistemas operacionais e aproveitamento das aeronaves, estratégias de conquista de novos nichos de mercado e aplicação intensiva de tecnologia da informação para reservas, emissão e venda de passagens. Quanto aos sistemas de segurança de voo e de proteção do espaço aéreo, eles sempre foram bem conceituados internacionalmente e tidos como de padrões considerados elevados.

Os aeroportos, por sua vez, antes vistos apenas como um ponto de conexão entre diferentes modos de transporte, passaram a assumir um papel mais sofisticado em tempos de globalização e informatização. Tornaram-se fatores de alavancagem da competitividade, atuando como entrepostos de comércio, negócios e serviços, competindo entre si, a exemplo das cidades a que servem.

Uma visão da movimentação de passageiros e cargas nos principais aeroportos mundiais – antes da crise de 2009, que afetou profundamente a economia norte-americana – é dada pelo Quadro 7.

Quadro 7. Dados comparativos da movimentação de passageiros, cargas e aeronaves nos maiores aeroportos mundiais (tráfego doméstico e internacional – ano de 2008)

	Passageiros (mil pass./ano)			Cargas (mil t./ano)			Movimento (aeronaves/ano)	
1	Atlanta	90.039	1	Memphis	3.695	1	Atlanta	978.824
2	Chicago	69.354	2	Hong Kong	3.661	2	Chicago	881.566
3	Londres	67.056	3	Xangai	2.603	3	Dallas/Fort Worth	656.310
4	Tóquio	66.755	4	Incheon	2.424	4	Los Angeles	622.506
5	Paris	60.875	5	Anchorage	2.340	5	Denver	619.503
6	Los Angeles	59.948	6	Paris	2.280	6	Las Vegas	578.949
7	Dallas/Fort Worth	57.093	7	Frankfurt	2.111	7	Houston	576.062
8	Pequim	55.937	8	Tóquio	2.100	8	Paris	559.816
9	Frankfurt	53.457	9	Louisville	1.974	9	Charlotte	536.253
10	Denver	51.245	10	Cingapura	1.884	10	Phoenix	502.499

(cont.)

Passageiros (mil pass./ano)		Cargas (mil t./ano)		Movimento (aeronaves/ano)	
São Paulo[1]	35.156	São Paulo [1]	692	São Paulo[1]	413.320
Brasil	113.264	Brasil	1.272	Brasil	2.128.750

[1] Inclui os aeroportos de Guarulhos, Campinas e Congonhas.
Fontes: ACI, 2009, e Infraero.

Observa-se por esse quadro que, para o ano de 2008, dos dez maiores aeroportos mundiais em termos de movimentação anual de passageiros, cinco eram norte-americanos (que, em conjunto, movimentaram 328 milhões), três europeus e dois asiáticos. Comparativamente, os 67 aeroportos brasileiros operados pela Infraero movimentaram 113 milhões de passageiros, e os três grandes aeroportos de São Paulo (Cumbica, Congonhas e Viracopos) tiveram um movimento de 35,2 milhões.

Com relação às operações de carga, dos dez maiores, três eram norte-americanos (que, em conjunto, movimentaram 8 milhões de toneladas), cinco asiáticos (dos quais, três chineses) e dois europeus. Somente o maior (Memphis) movimentou no ano cerca de três vezes o que foi operado por todos os aeroportos brasileiros. Por fim, no que se refere ao movimento de aeronaves no ano, dos dez maiores, nove eram norte-americanos e um europeu. Os três grandes aeroportos de São Paulo tiveram um movimento de aeronaves inferior ao décimo no *ranking* mundial, qual seja, o de Phoenix, no Arizona. Essas comparações são importantes para situar as escalas do transporte aéreo brasileiro no contexto mundial.

A globalização e o transporte aéreo

Numa visão mais abrangente, o processo de globalização, associado à evolução tecnológica acelerada, alterou radicalmente as características da produção de bens e serviços. A fragmentação das cadeias produtivas globais operou uma "diáspora industrial" (e de serviços) na forma de produção de componentes, partes e montagens finais, espalhando-a por vários países e multiplicando geometricamente os fluxos de deslocamento de matérias-primas e produtos acabados. Esse fenômeno é compreendido como uma forte integração horizontal das cadeias produtivas, principalmente por meio da terceirização de serviços e da produção de partes e componentes.

Dois fenômenos importantes decorreram dessa nova lógica. Em primeiro lugar, fizeram-se necessárias novas logísticas de abastecimento e escoamento (contêineres e transporte multimodal), que reduziram as necessidades de estoques, inclusive gerando sistemas de estocagem *just in time*. Além disso, as aglomerações industriais deixaram de ser relevantes para os processos produtivos, que passaram, inclusive, a ser afetados pelas "deseconomias de aglomeração".

Com isso, do ponto de vista econômico, os conceitos tradicionais de territorialidade tendem a desaparecer. Nesse sentido, tornou-se cada vez mais presente a formação de redes de empresas fornecedoras e produtoras em localidades ou países diferentes, com o objetivo de encadear conjuntos de atividades voltadas para o atendimento de uma maior amplitude de mercados como resultado da globalização.

A formação de complexas cadeias produtivas em escala mundial deu origem a cadeias logísticas igualmente complexas e dispersas, para o abastecimento e escoamento de insumos e produtos. O transporte é, obviamente, um dos mais importantes elos dessas cadeias logísticas, que exigem técnicas modernas de acondicionamento, manuseio, estocagem, transferência e deslocamento das mercadorias. No que diz respeito à carga aérea, cabe notar que se formaram, igualmente, cadeias logísticas complexas para a movimentação de mercadorias com alto valor agregado por unidade de peso. Os grandes aeroportos vêm destinando áreas cada vez maiores para transferência e embarque desse tipo de carga, valendo-se dos grandes avanços ocorridos tanto na tecnologia aeronáutica quanto nos métodos de unificação, preservação e transferência da carga aérea (Barat, 2007).

Por outro lado, como foi visto, ampliaram-se as escalas de movimentação de passageiros em razão das grandes mudanças na economia mundial e, principalmente, dos aumentos de produtividade e barateamento das passagens aéreas. A disseminação do transporte aéreo, com fluxos crescentes de viagens de negócios e turismo, vem permitindo maior presença e agregação de valor à complexa cadeia produtiva da aviação mundial. Com isso, aumentou o potencial de barganha em acordos internacionais, para os países que fortaleceram essa cadeia por meio de políticas públicas consistentes.

No panorama mundial, o transporte aéreo de longo curso tornou-se, portanto, importante instrumento de resposta e indução aos crescentes fluxos de passageiros e cargas decorrentes da globalização. O mesmo pode ser dito em relação aos aeroportos – em especial os grandes *hubs* (aglutinadores) regionais – e a indústria aeronáutica. Pode-se dizer que um sistema de aviação civil forte e estruturado desempenha um importante papel na ampliação dos fluxos de negócios e turismo (Barat, 2007).

Por fim, cabe notar que o uso das tecnologias intensivas em informação e comunicação tornou-se a base do desenvolvimento tecnológico acelerado dos processos produtivos, das logísticas de escoamento da produção e comércio internacional. No bojo dessas mudanças – que propiciaram a intensificação dos deslocamentos de pessoas e mercadorias –, o papel do transporte aéreo foi, sem dúvida, decisivo como suporte à globalização. Um exemplo é a extraordinária capacidade de resposta do transporte aéreo às complexas exigências das logísticas, impostas pela expansão do comércio eletrônico, o *e-commerce*.

Os cenários de evolução do mercado

A análise, ainda que sucinta, das tendências de longo prazo e das repercussões da globalização no transporte aéreo é importante para indicar com mais clareza os cenários que poderão dar sustentação às previsões da demanda. Ela envolve dificuldades em razão das aceleradas mudanças tecnológicas e do ambiente competitivo. A maior parte dos analistas das agências governamentais e internacionais, a indústria aeronáutica e os analistas (FAA norte-americana, Oaci, Iata, Boeing e Airbus) parecem concordar quanto à viabilidade de uma taxa de crescimento de 5% ao ano para a evolução, em escala mundial, da demanda pelo transporte aéreo para a próxima década.

Considerando, todavia, que a indústria aeronáutica tomou (ou vem tomando) decisões cruciais sobre o tamanho e as especificações da próxima geração de aeronaves, obviamente uma previsão de dez anos é insuficiente. Por certo, essa nova geração não durará apenas uma, mas seguramente três a quatro décadas. Basta lembrar, por exemplo, que o Boeing 747 entrou em serviço em 1970, tendo sido fabricadas, até hoje, mais de mil aeronaves dessa classe. Os horizontes temporais tanto de previsão da demanda quanto de planejamento das infraestruturas devem ser, portanto, bem mais longos.

No entanto, a dificuldade em tais previsões é dispor de informações seguras quanto às tendências das diferentes variáveis que induzem a demanda pelo transporte aéreo. Em consequência, torna-se difícil estabelecer cenários referenciais para o conjunto dessas variáveis. As mais importantes – e fundamentais para qualquer modelo de planejamento – são as evoluções da população e da renda, especialmente nas áreas urbanas onde a renda pessoal e a diversificação das atividades econômicas impulsionam a demanda por viagens aéreas. Nesse sentido e de forma simples, o modelo de previsão de demanda deve estabelecer que os fluxos de viagens entre cidades ou grandes concentrações urbanas variam diretamente em relação ao tamanho das populações e os níveis e composição das rendas e indiretamente em relação às distâncias entre elas.

Em 2015, catorze regiões metropolitanas em todo o mundo terão mais de 15 milhões de habitantes, das quais quatro terão mais de 20 milhões: Tóquio, Lagos, Bombaim e São Paulo. Cinco dos catorze maiores centros urbanos estarão no subcontinente indiano. Claro que as aglomerações urbanas se caracterizam pela grande diversidade econômica, social e cultural, sendo grandes, portanto, as diferenças entre as metrópoles afluentes dos países desenvolvidos e aquelas situadas nos países em desenvolvimento ou emergentes, com suas dualidades estruturais e grandes bolsões de marginalidade social e de pobreza.

As concentrações de tráfego aéreo potencial – sinônimo das concentrações de atividade econômica e de riqueza –, em princípio, podem ser mapeadas de modo que sigam a tendência passada. Sem dúvida, Estados Unidos, União Europeia e o Sudeste e Leste asiáticos estarão em primeiro plano. Mas outras fontes importantes de geração de tráfego se aproximarão desse primeiro plano: Índia, China e o sul da América do Sul, que emergirão com importantes contribuições para o tráfego aéreo mundial. Tendo em vista, portanto, o processo de globalização, os padrões da urbanização mundial, o crescimento da população urbana e a evolução da renda e as mudanças na sua composição, pela maior inclusão social, muito provavelmente esses fatores excederão, em importância, outras causas que determinam a evolução do tráfego aéreo.

É importante ter presente que o tráfego aéreo internacional, medido em passageiros-quilômetro, cresceu de forma geométrica, em mais de seis vezes, nos últimos quarenta anos. Provavelmente ele dobrará nos próximos vinte anos e quase dobrará ao longo dos vinte anos seguintes. A próxima geração de aviões necessitará atender, portanto, a um volume de tráfego quase quatro vezes maior que o atual. Considerando a totalidade dos sistemas de aviação civil, o maior problema não será o da fabricação de um "Super Boeing" ou de um "Super Airbus". Na verdade, o problema será como ajustar as infraestruturas aeroportuárias, os sistemas de controle de tráfego aéreo e as instalações de apoio aos impactos provocados pela entrada em operação dessas aeronaves. Em suma, é necessário prever quais as mudanças físicas, operacionais e de gestão que serão necessárias para atender ao acesso e movimentação de passageiros nos aeroportos.

No longo prazo, o crescimento da demanda pelo transporte aéreo não poderá ser simplesmente atendido por meio da adição de mais aeronaves. Essa abordagem pode proporcionar alívio temporário, mas não pode solucionar o problema de crescimento acelerado da demanda. Existem hoje aproximadamente 18 mil aeronaves com mais de quarenta assentos nas frotas aéreas mundiais, incluindo turbopropulsores e antigas aeronaves com pistão-motor. Se definida uma taxa média de crescimento a partir de uma tendência histórica, o número atual deverá se elevar para aproximadamente de 35 mil aeronaves até 2025. Destas, cerca de 27 mil serão jatos, ou seja, quase o dobro do número atual. As consequências são claras: as previsões das especificações de tamanho e alcance das futuras aeronaves – sucessoras dos Boeings 747, 767 e 777 ou os Airbus 330 e 340 – deverão abranger um horizonte de, pelo menos, até a metade da vida útil dessa nova geração, ou seja, o ano 2025. Portanto, previsões por prazos de dez ou quinze anos poderão se revelar insuficientes (Davies, 2004).

Cabe lembrar que os dois grandes fabricantes mundiais estão enfrentando esse desafio com visões bem distintas na concepção das aeronaves do futuro. A Airbus europeia, com seu A-380 de classe mista com 650 assentos, entendeu que a única solução para atender ao crescimento geométrico da demanda é a construção de uma aeronave de capacidade inédita pelos padrões vigentes. Nesse caso, a questão é saber quantos aeroportos em todo o mundo estarão preparados para receber essa nova classe de aeronave.

Já a Boeing, numa visão mais pragmática do mercado, concebeu o 787 Dreamliner com 250 assentos, autonomia de voo de 15 mil quilômetros e consumo de combustível 20% inferior às aeronaves desse porte, o que lhe garante uma vantagem competitiva num contexto de elevação dos preços do petróleo. As infraestruturas aeroportuárias, sem dúvida, estarão mais aptas a acolher essa aeronave. É interessante assinalar que, quando o Boeing 707 iniciou seus serviços, apenas uma dúzia das grandes cidades em todo o mundo possuía aeroportos aptos a recebê-lo com carga útil total. Após trinta anos, muitos aeroportos nem sequer estão preparados adequadamente para receber o Boeing 747.

No que diz respeito aos aeroportos, os congestionamentos e as limitações de acesso de aeronaves aos espaços aéreos em torno dos grandes complexos aeroportuários fizeram com que os centros aglutinadores de tráfego inter-regional ou intercontinental ultrapassassem seus espaços próprios de operação. É frequente, em muitos grandes aeroportos, o controle do tráfego aéreo atingir níveis críticos. Dessa forma, parte do tráfego aéreo passou a ser desviado para aeroportos alternativos ou satélites, para dar vazão aos fluxos crescentes de passageiros. Nova York, por exemplo, depende hoje de três aeroportos principais e três outros alternativos. Londres, por seu turno, tem quatro principais e dois alternativos.

Note-se que, nos Estados Unidos, somente Dallas e Denver possuem aeroportos do século XXI. Os demais grandes aeroportos estarão congestionados, com pouca expectativa de redução da intensidade dos problemas, apenas pelos avanços da tecnologia de controle do tráfego aéreo – que já caminham para o monitoramento mais avançado por meio da utilização de satélites geoestacionários. Com isso, aumentarão os fatores de risco, nos pousos e decolagens das aeronaves, condicionados por outros fatores que podem, eventualmente, transcender o controle do tráfego aéreo (Davies, 2004). O aeroporto de Madri, por exemplo, dobrou recentemente a sua capacidade para movimentar 70 milhões de passageiros/ano, enquanto já existem planos para a construção de novos aeroportos em Nova York, Chicago e Londres.

Sabe-se que qualquer infraestrutura aeroportuária de serviço internacional necessita de pelo menos 10 km² de área, além das instalações para redução de ruído na região circunvizinha. A resposta para o futuro parece ser a instalação de mega-aeroportos cada vez mais afastados das metrópoles e a elas conectados por trens de alta velocidade. Note-se que, atualmente, em viagens aéreas de curta e média distância, pode-se despender mais tempo em terra para acessar o aeroporto do que na viagem aérea.

Nas soluções para os congestionamentos das infraestruturas aeroportuárias, a União Europeia (assim como o Japão) buscou alternativas com os trens de alta velocidade. Foi possível promover significativa transferência de tráfego aéreo para as ferrovias nas linhas de curta distância, ou seja, com menos de 500 km. As empresas aéreas ficaram liberadas da pressão do aumento contínuo da oferta nos serviços de alta frequência em rotas curtas, uma vez que, apesar da elevada densidade, eram muitas vezes deficitários.

Essa opção foi extremamente benéfica para o sistema de aviação civil como um todo, especialmente para muitas empresas aéreas que tinham necessidade de subsídios cruzados, provenientes de ligações mais longas e rentáveis. Os Estados Unidos reconheceram essa tendência e já começaram a se voltar para o planejamento de soluções de desenvolvimento de ferrovias interurbanas de alta velocidade, em lugar dos tradicionais trens Amtrak. Assim como os aeroportos necessitam preparar-se para receber a nova geração de aeronaves – que entrarão em operação na próxima década –, os Estados Unidos deverão seguir o exemplo europeu e asiático. A integração dos aeroportos, tanto com os trens de alta velocidade (nas conexões regionais) quanto com os sistemas rápidos de transporte urbano, proporcionará melhor acessibilidade ao centro das cidades, origem ou destino final da maior parte dos viajantes (Davies, 2004).

Em síntese, os fundamentos do planejamento futuro do transporte aéreo no século XXI serão balizados pelos critérios principais abaixo.

- É inevitável a tendência de crescente concentração populacional em grandes metrópoles, e mesmo em gigantescas megalópoles mundiais.
- Os níveis mais altos de renda, bem como a diversificação e os maiores valores agregados da produção de bens e serviços (especialmente na "economia criativa"), se concentrarão nos espaços metropolitanos.
- Os fluxos de tráfego aéreo de alta densidade se concentrarão entre as grandes metrópoles ou megalópoles mundiais.
- Estarão em serviço tanto grandes aeronaves com 650 assentos quanto aeronaves de 250 assentos com maior autonomia de voo, sendo ainda muito reduzida a probabilidade da entrada de aviões supersônicos.
- O planejamento dos grandes complexos aeroportuários mundiais já vem sendo implementado nas grandes metrópoles, levando em consideração horizontes temporais de trinta a quarenta anos.
- Os grandes complexos aeroportuários necessitam incorporar trens de alta velocidade, e estes deverão substituir parte dos fluxos do transporte aéreo em ligações de curta distância.
- O acesso aos grandes complexos aeroportuários deverá se apoiar cada vez mais nos sistemas rápidos de metrôs e trens metropolitanos.

As convenções e os marcos reguladores

Os primórdios do transporte aéreo mundial

Com o término da Primeira Guerra Mundial, a Europa Ocidental e os Estados Unidos se viram diante de uma grande disponibilidade de aeronaves e de aviadores treinados. Em consequência, surgiram amplas possibilidades de utilização comercial do transporte aéreo, devido ao grande avanço no conhecimento e domínio tanto do funcionamento das aeronaves quanto das técnicas de voo. A utilização comercial das aeronaves deu origem aos primeiros serviços regulares destinados ao transporte de passageiros, malas postais e pequenas cargas.

O interesse pela aviação comercial difundiu-se rapidamente em várias regiões do mundo. No entanto, diversos problemas dificultavam o desenvolvimento do transporte aéreo entre países, entre eles, destacamos os abaixo.

- Permissão para o sobrevoo em território nacional, perante a questão da soberania dos espaços aéreos.
- Dificuldades nas comunicações, uma vez que cada país teria o direito de se comunicar no próprio idioma com as aeronaves que requisitassem sobrevoo, o que acarretava situações de insegurança e frequentes mal-entendidos.
- Disparidades das cartas de navegação, por falta de padronização.
- Diversidade de formalidades e exigências documentais, na medida em que cada país estabelecia os padrões aleatoriamente.

Dessa forma, surgiu a necessidade de instâncias de regulação e convenções internacionais, com a finalidade de organizar o transporte aéreo (Mondey, 1974).

As convenções que organizaram o transporte aéreo

As convenções de Paris (1919) e de Varsóvia (1929)

A Convenção de Paris, realizada em 1919, foi a primeira grande iniciativa para regular o transporte aéreo internacional. Essa Convenção teve, entre outras, duas consequências muito importantes, a saber, a criação da Comissão Internacional de Navegação Aérea (Cina) e a vitória da posição britânica em defesa da soberania do espaço aéreo, em contrapartida às propostas de livre sobrevoo defendidas, na época, pelos franceses.

Ao longo da década de 1920 consolidaram-se as principais formas de organização do transporte aéreo mundial, como resultado de uma sequência de convenções, a saber, a Convenção Ibero-americana de Navegação Aérea, realizada em Madrid, em 1926, a Convenção de Havana, realizada em 1928, que tratou dos direitos comerciais aéreos, e a Convenção de Varsóvia, realizada em 1929, a mais importante do período anterior à Segunda Guerra Mundial.

A Convenção de Varsóvia disciplinou os deveres e responsabilidades das empresas aéreas tanto em relação às condições de prestação dos serviços quanto em relação aos danos causados aos passageiros e/ou suas bagagens. Visando normatizar a aviação civil em âmbito mundial, essa convenção estabeleceu, entre outras iniciativas, as regras da navegação aérea internacional, a padronização dos documentos aéreos, bem como a formatação padronizada dos bilhetes de passagem.[10]

A convenção de Chicago (1944)

Pouco antes do fim da Segunda Guerra Mundial, os Estados Unidos tomaram a iniciativa de convocar a mais importante convenção da aviação civil internacional: a Convenção de Chicago, realizada em 1944. Entre os muitos motivos para a realização dessa convenção, podemos salientar a forte consciência de que a aviação civil não representava apenas prestígio e poderio militar, mas, sobretudo, um instrumento vital para o desenvolvimento econômico, do comércio e da política externa. Além disso, a Segunda Guerra Mundial promoveu acelerado crescimento da indústria e da tecnologia aeronáuticas, ressaltando-se o advento do radar, dos motores a jato e das cabines pressurizadas de grande porte. De mais a mais, o fim dessa guerra prenunciava um excedente de aeronaves, pilotos, técnicos, aeródromos e infraestruturas espalhados pelo mundo. Dessa maneira, os Estados Unidos estavam em situação extremamente privilegiada, tanto econômica quanto material e moralmente no limiar do término do conflito (Espírito Santo Jr. & Cardoso, 2006). Em resumo, a Convenção de Chicago teve como resultado, primeiramente, a consolidação da posição britânica tanto em relação à soberania do espaço aéreo quanto em relação às ações mais intervencionistas no mercado – que se traduziriam nos "acordos bilaterais" –, bem como a derrota da proposta liberalizante dos Estados Unidos, em termos de um ou vários acordos multilaterais (próxima do conceito atual de "céus abertos").

Além disso, obteve-se a definição de uma ampla gama de normas e recomendações de ordem técnica para disciplinar e padronizar as atividades aéreas internacionais (que, em grande parte, vigora até hoje); foi criada a Organização da Aviação Civil Internacional (Oaci), com sede em Montreal, em substituição à Cina, e promoveu-se a reformulação e o consequente renascimento da

---

[10] Cabe ressaltar que a convenção de Varsóvia sofreu emendas posteriores, na convenção de Haia, em 1955, e nos protocolos de Montreal, em 1975, no que diz respeito aos deveres e responsabilidades das empresas em termos de limites e meios de pagamento. A convenção de Montreal, de 1999, revogou a convenção de Varsóvia.

entidade mundial mais representativa das empresas aéreas, sob a denominação de International Air Transport Association (Iata), com sede em Genebra.

A Convenção de Chicago foi subscrita na íntegra por 54 países. O Brasil, signatário dessa convenção, também passou a integrar, desde a criação da Oaci, o chamado "Primeiro grupo" do Conselho dessa organização.

O ambiente da regulação pós-Chicago

Os acordos bilaterais

Pode-se dizer que um dos principais resultados da Convenção de Chicago, com relação à regulação política, técnica e econômica do transporte aéreo internacional, foi a ratificação da posição britânica quanto à necessidade de um forte controle estatal nas atividades relacionadas à aviação civil. Foi derrotada, assim, a proposta dos Estados Unidos para um "acordo multilateral" de natureza ampla e liberalizante.

Nesse sentido, as discussões ocorridas em Chicago, e formalizadas no texto *Standard Form of Agreement for Provisional Air Routes*, assinado em paralelo à convenção, abriram caminho para o primeiro grande acordo bilateral na aviação internacional. O Acordo das Bermudas, de 1947, foi celebrado entre os Estados Unidos e a Grã-Bretanha e, com a sua revisão (Bermudas II), constituiu a base para os acordos bilaterais firmados posteriormente. O formato genérico desses acordos bilaterais indicava as diversas condições impostas ao fluxo de pessoas e bens e serviços entre os Estados signatários. Em síntese, o formato básico dos acordos bilaterais estabelecia a capacidade e/ou as frequências de voos, dessa forma impondo limitações à oferta de assentos e o espaço disponível para cargas, localidades a serem servidas pelo transporte aéreo, empresas aéreas autorizadas a realizar os serviços regulares entre os países signatários, tarifas (ou as "bandas tarifárias") a serem praticadas pelas empresas autorizadas a prestar os serviços aéreos.

É importante ressaltar que, pelo Acordo de Trânsito (primeira e segunda liberdades) e o Acordo de Transporte (as cinco liberdades do ar), a Convenção de Chicago estabeleceu as liberdades do ar, ou seja, as liberdades que poderiam ser acordadas em entendimentos bilaterais. Tomando como exemplo um acordo bilateral entre os governos do Brasil e da França, as liberdades, em tese, seriam as abaixo listadas.

- 1ª liberdade: direito de sobrevoar o território de outro país, sem pousar.
- 2ª liberdade: direito de uma escala não comercial ou técnica em outro país para reabastecimento ou manutenção.
- 3ª liberdade: direito de operar o trecho São Paulo-Paris.
- 4ª liberdade: direito de operar o trecho Paris-São Paulo.
- 5ª liberdade: direito de operar o trecho São Paulo-Paris-Amsterdam (com possibilidade de embarque de passageiros em Paris com destino a Amsterdam).
- 6ª liberdade: direito de operar o trecho Paris-São Paulo-Buenos Aires (com embarque de passageiros em São Paulo com destino a Buenos Aires).
- 7ª liberdade: direito de operar o trecho Paris-Amsterdam.
- 8ª liberdade: direito de operar o trecho Recife-São Paulo por aeronave francesa, ou Paris-Nice por aeronave brasileira (chamada cabotagem por empresa estrangeira).
- 9ª liberdade: cabotagem plena sem origem no país (*home country*).

Em síntese, a partir da Convenção de Chicago o tráfego aéreo internacional passou a ser regulado fundamentalmente por acordos bilaterais. Esses fornecem as bases garantidoras das liberdades do ar para as empresas aéreas dos países signatários, como resultado de negociações entre governos de dois países que quisessem operar linhas aéreas internacionais em reciprocidade. Atualmente estão em vigor mundialmente mais de 3 mil acordos bilaterais.

Até meados da década de 1990 – excetuando as empresas norte-americanas – predominavam as grandes empresas aéreas de propriedade estatal, consideradas "empresas de bandeira". Na medida em que simbolizavam a soberania nacional e o prestígio do país, as empresas estatais eram, portanto, parte interessada e ativa nas negociações dos acordos bilaterais. Com o tempo, os bilaterais – nas suas concepções originais – acabaram, na verdade, por reduzir a capacidade de desenvolvimento de novas atividades e conquista de nichos de mercado por parte das empresas estatais, bem como por restringir a competição direta entre elas. Ademais, definindo as localidades a serem servidas – fossem em voos diretos, fossem em conexões – acabou-se por limitar a acessibilidade dos passageiros a vários destinos reais e potenciais. A consequência foi a queda nos níveis de serviço nas ligações realizadas via conexões.

No entanto, se considerado o contexto histórico, apesar das diversas limitações, os acordos bilaterais foram essenciais para a organização do transporte aéreo internacional do pós-guerra. Foram importantes para garantir o desenvolvimento ordenado e seguro da aviação civil, por meio de instrumentação tanto limitadora da competição predatória quanto garantidora da prestação dos serviços em regiões mais isoladas. O contexto internacional de cunho mais protecionista induziu posturas intervencionistas, em termos de restrições de capacidade, rotas e tarifas. Nesse sentido, os acordos bilaterais continuaram a exercer papel importante para o exercício da soberania das nações, uma vez que predominava o ambiente de maior controle sobre os fluxos de indivíduos, de bens e de serviços.[11]

Na medida, porém, em que se intensificou um processo de internacionalização da produção de bens e serviços (a chamada globalização) – a partir da década de 1970 –, passaram a ocorrer mudanças nas concepções e operações do transporte aéreo. Assim, tanto as ferramentas tecnológicas, como as estratégias administrativas e econômico-financeiras utilizadas pelas empresas aéreas alteraram-se de forma radical nos mercados doméstico e internacional. (Espírito Santo Jr. & Cardoso, 2006). Acrescente-se que a desregulamentação do mercado doméstico norte-americano, em 1978, motivou as empresas aéreas privadas dos Estados Unidos a questionar a falta de competição do mercado internacional e os privilégios e reservas de mercado das empresas aéreas estatais, em especial as europeias e asiáticas. Com isso, começava a fermentar o caldo de cultura liberalizante, que propiciaria as grandes mudanças que viriam a ocorrer na década de 1990.

Considerando-se a complexidade dos desdobramentos assinalados, em meio século o transporte aéreo internacional tornou-se uma atividade de escala e características totalmente diversas do contexto histórico de Chicago. Entre 1944 e 1994, ocorreram, entre outras, transformações relevantes, como a entrada em operação das grandes aeronaves *wide body/twin aisles,* mudanças de configuração nos grandes aeroportos (inclusive com a implantação dos *fingers* para embarque e desembarque de passageiros), concepção e utilização maciça dos sistemas de reserva por computador e utilização intensiva de bilhetes eletrônicos, avançadas técnicas de gestão de estoques e materiais com base no grande avanço das tecnologias de informação, criação de sofisticadas técnicas de marketing, difusão dos programas de fidelidade e surgimento das classes executivas, prática do *codeshare* e formação de alianças estratégicas entre empresas aéreas em escala mundial, falência de grandes protagonistas da aviação

---

11 Uma visão abrangente em relação aos acordos bilaterais encontra-se em Espírito Santo Jr. & Cardoso, 2006.

mundial (Pan American, Eastern, Braniff, TWA e Swissair), além de importantes fusões e aquisições de empresas aéreas.

No plano econômico, sabe-se que, nas três últimas décadas do século XX, ocorreu a crescente tendência da flexibilização das barreiras comerciais e a internacionalização da produção, por meio da descentralização das cadeias produtivas. A globalização impeliu a formação de áreas de livre-comércio e blocos econômicos, assim como a redução das barreiras alfandegárias. A intensificação e espalhamento dos fluxos de passageiros e cargas foram, assim, as consequências do processo de globalização (Barat, 2007). Dessa forma, na década de 1990, ante as grandes transformações da economia mundial, passou a ser questionada com vigor a rígida subordinação do transporte aéreo internacional aos acordos bilaterais e às fronteiras nacionais.

Os acordos de "céus abertos" e o capital estrangeiro

As discussões acerca da maior liberalização do transporte aéreo internacional ganharam ímpeto, portanto, no bojo da intensificação do processo de globalização. Voltou a ser colocada em debate a concepção de "céus abertos", em suspenso desde a Conferência de Chicago, com a derrota da proposta liberalizante feita na época pelos Estados Unidos.

Assim, já no início da década de 2000, existiam duas correntes ou concepções principais de "céus abertos". Uma, representada pela posição adotada pelos Estados Unidos: liberação total dos voos internacionais, com tarifas liberadas para qualquer par de localidades entre dois países, sem restrições de capacidade, frequência ou equipamento. Não seria, no entanto, contemplado o direito de cabotagem (voos domésticos regulares em um país operados por empresa aérea de outro país), tampouco a propriedade ou controle majoritário das empresas aéreas de um país por cidadãos ou organizações estrangeiros. A outra, a posição adotada pela União Europeia: formatação mais ampla (na visão europeia), envolvendo um ou mais acordos multilaterais entre as nações participantes, contemplando tanto a cabotagem quanto a possibilidade de controle do capital por estrangeiros em uma empresa aérea nacional. Note-se, todavia, que tal concepção resguardava exclusivamente o interesse da União Europeia como bloco econômico e visava, sobretudo, a consolidação de um grande mercado doméstico, abrangendo os países da União Europeia (Kawagoe, 2008).

A postura parcialmente liberalizante da União Europeia baseou-se no fato de o texto da Convenção de Chicago, em si, não versar sobre a questão da nacionalidade do capital das empresas aéreas, mas tão somente a nacionalidade de registro das aeronaves. Mais ainda, o texto original dos Acordos de Trânsito e de Transporte (cinco liberdades do ar) não apontavam um limite para o controle do capital por nacionais ou estrangeiros. Apenas sugeriam que as partes deveriam satisfazer-se com o controle efetivo e a propriedade substancial, apresentados por ocasião da celebração de um acordo internacional (Bartlik, 2007).

Mesmo assim, em virtude da restrição sugerida pelos acordos, a União Europeia estabeleceu que cidadãos estrangeiros, fora do bloco, não detivessem mais do que 50% do capital de uma empresa aérea europeia com operação de rotas internacionais fora da União Europeia. No entanto, as rotas intraeuropeias, já consideradas "domésticas", desde 1997, poderiam ser operadas por empresas com qualquer composição de capital de cidadãos pertencentes a esse bloco econômico unificado.[12]

Cabe notar, ainda, que o texto final da Convenção de Chicago também não apontava para a obrigatoriedade de acordos bilaterais nem citava restrições diretas com relação à segunda e mais ampla concepção de "céus abertos". Um de seus itens mais controversos, o da "pura" cabotagem (9ª Liberdade), poderia, inclusive, ser aceito por intermédio de uma interpretação alternativa do artigo 7º da convenção (Havel, 1997). O artigo citado apenas enunciava que os países poderiam recusar os pedidos de uma empresa de outra nacionalidade para operar linhas domésticas, e que nenhum Estado signatário se comprometeria a acordar a cabotagem de forma unilateral.

O texto da Convenção de Chicago não impediria, assim, que os países assinassem acordos, contemplando a cabotagem, em reciprocidade. Abrir-se-ia dessa forma caminho para a possibilidade de serem celebrados acordos multilaterais, que incluíssem a cabotagem, entre os signatários de Chicago. Cabe ressaltar, contudo, que, excetuada a particularidade do mercado doméstico europeu, a regra vigente na maioria dos países é simplesmente a da vedação à cabotagem por empresas estrangeiras. Cabe notar que a não inclusão da cabotagem nos acordos bilaterais foi uma das razões mais fortes para que as empresas aéreas constituíssem alianças internacionais.

Em resumo, os Estados Unidos têm exercido pressões para estender à aviação internacional a mesma liberalização que vinha sendo adotada na sua aviação, todavia preservando o seu mercado doméstico. Acabou por ocorrer a subs-

---

[12] Para uma visão mais abrangente do tema, em relação à União Europeia, ver Havel, 1997.

tituição de muitos acordos bilaterais por multilaterais, no contexto dos quais foram concedidas diversas "liberdades" às empresas aéreas dos países signatários.

O primeiro Acordo de Céus Abertos firmado pelos Estados Unidos foi, em 1992, com a Holanda, seguido, posteriormente, por mais de sessenta acordos. Já no caso da União Europeia, é permitido que empresas aéreas sediadas em quaisquer dos países-membros possam voar livremente no interior do bloco. Foi eliminada qualquer restrição à nacionalidade (desde que, obviamente, europeia) dos capitais controladores das empresas aéreas que operem apenas linhas internas ao bloco. A única limitação diz respeito à propriedade das empresas que operem linhas internacionais externas ao bloco, que deverão manter 51% de capital europeu.

Ressalte-se que o contexto da abertura do mercado doméstico europeu propiciou o surgimento de empresas aéreas de baixo custo, valendo-se de aeroportos secundários, empregando apenas um tipo de aeronave e oferecendo descontos para os passageiros que fizessem reservas com antecedência. Em princípio, o saldo foi positivo para o consumidor, uma vez que aumentou a oferta de assentos, e as empresas aéreas tradicionais foram obrigadas a baixar suas tarifas para enfrentar a concorrência.

Embora Austrália e Nova Zelândia não constituam um bloco econômico, a cabotagem também é admitida entre as empresas desses países. A exemplo da União Europeia, não há restrição à nacionalidade do capital das empresas que operem linhas entre os dois países. Na América do Sul, o Chile admite a cabotagem de empresas originárias de quatro outros países. Em substituição ao critério da nacionalidade, criou-se o conceito "principal local de negócios" para o capital de controle das empresas aéreas.

Cabe assinalar, por fim, que tem havido negociações entre a Comunidade Europeia e os Estados Unidos para a constituição de uma área comum de aviação transatlântica, que eliminaria totalmente as restrições de nacionalidade entre as empresas. Note-se que, desde o fim da década de 1990, diversas discussões acadêmicas e governamentais têm sido conduzidas no intuito de promover um acordo de "céus abertos" na sua máxima concepção entre os dois mercados mais importantes do mundo, quais sejam, os Estados Unidos e a União Europeia (Bernstein *et al.*, 2000).

A crise econômico-financeira das empresas aéreas americanas do início dos anos 2000 reforçou as pressões para que o governo norte-americano acabasse com as barreiras ao controle e à entrada de capital estrangeiro. As pressões também reforçaram o desejo de concretizar um amplo acordo multilateral de "céus abertos" com a União Europeia. Esta, ainda às voltas com a consolidação do seu mercado interno e com as crises financeiras que atingiram as grandes empresas de bandeira (Air France, Alitalia, Iberia, entre outras), mostra-se ainda relutante quanto a uma abertura ampla de céus, diante do alto poder de competição das empresas aéreas norte-americanas. As grandes fusões (Air France-KLM e British Arways-Iberia, por exemplo) demonstram não só uma necessidade de superação do velho modelo estatal, altamente deficitário, como também a maior disposição, por parte das empresas europeias, de se reestruturarem e competirem no mercado global.

O processo de desregulamentação nos Estados Unidos

A visão histórica da desregulamentação norte-americana

A desregulamentação no transporte aéreo dos Estados Unidos foi introduzida pela primeira vez com a promulgação do Airlines Deregulation Act (ADA) pelo governo Carter, em outubro de 1978. Após quatro décadas de regulamentação federal, por parte do Civil Aeronautics Board (CAB), o ADA previu um calendário de retirada dos controles e regulamentos que limitavam as atividades de transporte aéreo e fixava, para o final de 1984, a extinção do próprio órgão regulador, com transferência das responsabilidades remanescentes para o Ministério dos Transportes (DOT). Note-se que o CAB estabelecia tarifas mínimas e máximas, controlava entrada e saída de empresas do mercado, concessão de rotas para cada empresa, assim como impedia o simples abandono de determinada rota. O preço das passagens aéreas e a estrutura de mercado eram, portanto, resultado de estrita regulamentação federal.

O programa começou com uma redução das barreiras à entrada de novas empresas para a prestação de serviços de transporte aéreo e uma primeira rodada de liberação das tarifas. Após 1981, foi extinta a autoridade do CAB relativamente à concessão de rotas domésticas. No início de 1983, terminou seu controle sobre tarifas, fusões e aquisições de empresas aéreas. O Ministério da Justiça (DOJ) continuou a fiscalizar o cumprimento da Lei Antitruste. Na prática, a desregulamentação norte-americana foi mais acelerada, pois, em menos de dois anos, o CAB eliminou o limite inferior das tarifas e flexibilizou consideravelmente o limite superior, procurando incentivar a formação independente de preços (Tavares, 1999).

Em virtude da política de desregulamentação houve um ajuste da evolução das tarifas e do tráfego de acordo com os vários segmentos do mercado de passageiros norte-americano. Assim, ocorreu uma redução da tarifa média nos voos entre grandes cidades, tão mais acentuada quanto menor a distância. Ao contrário, as tarifas médias entre pequenas e grandes cidades cresceram cerca de 50% nos voos de média distância e de 13% nos voos de curta distância.

O crescimento do tráfego e do número de passageiros (absoluto ou por aeronave ou voo) nas rotas longas e médias entre grandes cidades justificou o emprego, pelas empresas aéreas, de aeronaves com maior capacidade e menor custo operacional por assento. Também nos voos de médias distâncias entre pequenas e grandes cidades, o tráfego cresceu, mas com uma redução do número de passageiros por voo, o que implicou a opção pela operação com aviões menores (inclusive de tipo regional) e adoção de maior disponibilidade de frequências de voo.

Nos voos de curta distância o tráfego se reduziu, sobretudo entre pequenas e grandes cidades. Nesse tipo de voo o tempo usado para ir ao aeroporto ou retornar dele chegava frequentemente a ultrapassar o tempo de voo. E, ainda, quando ocorreu a desregulamentação do transporte aéreo, começaram a se multiplicar os serviços de trens Amtrak de passageiros (com até 200 km/hora) justamente nas médias distâncias (até 400 km por via terrestre). A ferrovia apresentava vantagem sobre o transporte aéreo – nessa faixa de mercado – por ter custos por assento bem inferiores, além de suas partidas e chegadas se darem nos centros das grandes metrópoles.

Outra consequência da desregulamentação foi o crescimento da proporção de voos com oferecimento de passagens com desconto, excetuados os voos entre grandes cidades mais distantes (costa a costa, por exemplo). Por outro lado, nos voos entre pequenas e grandes cidades, apesar de as empresas aéreas oferecerem maior número de voos com primeira classe e executiva – competindo assim pelo nível de conforto –, não houve a resposta esperada por parte dos passageiros. Em geral, a preferência era por menos qualidade dos serviços, mas com tarifas mais baratas.

Em síntese, com a desregulamentação, o consumidor norte-americano passou a dispor de uma grande variedade de combinações preço-qualidade que não existiam anteriormente (por exemplo, a opção por serviços de qualidade inferior e bilhetes com restrições de embarque a preços inferiores). Outro efeito foi o de ter maior controle sobre as evoluções tecnológicas, que seriam incentivadas pela concorrência, aumentando a eficiência produtiva. Por outro lado, as concepções de tipo *hub-and-spoke*, como se verá adiante, permitiram melhorias concretas em termos de eficiência. O efeito líquido, no que diz respeito a vantagens para o consumidor, foi avaliado por meio da análise e comparação de variáveis como tarifas, restrições às viagens, frequências, índices de ocupação, número de conexões, conveniência e tipo de conexão, além do tempo de viagem (Viscusi, 1995).

Um balanço sumário da desregulamentação mostrou que os passageiros tiveram maior número de opções de qualidade e preço, os acionistas das empresas aéreas foram beneficiados pela maior rentabilidade das operações, os empregados das maiores empresas perderam postos de trabalho, mas em contrapartida aumentou o total de empregos no sistema de aviação civil como um todo. Além disso, as empresas aéreas passaram a operar com maior eficiência, transportando mais passageiros a maiores distâncias, com aeronaves maiores, melhor aproveitamento e menos pessoal de bordo (Moore, 1986).

As empresas aéreas após a desregulamentação

Após a desregulamentação de 1978, o tráfego doméstico norte-americano cresceu a uma média anual superior a 9% entre 1982 e 1989 (Carré, 1990). Houve, ainda, um declínio rápido do *yield*, ou seja, da receita operacional média por passageiro-quilômetro transportado. Por outro lado, os resultados financeiros anuais globais foram bastante insuficientes: o resultado líquido acumulado para o decênio 1978-1987 revelou um déficit superior a US$ 1 bilhão. Esforços consideráveis foram realizados para reduzir custos de operação e aumentar a produtividade.

Ocorre que a desregulamentação gerou uma estrutura de custos na qual a comercialização passou a ter peso crescente. Os custos indiretos (inclusive os de comercialização) passaram de 40-45% em 1980 para 55-60% em 1990. As maiores empresas aéreas procuraram ocupar posições dominantes, em termos comerciais e de publicidade, com a constituição de sistemas integrados de reserva e de oferta de serviços complementares à aquisição das passagens aéreas. Como exemplos, podem ser citados os sistemas Sabre, da American Airlines, o Apollo, da United Airlines, e o System One, da Texas Air.

Cabe lembrar ainda que as grandes empresas aéreas passaram a buscar posições dominantes também em termos de presença no maior número de grandes centros de tráfego. Tratava-se da chamada estratégia *hub-and-spoke*. Houve, na verdade, forte tendência à concentração de tráfego em um número reduzido de empresas, após o fracasso da maioria das recém-entrantes e mesmo de algumas das grandes, como a Eastern e a Pan American.

Com a desregulamentação, praticamente triplicou o número de empresas aéreas de passageiros e carga entre 1978 e 1983. As de passageiro, que eram 28, passaram a 61 em 1983, das quais quatro tinham desaparecido (como a Braniff), e 37 novas tinham se formado (Moore, 1986). Em 1978, as quatro maiores empresas (Eastern, United, American e TWA) tinham 53% do tráfego aéreo. Em 1987, as quatro maiores eram American, United, Delta e Texas Air, que detinham 62% do tráfego. Interessante notar que as três primeiras faziam parte do grupo que mais se opôs à política de desregulamentação (Carré, 1990).

A estratégia *hub-and-spoke*

A desregulamentação norte-americana apontou para a necessidade de melhorar as taxas de ocupação das aeronaves de maior capacidade (*wide body/twin aisles*). Ou seja, tratava-se de melhor aproveitar a operação das aeronaves de alta capacidade – com dois corredores entre os assentos –, cujo custo operacional por assento ofertado era mais baixo, além de oferecer maior conforto aos passageiros. Em virtude disso, as empresas aéreas abandonaram muitas linhas ponto a ponto para concentrar o tráfego em número reduzido de aeroportos, utilizados como plataformas operacionais para distribuição. Essas malhas de linhas receberam a denominação de *hub-and-spoke*.

Para os usuários, as principais consequências (nem sempre positivas) dessa estratégia foram redução de tarifas (como decorrência de maior competição, melhor aproveitamento das aeronaves e redução persistente dos custos operacionais), maior amplitude de frequências para destinos mais demandados, aumento dos tempos de percurso entre cidades mais afastadas (devido ao maior número de escalas).

Para as empresas aéreas, essa estratégia trouxe como consequência obtenção de melhores coeficientes de ocupação dos aviões, melhor distribuição da frota (com os aviões menores atendendo as linhas alimentadoras e distribuidoras, enquanto os aviões de grande capacidade operavam linhas troncais), aumento do volume de passageiros (como resultado da redução das tarifas e do aumento das frequências de voos), redução significativa de transbordos entre empresas e o surgimento de novas concepções de parceria com os aeroportos.

Domínio de um transportador sobre um *hub-airport*, transformando a malha de convergência a este aeroporto em uma base operacional quase inexpugnável, bem como forte concentração sobre as plataformas operacionais (uma vez que, em dez importantes plataformas, uma só empresa chegou a controlar mais de 75% do tráfego) foram as consequências dessa estratégia para os aeroportos (Carré, 1990).

Diante dessa nova dinâmica oligopolística – que acabaria por levar a novos aumentos de tarifas – e passada a fase de intensa concorrência provocada pela desregulamentação, os aeroportos passariam a adotar estratégias próprias, visando, em primeiro lugar, atrair as melhores empresas para implantarem uma ou mais malhas, e, em segundo lugar, evitar a instalação monopolista de uma só empresa, mantendo o jogo da concorrência, por meio da redistribuição dos *slots*, apesar da complexidade imposta pela disputa entre aeroportos.

A estratégia dos aeroportos teve obviamente consequências na política de investimentos nas infraestruturas aeronáutica e aeroportuária e, portanto, para o ordenamento do território e o desenvolvimento regional.

Entre os critérios levados em conta para a escolha de um aeroporto como *hub*, podemos citar características de localização geográfica (capazes de propiciar as conexões mais convenientes para um maior número de rotas), características demográficas e econômicas (uma vez que o *hub* deveria estar situado numa aglomeração urbana com forte potencial de geração/atração de tráfego) e, finalmente, características climáticas (uma vez que as condições meteorológicas desfavoráveis levavam à multiplicação dos atrasos e fechamentos de aeroportos).

Os desdobramentos da desregulamentação norte-americana

Em síntese, pode-se dizer que, na verdade, a desregulamentação norte-americana não foi, pura e simplesmente, a eliminação de regulamentos, uma vez que a atividade de aviação civil estaria sempre, por sua natureza, sujeita à regulação. O que houve, de fato, foi uma considerável *flexibilização* dos regulamentos internos, adaptando-os melhor ao estímulo de um ambiente competitivo. Nesse sentido, como vimos, a introdução de maior liberdade na concessão de linhas e na fixação de tarifas acarretou, num primeiro momento, estímulos e impactos de grandes proporções. A flexibilização provocou reestruturações, alianças, fusões, redução de quadros de funcionários e busca da melhoria na qualidade dos serviços por parte das empresas aéreas.

Num mercado em contínua expansão, a desregulamentação propiciou um grande desenvolvimento do transporte aéreo norte-americano pela criação de aeroportos *hubs* (de aglutinação de fluxos de passageiros) e redes de alimentação e distribuição desses fluxos. Tornaram-se *hubs* aqueles aeroportos estrategicamente localizados e utilizados como pontos de grande concentração de transferências para passageiros. Os sistemas de aglutinação e alimentação-distribuição foram concebidos de forma que permitissem que as empresas aéreas, com a mesma frota, pudessem ampliar mercados de maneira mais eficiente que a tradicional, dos serviços ponto a ponto.

A desregulamentação também induziu inovações nas estratégias de marketing da maioria das empresas aéreas, inclusive das empresas menores que passaram a oferecer descontos de tarifa, programas de fidelidade e milhagens e outras vantagens para os usuários. O aparecimento de novas empresas aéreas, combinado com a rápida expansão de novos nichos de mercados para as empresas tradicionais, resultou em popularidade e competição sem precedente no transporte aéreo norte-americano. Em 1977, o último ano de regulação plena por parte do governo, as empresas aéreas dos Estados Unidos movimentaram cerca 240 milhões de passageiros. Em 1993, quinze anos depois, a movimentação era de 490 milhões de passageiros. Um estudo elaborado pelo Departamento de Transportes dos Estados Unidos uma década depois da desregulamentação mostrou que cerca de 90% de passageiros das empresas aéreas tiveram possibilidade de escolha do transportador, contra cerca de 65% em 1978 (www.air-transport.org/handbk/chaptr02.htm).

É importante lembrar que, como decorrência da desregulamentação, o transporte aéreo doméstico norte-americano evoluiu para uma nova situação de oligopólio potencialmente geradora de redução da concorrência.

Vimos que a absorção de novos entrantes no mercado e a competição acabaram por sofrer fortes restrições basicamente em virtude de retaliações predatórias por parte das empresas estabelecidas, de uso mais disseminado dos sistemas de reserva das grandes empresas aéreas e de dificuldade de acesso aos aeroportos principais, em razão da insuficiência de *slots* e seus altos custos de aquisição em mercados primário ou secundário.

A desregulamentação trouxe, portanto, muitos problemas para todo o transporte aéreo, como, por exemplo, a competição predatória, principalmente na disputa por *slots* nos aeroportos principais e nos exageros praticados nos descontos de tarifas, a superposição desnecessária de linhas nas rotas de maior demanda (acarretando capacidade ociosa nas aeronaves), a competição desordenada por rotas (que acabaram por redundar tanto em fusões e incorporações de empresas quanto em falências e desemprego), a entrada indiscriminada de novas empresas no mercado, o declínio dos níveis de segurança de voo, especialmente na aviação regional, a queda nos níveis de rentabilidade (tanto em empresas pequenas e médias quanto nas grandes anteriormente protegidas por reservas de mercado) e a concentração de capital em megaempresas, como resultado de fusões e incorporações.

Ressalte-se novamente que, passado o impacto maior da fase inicial da desregulamentação, as autoridades aeronáuticas norte-americanas buscaram um ajustamento aos parâmetros estruturais da atividade de aviação civil como serviço concedido de interesse público (Havel & Whitaker, 2001). Num primeiro momento, as atenções do governo e das empresas voltaram-se mais para avaliações dos *cash-flows* e racionalização das estruturas de linhas (Majone, 1990, e Vietor, 1994). Num segundo momento, os desdobramentos negativos da desregulamentação apontados levaram o governo norte-americano a estabelecer limites para o transporte desregulado e a buscar novos parâmetros de regulação, por meio de um processo de reestruturação do marco regulador.

A verdade é que tanto nos Estados Unidos quanto na União Europeia, como se verá mais adiante, o processo de regulação aperfeiçoou-se e buscou maior adaptação às necessidades de segurança e proteção ao consumidor, diante da dinâmica do mercado (Barat, 2007).

Em meados dos anos 1990, nos Estados Unidos, a questão do transporte aéreo foi objeto de uma proposta legislativa visando a reestruturação do setor. Air Transportation Competition Restoration Act (Atcra) é uma legislação voltada para restringir a concentração excessiva entre empresas aéreas, por meio de contrapesos dentro da totalidade do sistema de transporte aéreo. Entre seus princípios destacam-se as preocupações com os itens listados abaixo.

- *Excesso de concentração*. Com a aquisição, pela American Airlines, dos ativos da Trans World Airlines, assim como a fusão da United Airlines com a U. S. Airways, o país passou a dispor de nada mais do que três ou quatro megaempresas aéreas. O resultado seria o de um oligopólio desregulado, com vantagens compartilhadas entre elas, e os consumidores enfrentariam situações de preços crescentes, menores possibilidades de escolha e possível degradação na qualidade dos serviços.
- *Poder de mercado*. Em razão da concentração excessiva nas megaempresas sobreviventes da desregulamentação em determinados mercados, era

improvável que se pudesse restabelecer uma competição adequada. Seria difícil chegar a isso por meio de processos de não regulação ou inteiramente baseados no mercado, a menos que se criassem mecanismos de contrapeso para a totalidade do sistema.

- *Proteção dos agentes de viagens independentes.* Poderiam servir como uma fonte neutra para informação e aconselhamento de viagens. Permitiriam ao consumidor maximizar alternativas competitivas que se apresentassem no mercado. Agentes de viagens também facilitariam a entrada de novos transportadores, provendo um sistema de distribuição profissional e com agilidade para vender serviços de todas as empresas. Além disso, os agentes de viagens promoveriam o uso de transporte aéreo, ampliariam o leque de consumidores e seriam essenciais para apoiar novos e potenciais concorrentes.
- *Restrições ao acesso público.* No curso do processo de reestruturação do transporte aéreo, as megaempresas aéreas adotaram ações paralelas que ameaçaram o acesso público continuado aos agentes de viagens independentes.
- *Transportador dominante reconhecido.* O Atcra reconheceu que em certas rotas e pontos específicos de concentração de mercado uma empresa adquire tal poder de mercado que seria considerada "transportador dominante".
- *Apoio mútuo.* O Atcra avaliou que, quando o poder de mercado de uma empresa aérea é de tal ordem que a torna um transportador dominante em determinado mercado, seria necessário que agentes de viagens independentes se ocupassem de emissões na mesma extensão dos agentes vinculados às megaempresas. Com isso preservar-se-ia a viabilidade continuada dos seus negócios e a disponibilidade dos seus serviços ao público.
- *Acesso à legislação de defesa do consumidor.* O Atcra permite aos consumidores o acesso às leis para a solução de disputas com as empresas aéreas.
- *O congestionamento da infraestrutura aeroportuária.* A limitada infraestrutura aeroportuária existente e a insuficiência de aeroportos secundários utilizados pelas empresas de menor custo (*low cost carriers*) poderiam fazer com que os efeitos desejados da desregulamentação, em termos de maior concorrência, não se realizassem plenamente. Por outro

lado, o mecanismo de alocação de *slots* e *gates* representaria, em geral, importante obstáculo inibidor da competitividade entre empresas.

Note-se que uma das principais preocupações do Actra era a de restabelecer e proteger a competição no sistema de transporte aéreo, assegurando que nenhuma empresa pudesse explorar uma posição de mercado dominante a fim de evitar que se suprimisse a competição ou se desencorajasse a entrada de novas empresas concorrentes, se protegesse o público das consequências adversas resultantes de situações de domínio de mercado por um ou mais transportadores, se evitassem situações de desigualdade na barganha entre o transportador dominante, seus consumidores e agentes de viagens, e se clarificasse o sentido de precedência federal sobre a legislação estadual sob o Airline Deregulation Act de 1978.

O posicionamento do Congresso dos Estados Unidos com relação à tramitação do Atcra foi o abaixo resumido.

- A consolidação do sistema de transporte aéreo poderia – por meio de fusões, aquisições, alianças e outras alternativas – reduzir a competição limitada nos mercados doméstico e internacional.
- A oportunidade de entrada e saída livres de empresas e a desregulamentação de preços, alcançadas a partir do que dispôs o ADA, não resultaram em condições de mercado que pudessem assegurar modicidade das tarifas e competição saudável de serviços entre transportadores.
- O poder assimétrico de um transportador – e outras condições que afetam a fluidez do mercado – torna frequentemente improvável que a competição saudável possa ser restabelecida por meio de processos de não regulação, exclusivamente baseados nas forças do mercado.
- Os responsáveis pela regulação devem implementar mecanismos garantidores do equilíbrio econômico e financeiro do sistema e dos direitos dos usuários.

A tendência interna nos Estados Unidos tornou-se, portanto, a da rerregulação e de certo retorno às tendências mais intervencionistas, conforme o que foi descrito.[13]

---

13 Sobre a tendência à rerregulação e retorno às tendências mais intervencionistas, ver http://www.astanet.com/govaffairs/atcra.asp; para a transição nos conceitos relacionados com o processo de regulação, ver Eisner, 2000.

A regulação na União Europeia

A visão histórica da regulação europeia

O Tratado de Roma, assinado em 1958, foi bastante explícito no que tange aos modais de transporte terrestre, mas não definiu regras específicas para o aéreo e o marítimo. A pura e simples observância do Tratado de Roma teria levado, por omissão, a uma desregulamentação de tipo norte-americano. Mas, sendo isso politicamente impossível, preferiu-se responder ao espírito do tratado, ou seja, aproximar as políticas econômicas dos Estados, desenvolver as atividades econômicas e os intercâmbios, bem como reforçar a estabilidade da Comunidade Econômica Europeia, vencendo, assim, várias etapas.

- A decisão da Corte de Justiça, em 1974, especificando que as regras gerais do Tratado de Roma se aplicavam ao transporte aéreo.
- O estabelecimento pelo Conselho da Europa, em 1978, de um programa prioritário para a aviação, contendo normas técnicas gerais, bem como específicas sobre ruído, salvamentos, investigações sobre acidentes, formalidades, subsídios, licenças e condições de trabalho.
- A publicação pela Comissão Europeia, em 1979, de um *Primeiro Memorando de Avaliação do Transporte Aéreo*, insistindo sobre a necessidade de uma política europeia comum para esse setor.
- A publicação, em 1984, de um *Segundo Memorando de Avaliação*, propondo uma política do transporte aéreo, a meio caminho entre a proteção total e a desregulamentação no estilo norte-americano.
- O acórdão da Corte de Justiça, em 1986, chamado "Nouvelles Frontières", autorizando um transportador a operar a partir de um país da Comunidade que não fosse o seu país de origem e reafirmando que o Tratado de Roma, na sua íntegra, se aplicava ao transporte aéreo.

No fim de 1987 foi baixado um primeiro pacote de medidas, em consequência da Lei Única Europeia, que estabelecia a data-limite de 31 de dezembro de 1992 para a implantação do "grande mercado europeu". Este seria um espaço sem fronteiras internas, assegurando a livre circulação de bens, pessoas, serviços e capitais, segundo as disposições do Tratado de Roma. Foram baixados, ainda, um segundo pacote, em 1990, e um terceiro, em 1992. Este último, com aplicação prevista para 1º de janeiro de 1993, mas com período de transição até 1º de abril de 1997, previa a liberação total da cabotagem, ou seja, o transporte de passageiros entre duas cidades de um mesmo país, por uma companhia estrangeira (Commission of the European Community, 1996, e Bartlik, 2007).

Essas diretrizes, de modo geral, tenderam a reduzir o controle dos governos sobre o mercado aéreo, em termos de acesso, capacidades, tarifas e condições de concorrência. Os princípios dessa evolução são os listados abaixo.

- Proibição dos acordos de *pool* e abandono da oferta compartilhada por igual entre as empresas aéreas de dois países no transporte internacional, sendo substituída progressivamente pelo critério da performance comercial.
- Liberalização progressiva dos direitos de tráfego, por meio da multidesignação de empresas sobre as linhas entre Estados-membros e da generalização dos direitos de 5ª Liberdade (ou seja, o direito de transportar passageiros e cargas entre o território do outro país contratante e o território de um terceiro país).
- Admissão da cooperação entre empresas, no âmbito da concorrência, visando harmonizar tarifas, horários e capacidades.
- Introdução do conceito "empresa europeia", em função de critérios de capital, europeização da rede operada e volume de tráfego.
- Abertura do mercado aos voos *charter*.
- Elaboração de um código de conduta para os sistemas informatizados de reserva.
- Harmonização das normas e procedimentos técnicos dos países-membros da Comunidade Europeia, em particular no que dizia respeito à qualificação do pessoal técnico.

Para as empresas aéreas, as primeiras consequências das medidas adotadas foram a busca de uma consolidação de empresas (por meio de acordos, alianças estratégicas, fusões e incorporações), a tentativa de tomada do controle comercial de mercado (por meio de grandes sistemas informatizados de reserva – SIR), a explosão do tráfego *charter*, realizando mais da metade do tráfego intracomunitário, e a consequente reativação das subsidiárias *charter* das grandes empresas regulares.

Note-se que os grandes sistemas SIR, que eram o Amadeus (Air France, Lufthansa, Iberia, SAS e mais dezesseis empresas) e o Galileo (British Airways, Alitalia e Austrian) firmaram estratégias de alianças de alcance mundial, como, por exemplo, o Galileo com o Apollo da United Airlines e o Amadeus com o System One da Texas Air.

Para os aeroportos, as consequências dessas medidas foram a exacerbação da concorrência crescente para tornar-se o *hub* europeu, em relação aos Estados Unidos (Londres, Paris ou Frankfurt) ou *hubs* regionais dentro do sistema de livre cabotagem, e os problemas de capacidades excedentes, com redistribuição das malhas de rotas das companhias, agravados pelo desenvolvimento da rede europeia de trens de alta velocidade e o túnel sob o canal da Mancha.

No entanto, apesar das mudanças, a questão mais importante continuava sendo o relacionamento do mercado europeu com aqueles externos à Comunidade Europeia. A aviação civil europeia optou, assim, por um acordo multilateral entre os Estados-membros. A tendência de multilateralização dos acordos bilaterais europeus tomou força a partir do acordo entre o Reino Unido e a Holanda, em 1984, e da definitiva consolidação da União Europeia.

Como foi visto, portanto, a flexibilização da regulação através do mecanismo multilateral da União Europeia aconteceu em três fases, os chamados três pacotes liberalizantes. O primeiro pacote (1987) trouxe maior flexibilidade na fixação de preços das passagens aéreas pelas empresas, o fim do compartilhamento de capacidade nas rotas internacionais entre os países europeus e maior facilidade para a entrada de novas empresas nos mercados. O segundo pacote (1990) diminuiu as restrições existentes sobre a utilização da capacidade e o acesso aos mercados. Também foi permitida a multidesignação (mais de uma empresa aérea) em rotas com alta densidade de tráfego e foram abertos os direitos de 3ª e 4ª Liberdades (ou seja, o direito de transportar passageiros ou cargas do país de nacionalidade da aeronave para outro país contratante, bem como o direito recíproco) na maioria das rotas da União Europeia (CEC, 1996, e Armstrong & Bulmer, 1998).

O terceiro pacote (de 1993) permitiu o acesso a empresas aéreas dos países-membros a quaisquer rotas dentro da União Europeia, assim como a remoção de grande parte do que restava dos controles sobre preços, capacidade e origem do controle do capital (desde que a propriedade e o controle do capital fossem de países da União Europeia). Com a consolidação do mercado europeu e a cabotagem permitida a empresas dos Estados-membros, a partir de 1997 foram levantadas todas as restrições geográficas de operação de voos dentro da União Europeia. Por outro lado, ainda prevaleceram fortes restrições quanto a questões ambientais, e os subsídios governamentais não foram mais permitidos. (Barat, 2006). Criado o regime de "céus abertos" entre os países europeus, no entanto, as medidas liberalizantes tiveram pouco impacto sobre os voos entre países europeus e outros países. Esses mercados continuam regulados por acordos bilaterais entre cada país europeu e terceiros países (Armstrong & Bulmer, 1998).

A Corte Europeia de Justiça decidiu, em novembro de 2002, que os acordos bilaterais sobre as rotas transatlânticas entre oito países europeus e os Estados Unidos eram ilegais. O argumento era o de que permitiam que qualquer empresa aérea norte-americana ou designada pelos países europeus voasse através do Atlântico, sem interferência dos governos nas rotas, frequências e tarifas. Esses acordos resultavam na possibilidade de empresas norte-americanas transportarem passageiros na Europa, enquanto o mercado de cabotagem norte-americano permanecia inteiramente fechado a empresas europeias.

As principais características da aviação civil europeia

A Europa foi tradicionalmente mais protecionista e regulamentada que os Estados Unidos, visando um equilíbrio entre os marcos reguladores e as políticas sociais (Majone, 1993). Na aviação, cada país criou sua empresa aérea estatal com a aspiração de ter ao menos uma malha continental e, se possível, uma malha global. A liberalização do transporte aéreo na Europa, como vimos, veio a ocorrer de forma gradual, como exigência de um mercado único comunitário, superando assim as restrições institucionais e as resistências protecionistas.

Por outro lado, a Comissão Europeia apoiou a eliminação de todas as restrições comerciais sobre a competição e o investimento na aviação civil entre os Estados Unidos e a Europa. No que diz respeito ao capital estrangeiro a aviação europeia continua sendo bastante controlada pelos governos.

As principais características da aviação civil europeia são as sintetizadas abaixo.

- Gestão unificada do tráfego e do espaço aéreo, incluindo aspectos operacionais e um conceito amplo de integração aeronáutica.
- Regulação baseada em acordos multilaterais, com permissão da multidesignação, ou seja, a permissão, nos acordos bilaterais, para que mais de uma empresa de cada país possa operar nas rotas internacionais.

- Previsão de medidas de segurança a bordo das aeronaves durante os voos, destacando-se a presença autorizada de agentes a bordo e a proibição de transporte de armas.
- Possibilidade de a Comissão Europeia vir a negociar acordos de "céus abertos" em nome dos países europeus, favorecendo, com isso, a criação de um mercado comum de aviação entre a Europa e os Estados Unidos.
- Possibilidade de consolidação de um amplo mercado para a aviação civil nos dois lados do Atlântico, beneficiando, com ganhos de escala e escopo, as empresas aéreas que conseguirem permanecer no mercado.

No que diz respeito à infraestrutura aeroportuária, em muitos países da União Europeia, o controle dos aeroportos está em mãos de várias sociedades estatais ou mistas, com participação de municípios e administrações regionais. Os modelos de operação aeroportuária compartilhada da Alemanha e Itália, por exemplo, servem de referência para a Espanha. Por outro lado, nos aeroportos da Itália, Reino Unido, Alemanha, França e Bélgica, a decisão territorial tem um peso importante, sendo crescente a participação privada. Uma questão em debate é a de que, se, de um lado, a centralização estatal excessiva pode favorecer alguns aeroportos em detrimento dos demais, de outro, pode ser equivocado substituir o intervencionismo estatal pelo de foro autônomo, tradicionalmente com disputas mais acentuadas.

Há situações paradoxais, como a da Espanha, em que empresas privadas espanholas administram aeroportos importantes no exterior. Pode-se objetar ao governo espanhol, nesse caso, por se beneficiar da abertura aeroportuária internacional, enquanto mantém seu país protegido de um monopólio público centralizado. O Reino Unido encabeça a lista dos países que privatizaram seus aeroportos. A BAA, empresa que atualmente está na mira da espanhola Ferrovial, controla o importante aeroporto-*hub* londrino de Heathrow, entre outros. Na França, os três aeroportos existentes em Paris estão nas mãos do Estado. As Câmaras de Comércio administram os demais.

Na Espanha, houve forte debate sobre a concessão do aeroporto El Prat, de Barcelona. O partido do governo defendia que o Estado não deveria ceder o direito de exploração do aeroporto catalão, propondo a criação de um consórcio com o governo da Catalunha, a prefeitura de Barcelona e o setor privado. O governo espanhol defendia o consórcio, mas sem subarrendamento, de modo que detivesse sempre 51% do controle. As negociações do governo espanhol com dois partidos catalães para transferência da gestão do aeroporto de El Prat despertaram o interesse de outras regiões autônomas do país – como se sabe, regiões autônomas com governo próprio, mas não em nível de estado federado –, que se mostraram interessadas também em administrar aeroportos dentro do seu território.

O grande dilema é o de como evitar a tentação centralizadora – que pode incorrer em algum tipo e preferência –, o que, de forma direta ou indireta, acaba por prejudicar outros aeroportos. Se, por outro lado, os aeroportos tivessem capacidade de decisão sobre a adjudicação de *slots*, o acesso preferencial às suas instalações ou a cobrança de taxas, eles teriam condições de reagir diante de eventuais perdas de participação de mercado. Isso se daria por meio de mecanismos que atraíssem tanto as empresas aéreas quanto os consumidores. No entanto, a questão reveste-se de grande complexidade, uma vez que a aviação civil se estrutura de forma mais abrangente, como sistema, ou seja, a característica de operação em redes complexas impõe limites à descentralização das decisões.

Os desdobramentos da desregulamentação na União Europeia

No horizonte de 2010, a Comunidade Europeia fixou objetivos de controle do crescimento do transporte aéreo, de combate à saturação do espaço aéreo e de preservação dos níveis de segurança. Em paralelo, é prioritária a proteção do ambiente com projetos voltados para a redução da emissão de poluentes das aeronaves, uma vez que o transporte aéreo é responsável por 13% das emissões de CO_2 atribuídas aos transportes.

Considerando que o tráfego de passageiros na União Europeia duplicou entre 1990 e 2008, esse rápido crescimento do setor impôs a reforma da gestão do espaço aéreo e a melhoria das capacidades aeroportuárias na União Europeia. Assim, a criação do "céu único europeu" constitui uma das prioridades atuais, por meio das medidas abaixo listadas.

- Marco regulador baseado em normas comuns de utilização do espaço aéreo.
- Gestão comum civil/militar do tráfego aéreo.
- Diálogo permanente com os parceiros sociais a fim de implementar acordos entre as organizações envolvidas.
- Cooperação com a Eurocontrol.

- Aperfeiçoamento do sistema de vigilância, inspeção e sanção, visando assegurar a aplicação efetiva da regulação.
- Harmonização do nível técnico dos controladores de voo, por meio da criação de uma licença comunitária de controlador aéreo.
- Utilização mais eficaz das capacidades aeroportuárias – em paralelo à criação do "céu único" – por meio do novo marco regulador, que tem como objetivos:
  - a modificação dos critérios de *slots* nas faixas horárias, com proposta de nova regulamentação;
  - a modificação das tarifas aeroportuárias para encorajar a redistribuição dos voos ao longo do dia.
- Regramentos ambientais, a fim de limitar as consequências nefastas para o meio ambiente (redução da poluição sonora e das emissões que provocam o efeito estufa) de acordo com os compromissos internacionais no âmbito da Oaci.
- Novas concepções de inter e multimodalidade com a utilização de ferrovias de alta velocidade, permitindo maior complementaridade entre esses dois modais de transporte.
- Promoção dos direitos dos usuários, incluindo o pagamento de indenizações, quando vítimas de atrasos ou recusas de embarque.

A Agência Europeia para a Segurança da Aviação (Easa)

A Agência desempenha papel fundamental na estratégia comunitária destinada a estabelecer e manter níveis de segurança elevados e uniformes na aviação civil europeia. Fornece competência técnica à Comissão Europeia para a criação de normas em matéria de segurança da aviação em diversos domínios e presta o seu conhecimento técnico à celebração de acordos internacionais pertinentes.

A Agência realiza determinadas tarefas executivas relacionadas com a segurança da aviação, tais como a certificação de produtos aeronáuticos e de organizações envolvidas em sua fabricação e manutenção. Essas atividades contribuem para assegurar a conformidade com as normas de aeronavegabilidade e de proteção ambiental. Note-se que a Agência certifica produtos da aviação civil no seu conjunto, incluindo a aviação geral e executiva. É importante ressaltar que a proteção civil (prevenção de ações ilegais contra a aviação civil, como atentados terroristas) não é competência da Agência, mas sim da legislação comunitária específica aplicada pelos Estados-membros.

A prática do *overbooking*

A prática do *overbooking* é reconhecida na Comunidade Europeia, aplicando-se, inclusive, uma legislação mais simplificada. Trata-se de procedimento usual no mercado, e as autoridades competentes, sensíveis ao problema, adotaram abordagem pragmática em que os regulamentos, diante de uma realidade econômica, possam proteger direitos dos passageiros, sem perturbar a livre comercialização do transporte aéreo.

Foi possível encontrar um equilíbrio para o relacionamento contratual entre o transportador e o usuário, com ênfase para a obrigatoriedade de colocar ao dispor do usuário antecipadamente todas as informações pertinentes à situação do *no show* e, principalmente do *overbooking*. O pragmatismo da regulação europeia nesse quesito baseia-se fundamentalmente na qualidade da informação prestada com clareza e em tempo oportuno ao usuário.

A questão ambiental no transporte aéreo

A regulação ambiental internacional

Um último – mas não menos importante – aspecto a ser lembrado nesse panorama do transporte aéreo mundial é o esforço que vem sendo induzido pelas entidades reguladoras internacionais para integrar as empresas aéreas às iniciativas contra o aquecimento global. Trata-se de tema complexo, uma vez que envolve tanto legislação e instâncias reguladoras de âmbito nacional como também ações coordenadas de alcance mundial.

Atualmente, no âmbito do objetivo estratégico da Organização da Aviação Civil Internacional (Oaci) relacionado com o meio ambiente, preveem-se como medidas prioritárias limitar ou reduzir, em escala mundial, o número de pessoas atingidas significativamente pelos níveis de emissão de ruído pelas aeronaves, limitar ou reduzir os impactos das emissões de poluentes dos motores e turbinas das aeronaves sobre a qualidade local do ar e limitar ou reduzir as repercussões dos gases de efeito estufa no clima mundial (Oaci, 2009).

É importante, também, a disposição da Oaci de colaborar com todas as organizações mundiais envolvidas com a questão do meio ambiente, em especial com a Convenção das Nações Unidas sobre Mudanças Climáticas, no que diz respeito aos impactos das contribuições do transporte aéreo.

A regulação ambiental na União Europeia

A União Europeia tem feito um grande esforço para integrar as empresas aéreas às iniciativas contra o aquecimento global. Em recente reunião de cúpula da União Europeia ocorrida em Bruxelas, os ministros do Meio Ambiente dos 27 países-membros do bloco estabeleceram novas metas para a proteção do clima e chegaram ao acordo de reduzir a emissão de dióxido de carbono na União Europeia em no mínimo 20% – em relação aos níveis de 1990 – até 2020. A meta pode atingir os 30%, caso haja apoio de outros países amplamente industrializados.

Na ocasião, o comissário de Meio Ambiente da União Europeia Stavros Dimas demonstrou otimismo com o acordo, declarando que há um ano a União Europeia não teria nem colocado o tema em questão. Em discurso recente, a rainha Elizabeth II anunciou que as emissões de dióxido de carbono serão reduzidas no Reino Unido em 60% até 2050, com base nos níveis de 1990. As metas serão divididas por períodos de cinco anos, e um Comitê de Carbono independente será criado para monitorar o andamento.

No Reino Unido, ambientalistas defendem metas anuais, e membros dos partidos Conservador e Trabalhista esperam acentuar ainda mais as medidas, na tentativa de manter o *status* do país como líder no engajamento contra as mudanças climáticas. Atualmente, há um apoio surpreendente para novas leis com o objetivo de reduzir emissões de dióxido de carbono no Reino Unido em pelo menos 3% a cada ano, segundo a organização ambientalista Friends of the Earth. As emissões globais estão aumentando em cerca de 3% ao ano. Considerando-se que o Reino Unido contribui com somente 2% das emissões mundiais de dióxido de carbono, outros países deverão seguir o exemplo para que sejam atingidas reduções globais.

O papel da Oaci na regulação mundial

As políticas e diretrizes da Oaci

A Oaci, em suas conferências internacionais, desenvolveu modelos detalhados com vistas a orientar a regulação do transporte aéreo mundial. Tais modelos têm ajudado muitos países a se adaptarem às rápidas mudanças no ambiente competitivo e de regulação e trouxeram certa harmonização das políticas de aviação civil no plano mundial.

As diretrizes da Oaci incluem aspectos-chave do acesso ao mercado, tais como assegurar a participação e a competição justa no transporte aéreo internacional e dar suporte à regulamentação e controle da capacidade oferecida e das tarifas. A Oaci provê, ainda, critérios mais abrangentes para a operação de linhas aéreas, sistemas de reserva por computador, operações de *leasing* de aeronaves e questões comerciais. Depois de uma conferência realizada em junho de 2003, a Oaci revisou suas políticas de regulação econômica para os serviços em terra, a fim de prevenir abusos potenciais de poder econômico e formação de monopólios. Foram formuladas diretrizes específicas para a gestão da capacidade da infraestrutura aeroportuária e para a alocação dos *slots*. Essas diretrizes vêm sendo utilizadas por muitos países, inclusive o Brasil, na formulação tanto das suas políticas nacionais quanto das suas relações bilaterais ou multilaterais regionais.

Reconhecendo as características peculiares do transporte aéreo internacional e suas rápidas mudanças, as políticas, diretrizes e recomendações da Oaci vêm sendo revistas continuamente. Enfatizam, em especial, as políticas de segurança e estimulam, para isso, a participação de todos os Estados-membros. Note-se que – numa visão abrangente do transporte aéreo mundial – foram destacadas pelo Conselho da Oaci diretrizes quanto às negociações sobre comércio e serviços adotadas em novembro de 1999 e apresentadas à Terceira Conferência Ministerial da Organização Mundial do Comércio (OMC), em Seattle, e ao Conselho para o Comércio e Serviços.

O transporte aéreo mundial tem sido, portanto, objeto de uma importante transformação no que se refere à evolução do mercado e à crescente importância da regulação. O resultado tem sido maior convergência dos aspectos econômicos, de segurança, da responsabilidade social e da preservação ambiental. A Oaci é reconhecida internacionalmente como a organização capaz de regular a segurança aérea e os padrões ambientais. O mandato concedido à Oaci sobre o Protocolo de Kyoto, de 1997, com relação às emissões causadoras do efeito estufa, à adoção da Convenção de Montreal de 1999 a respeito das implicações de segurança de linhas aéreas "virtuais" e da utilização em terra do *outsourcing* mostra a sua importância no âmbito da aviação civil internacional e a necessidade de subordinar muitos aspectos das ações reguladoras nacionais em um amplo "guarda-chuva" global.

A atuação da Oaci na implementação de mudanças

A Oaci vem intensificando seus esforços para assegurar uma adesão universal ao acordo internacional dos serviços de transporte aéreo, em que as liberdades e sobrevoos são concedidos multilateralmente. Esse Acordo é ratificado atualmente por 118 países, tendo tido a adesão de dezessete nos últimos cinco anos. Por outro lado, está sendo elaborado um programa abrangendo uma ampla gama de aspectos relacionados com a liberalização do transporte aéreo. Nesse programa incluem-se estudos detalhados da participação acionária e controle das empresas aéreas, abrangendo investimentos internos, gerência, *leasing*, alianças estratégicas e operacionais, *code-sharings*, *franchisings* e aspectos de segurança. A avaliação detalhada das políticas públicas e a monitoração das ações dos países-membros complementam o referido trabalho.

A Oaci vem reexaminando, também, a questão do acesso do mercado, com ênfase em direitos do tráfego, designação dos transportadores, capacidade oferecida e acesso aos aeroportos. Cabe ressaltar ainda a revisão do regulamento das tarifas, das condições do transporte e das condições de competição da aviação civil.

É também importante lembrar que as medidas de proteção quanto à sustentabilidade dos transportadores e de participação das bandeiras dos países-membros consistem igualmente em preocupação dos estudos da organização. Nesse sentido, está sendo desenvolvido, como foi dito, um acordo de serviços aéreos com vistas à liberalização, considerando aspectos de segurança e elementos de proteção do acesso do mercado. Esses trabalhos podem ser usados – seletiva ou detalhadamente – pelos países-membros, bilateral ou multilateralmente, desde que facilitem a evolução e extensão harmônica dos acordos.

As relações com as organizações internacionais

A Oaci trabalha em articulação com o secretariado da Organização Mundial do Comércio (OMC) para fornecer os elementos de interesse do transporte aéreo nas revisões de acordos por parte do Conselho para o Comércio e Serviços. Na sessão de revisão ocorrida em setembro de 2003, a Oaci apresentou uma visão geral das tendências atuais na regulação econômica e no progresso feito pelos países-membros, em nível bilateral ou regional. Dispôs-se, por outro lado, a compartilhar sua experiência e participar ativamente nos trabalhos futuros da OMC relativos à classificação de atividades internacionais do transporte aéreo para as finalidades das negociações ou da aplicação do Acordo Geral sobre Serviços (Gats) ao transporte aéreo.

A organização, portanto, monitora ativamente o desenvolvimento da regulação econômica do transporte aéreo mundial e participa de fóruns internacionais importantes onde o tema esteja sendo discutido. O objetivo é promover a arbitragem de conflitos de modelos de regulação, evitando a superposição e duplicação de esforços potenciais, e assegurar que a reforma dos marcos reguladores seja trilhada de maneira segura e ordenada em benefício de todos os países-membros.

Por fim – e não menos importante – a Oaci tem um papel pró-ativo na busca de modelos de liberalização protegida do transporte aéreo internacional. O objetivo maior da organização é assegurar que a segurança não fique comprometida por considerações econômicas e, consequentemente, que a segurança e a regulação econômica não sejam tratadas isoladamente.

3 O transporte aéreo no Brasil: obstáculos e oportunidades

Tendências de longo prazo

Mudanças no mercado de passageiros

No Brasil, o transporte aéreo civil desenvolveu-se de forma pioneira na primeira metade do século XX. Teve como função primordial a integração nacional, isto é, a comunicação física entre os principais centros econômicos do país, e destes com as áreas mais remotas de ocupação do território. Oito décadas após a fundação da primeira empresa brasileira – a Viação Aérea Rio--grandense (Varig) –, o transporte aéreo ainda supre a cobertura territorial não proporcionada por outros modais de transporte. Da fase pioneira, com precário suporte tecnológico, passou-se à era da informatização tanto das cabines de comando quanto da previsão das condições meteorológicas e do controle do espaço aéreo. O transporte aéreo – que só era viável pela movimentação de passageiros abastados e cargas muito restritas – passou a operar aeronaves com extraordinária oferta, tanto de assentos, quanto de espaço para uma ampla diversidade de cargas.

Contudo, apesar da mudança drástica de paradigma, especialmente no que se refere à operação e à gestão das empresas, o transporte aéreo não se destaca quantitativamente na matriz de transportes brasileira. Isso pode ser verificado nos Gráficos 1 e 2, que mostram, respectivamente, a evolução do tráfego interurbano de passageiros e cargas por modal de transporte para o período 1950-2007.

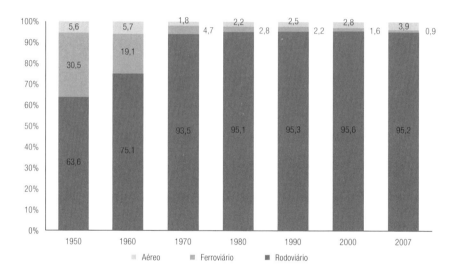

Gráfico 1. Brasil – evolução do tráfego interurbano de passageiros por modal de transporte (período 1950--2007 – em percentagens de bilhões de passageiros-quilômetro)

Fontes: Barat, 1978, Ministério dos Transportes/Empresa Brasileira de Planejamento de Transportes (Geipot) e CNT.

A explicação mais aceitável, no caso do transporte de passageiros, deriva tanto dos custos comparativos de acesso ao modal aéreo – uma vez que é ainda baixo o poder aquisitivo da população em geral –, quanto à forte competição do modal rodoviário (ônibus e automóveis) nas médias e mesmo longas distâncias. Note-se, no entanto, que, nos anos 1950 e 1960, a participação do modal aéreo na matriz de transportes chegou a estar próxima dos 6%. Atualmente, o percentual situa-se em torno de 4%, apesar do extraordinário crescimento da demanda por esse modal.

No que diz respeito às cargas, os custos e os pequenos volumes movimentados – condizentes com os espaços oferecidos nas aeronaves – explicam a pequena participação relativa, em termos físicos. No entanto, as grandes distâncias a serem vencidas num país de grande extensão territorial, a elevação dos níveis de renda, o número crescente de cargas com alto valor agregado e o comércio eletrônico favorecerão a maior participação futura do modal aéreo na matriz de transportes.

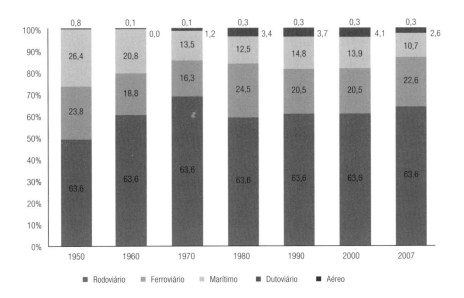

Gráfico 2. Brasil – evolução do tráfego interurbano de cargas por modal de transporte (período 1950-2007 – em percentagens)

Fontes: Barat, 1978, Ministério dos Transportes/Geipot e CNT.

Há que se considerar, portanto, que as perspectivas de evolução do mercado para o transporte aéreo no Brasil são bastante promissoras, apesar dos graves problemas infraestruturais evidenciados recentemente pelo "apagão aéreo", com seus desdobramentos, e acrescidos pelo quadro de grande instabilidade da ação reguladora. As razões para as perspectivas favoráveis decorrem da constatação de ter perdurado, nos últimos quinze anos, uma forte demanda reprimida que, ao lado de uma regulação mais flexível, propiciou a busca da adequação da oferta num ambiente mais competitivo. Abriram-se novos nichos de mercado e a ampliação da escala da demanda trouxe ganhos inquestionáveis tanto para as empresas quanto para os consumidores.

Como vimos no capítulo 2, "O transporte aéreo mundial: expansão, gargalos e perspectivas", os principais fatores de geração dos ganhos de produtividade no transporte aéreo comercial – considerada uma perspectiva mundial e de longo prazo – foram os abaixo relacionados.

- Utilização de aeronaves com maior capacidade unitária (*wide-bodies*) e com maior economicidade em etapas de voo mais longas, tornando

acentuadamente decrescentes os custos operacionais por assento-quilômetro oferecido ou passageiro-quilômetro transportado.
- Aumento persistente do rendimento dos motores das aeronaves, resultando em tendência crescente no número de assentos-quilômetro (ou de passageiros-quilômetro transportados) por litro de combustível utilizado.
- Aumento persistente da produtividade da mão de obra, tanto a embarcada como a de terra, em decorrência da introdução de procedimentos gerenciais mais modernos e da informatização crescente das tarefas.
- Busca de melhor desempenho empresarial e gerencial num mercado altamente competitivo e em rápida expansão, valendo-se de concepções operacionais inovadoras, como a *hub-and-spoke*.
- Indução e realimentação dos processos de avanço tecnológico tanto na indústria aeronáutica quanto na infraestrutura aeroportuária e de proteção e segurança de voo.

Um aspecto importante a ser ressaltado é o de que existe uma elevada correlação entre o crescimento do PIB e o da demanda pelos serviços de transporte aéreo, expressa em termos de passageiros-quilômetro transportados. Modelos econométricos procuram fazer projeções futuras da demanda com base nas elasticidades desta demanda em relação a hipóteses de crescimento do PIB.[14] Obviamente, para as projeções de variáveis intrínsecas ao transporte aéreo como o *yield*, deve-se levar em consideração a análise de cenários econômicos, sociais e institucionais futuros. Muito importantes, nesse sentido, são os parâmetros legais, as estratégias governamentais e as diretrizes de políticas públicas, especialmente no que diz respeito à regulação.[15] Contudo, não existe um "algoritmo" para prever o crescimento do mercado de passageiros das empresas aéreas. A demanda, na verdade, depende de um conjunto diversificado de variáveis, podendo-se mencionar, além do PIB, a renda pessoal disponível, como de caráter macroeconômico. Entre as variáveis relacionadas com o mercado, destacam-se a população urbana e metropolitana, a difusão do consumo de bens e serviços selecionados, a eficiência dos atores envolvidos no sistema de aviação civil, a evolução dos *yields* e a existência ou não de gargalos nas infraestruturas (Barat, 2007-A, e Bain & Company, 2007).

---
[14] A respeito de metodologia das projeções, ver IAC, 1999.
[15] Sobre as questões institucionais e de regulação da aviação civil, ver Barat, 2007–A.

Numa visão de longo prazo – agregada e simplificada – o Gráfico 3 permite visualizar a evolução do PIB, da renda *per capita* e dos passageiros-quilômetro transportados pagos em voos domésticos, entre 1978 e 2009, período caracterizado, em grande parte, por longa desaceleração do crescimento econômico e estagnação da renda *per capita*. Já o Gráfico 4, a seguir, dá uma ideia da correlação entre o PIB e a demanda no período 1978-2009. De fato, em geral existe uma forte correlação entre os crescimentos do mercado e do PIB, válida também para o Brasil, apesar de eventuais "descolamentos" da demanda em relação às variáveis macroeconômicas, cujas causas serão examinadas mais adiante.

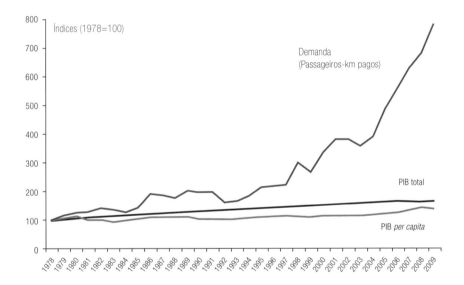

Gráfico 3. Brasil – evolução do PIB, renda *per capita* e demanda doméstica de passageiros no transporte aéreo (nacional e regional – período 1978-2009, em índices 1986=100)

Fontes: Ipea, FGV, Departamento de Aviação Civil (DAC) e Anac.

É interessante notar, pelos Gráficos 3 e 4, dois tipos de descolamento da demanda em relação às variáveis macroeconômicas. Um foi o declínio em 1991, decorrente do fracasso do Plano Collor, seguido de recuperação lenta. O outro descolamento, mais duradouro e, nesse caso, de crescimento, foi a partir de 1996, em decorrência da conjugação de vários fatores determinantes: a estabilidade econômica alcançada com o Plano Real, que elevou o poder de compra, as novas formas de operação, acentuando a queda nos preços das passagens, a conquista de novos nichos de mercado por parte das empresas aéreas e a geração de um ambiente mais competitivo no mercado de transporte aéreo (Barat, 2007–A). Ampliou-se assim a escala da demanda, com a entrada de novos usuários num mercado antes restrito.

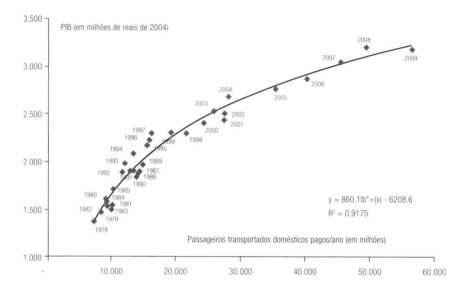

Gráfico 4. Brasil – correlação entre a evolução do PIB e a demanda doméstica no transporte aéreo (nacional e regional – período 1978-2009, em bilhões de dólares e milhões de passageiros-km)
Fontes: Ipea, FGV, DAC e Anac.

No transporte aéreo de passageiros, a demanda, em geral, apresenta-se menos elástica em relação à renda, no que diz respeito às viagens de negócios, e mais elástica nas viagens de turismo e lazer. Mas, de forma agregada e numa perspectiva temporal, as flutuações mais prolongadas do PIB acabam por afetar toda a demanda. Por outro lado, a localização geográfica é um fator determinante na demanda pelo transporte aéreo. Com efeito, as escalas de demanda e estruturas de mercado são muito diferenciadas nas várias regiões do mundo, e mesmo entre as regiões de um mesmo país, principalmente naqueles de grande extensão territorial, como é o Brasil.

Já a oferta dos serviços de transporte aéreo pode ser afetada pela competição de outros modais, em razão da localização dos polos geradores da demanda e das distâncias a serem percorridas. O excesso de capacidade e a ociosidade da oferta constituem problemas inerentes aos serviços de transporte aéreo. Com relação à movimentação de passageiros, a dificuldade maior é ajustar a oferta à demanda, ou seja, ter um fator de ocupação (*load factor*) adequado, uma vez que os custos fixos são sempre muito elevados. Na aviação civil, os requisitos de segurança de voo (*aviation safety*) e cumprimento de frequências são de grande importância na prestação dos serviços. Por outro lado, atualmente constituem fator adicional de elevação de custos as medidas de prevenção da ocorrência de atentados terroristas ou atos ilícitos (*aviation security*).

Cabe lembrar que o fator de ocupação, quando muito elevado nas linhas regulares, pode revelar incapacidade do transporte aéreo em fazer frente, por exemplo, aos picos sazonais de demanda, se considerada uma média anual na relação entre os assentos oferecidos e utilizados. Assim, aproveitamentos médios elevados podem significar que os serviços aéreos são inadequados para atender aos movimentos reais e potenciais na demanda. Por outro lado, índices baixos podem revelar a existência de capacidade ociosa e, consequentemente, baixa produtividade e ineficiência nas operações.

Apesar do prolongado período de reduzido crescimento econômico e de estagnação da renda *per capita*, o Brasil seguiu, em linhas gerais, o crescimento contínuo do mercado mundial de transporte aéreo desde os anos 1960. Mesmo após a crise gerada pelos acontecimentos de 11 de setembro, bem como a crise financeira de 2008-2009, o potencial de crescimento da demanda continuou muito alto. Vários fatores contribuíram para a ampliação de sua escala em todo o mundo: a democratização do turismo, a contínua ampliação da classe média, o maior número de aposentados, os períodos mais prolongados de férias e feriados e a multiplicação de viagens de negócios, em decorrência da globalização.

No Brasil, a estabilidade monetária proporcionada como consequência do do Plano Real, os decorrentes acréscimos na renda real e, mais recentemente, a significativa ampliação do crédito ao consumidor reforçaram essa tendência mundial de crescimento da demanda. Por outro lado, no que diz respeito ao transporte de cargas, a intensificação de trocas induzida pela globalização permite predizer aumentos acelerados da demanda nas próximas décadas. Note-se, todavia, que as empresas que prestam os serviços de transporte aéreo são sempre muito vulneráveis diante das conjunturas econômicas recessivas e flutuações nos preços do petróleo, que trazem instabilidade para seus negócios.

Por outro lado, os procedimentos aduaneiros e o aumento de requisitos de segurança nos aeroportos têm sido desgastantes, além dos congestionamentos do espaço aéreo e tempos mais prolongados de espera. Esses fatores de elevação de custos e transtornos para os usuários do transporte aéreo, por vezes, provocam demandas por maior atenção e seletividade no escopo da regulação da aviação civil.

Se considerado agora o PIB do setor de serviços aéreos, observa-se, pelo Gráfico 5, um declínio persistente da sua participação percentual em relação ao PIB total, no período 2000-2009. O PIB do setor de serviços aéreos é objeto de levantamento pela *Pesquisa anual de serviços* do IBGE, no conceito de receita operacional líquida (ROL). Esse conceito é bem amplo, por incluir o transporte aéreo regular, não regular (táxi aéreo) e atividades auxiliares aos transportes aéreos (operação de aeroportos, controle de tráfego aéreo, serviços de abastecimento, *catering* e limpeza de aeronaves, bem como outros serviços de apoio). Mas, sem dúvida, é bem representativo da importância de todo o setor aéreo.

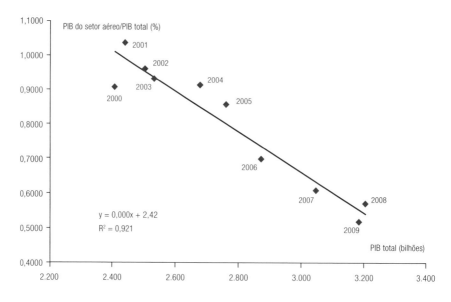

Gráfico 5. Brasil – correlação entre a evolução da participação percentual do PIB do setor de serviços aéreos e o PIB total (período 2000-2009 em percentagens e milhões de dólares)
Fontes: IBGE, Ipea, FGV.

O Gráfico 6, por seu turno, é complementar ao anterior e indica que a queda na participação da receita operacional líquida do setor ocorreu justamente em um período de expressivo crescimento da demanda de passageiros no transporte aéreo, crescimento já destacado no Gráfico 3.

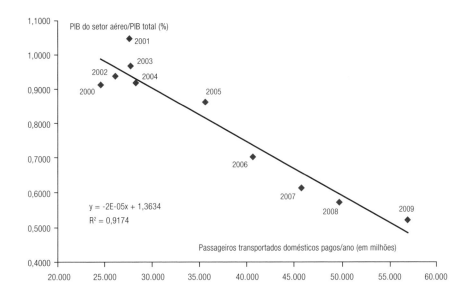

Gráfico 6. Brasil – correlação entre a evolução da participação percentual do PIB do setor de serviços aéreos e a demanda doméstica de passageiros (nacional e regional – período 2000-2009 – em percentagens e bilhões de passageiros-quilômetro
Fontes: IBGE, DAC e Anac.

Uma visão de longo prazo dos mercados de transporte aéreo de passageiros doméstico e internacional (neste último, considerada apenas a atuação de empresas nacionais) é dada pelo Gráfico 7, a seguir. Por ele pode-se constatar uma tendência de crescimento contínuo da demanda total, em termos de passageiros-quilômetro transportados, no período 1978-2009. Pelo Gráfico 7 é possível observar alternâncias na evolução dos tráfegos doméstico e internacional: entre 1991 e 2000, o crescimento do doméstico é bem mais lento e a tendência se inverte posteriormente, entre 2001 e 2006. Podem ser notadas, ainda, duas quedas abruptas na procura de voos internacionais em 1998 e 2005, decorrentes, de início, da crise das empresas aéreas (Vasp e Transbrasil, saindo do mercado internacional e depois falindo), e, posteriormente, da prolongada crise da Varig, com desdobramentos que afetaram todo o sistema de aviação civil. É interessante assinalar que, apesar da crise financeira mundial de 2008-2009, o crescimento da demanda doméstica foi de 17%, com ligeira queda na internacional.

Considerando, por outro lado, a comparação entre assentos-quilômetro oferecidos (*available seat-kilometer* – ASK) e assentos-quilômetro ocupados pagos (*reported passenger-kilometer* – RPK) no tráfego doméstico, o Gráfico 8 mostra que houve, via de regra, adequação da oferta à demanda. Chama a atenção, porém, a ocorrência de algumas instabilidades no contexto geral de crescimento. Com relação aos assentos oferecidos, houve dois picos de excesso de oferta: em 1991, quando a TAM passou a operar linhas de âmbito nacional, em voos diretos aos centros de determinadas capitais, e em 2001-2002, devido à entrada em operação da GOL, seguido de queda em 2003. Quanto à demanda, ocorreram três quedas acentuadas no tráfego aéreo doméstico, em termos de assentos ocupados: em 1986-1988, em 1991-1992, e em 2002-2003.

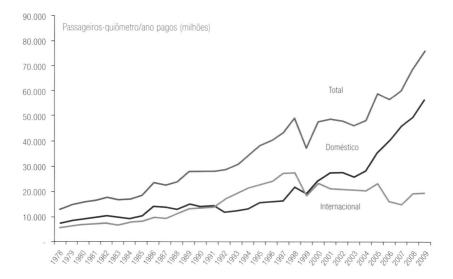

Gráfico 7. Brasil – evolução da demanda pelo transporte aéreo de passageiros doméstico e internacional (trafego internacional por empresas nacionais – período 1978-2009 – em milhões de passageiros-quilômetro pagos)

Fontes: DAC e Anac.

No que diz respeito ao mercado internacional, considerado o período entre 1978 e 2009, ocorreram algumas similaridades com o tráfego doméstico, tanto em relação aos desajustes entre demanda e oferta quanto às taxas de aproveitamento. No entanto, diferentemente do doméstico, a análise da demanda e da oferta do tráfego internacional realizado por empresas aéreas brasileiras exibe maior instabilidade do crescimento, alternando-se mais períodos de crescimento e retração, como, por exemplo, entre 1998 e 1999, assim como entre 2000 e 2002 e, de forma mais acentuada, em 2005-2006. Esta última retração foi o resultado da culminância da crise da Varig, seguida pelo controvertido processo de recuperação judicial da empresa (Gráfico 9).

Quanto às taxas de ocupação das aeronaves, ou seja, a relação entre assentos ocupados e assentos oferecidos (*load factor*), o Gráfico 10 mostra a tendência de longo prazo, no período 1978-2009, para o trafego aéreo doméstico e internacional. Ficam mais visíveis os desequilíbrios, tanto com taxas de ocupação muito elevadas (bem acima dos 60% e até 70%), entre 1985 e 1990, quanto muito baixas (abaixo dos 60%), como se deu entre 1999 e 2006. Note-se que, no ano de 1999, ocorreram as taxas de ocupação mais baixas da série histórica, quais sejam, de 47,6% para o doméstico e 40% para o internacional.

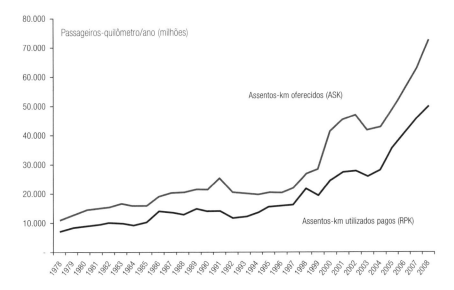

Gráfico 8. Brasil – assentos oferecidos (ASK) e assentos ocupados (RPK) no tráfego doméstico (período 1978-2009)

Fontes: DAC e Anac.

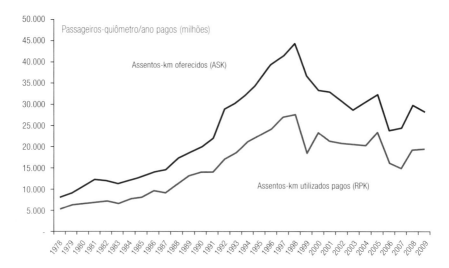

Gráfico 9. Brasil – assentos oferecidos (ASK) e assentos ocupados (RPK) no tráfego internacional (trafego internacional por empresas nacionais – período 1978-2009)
Fontes: DAC e Anac.

Um aspecto importante relacionado com os *load factors* é o de como, de um lado, se preserva a competição dos serviços num mercado que impõe permanente incorporação de avanços tecnológicos, aumentos de capacidade das aeronaves e preços acessíveis e, de outro, se favorece o desenvolvimento das empresas mais ágeis e competitivas, afastando as ameaças de capacidade ociosa. Dito de outra forma: quais os limites entre uma expansão "livre" da oferta num mercado altamente competitivo e o controle da oferta por parte da autoridade reguladora, para evitar tanto ociosidade nos assentos oferecidos quanto a sua insuficiência ante os acréscimos da demanda? Ou seja, como evitar desequilíbrios graves de mercado no longo prazo, em razão da ocorrência de uma expansão descontrolada da oferta? Esses são, sem dúvida, os grandes desafios de um moderno sistema de regulação econômica.

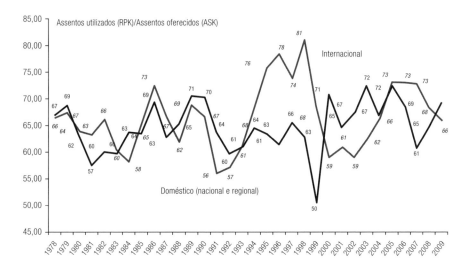

Gráfico 10. Brasil – taxas de aproveitamento (*load factor*) nos tráfegos doméstico e internacional de passageiros (tráfego internacional por empresas nacionais – período 1978-2009)
Fontes: DAC e Anac.

Importa salientar, portanto, que desequilíbrios nas taxas de ocupação, quando persistem por vários anos, refletem falhas no planejamento das empresas e de todo o setor aéreo, em razão de um aproveitamento deficiente das aeronaves e da consequente geração de capacidade ociosa. Uma das funções importantes do agente regulador, portanto, é monitorar o desempenho do transporte aéreo mediante a avaliação de variáveis, tais como níveis de preços e competitividade no mercado, índices de aproveitamento e as correlações entre preço e aproveitamento, produtividade da mão de obra, despesas operacionais, desempenho financeiro, indicadores de qualidade e de atendimento aos usuários, progresso técnico e incorporação de tecnologias inovadoras.

O Gráfico 11 mostra, para o período 1978-2009, as inversões ocorridas nas participações percentuais dos tráfegos aéreos – doméstico e internacional – em relação ao total. A partir de 1987 e até 1997 houve queda contínua na participação relativa do tráfego doméstico, queda que se acentuou a partir de 1991. De 1998 para 1999 houve uma inversão acentuada: o internacional teve sua participação abruptamente reduzida de 65% para 54%. No entanto, novas quedas sucessivas acarretaram, em 2007 e 2009, os níveis mais baixos de participação do tráfego internacional realizado por empresas aéreas brasileiras:

respectivamente 24% e 26%, em contraposição aos 76% e 74% do doméstico, cabendo ressaltar, uma vez mais, a forte expansão do mercado doméstico, bem como da crise da Varig como fatores de aceleração dessa inversão.

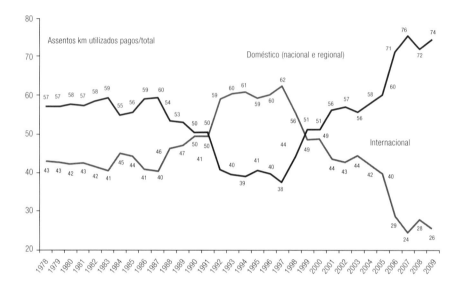

Gráfico 11. Brasil – participação dos tráfegos doméstico e internacional (tráfego internacional por empresas nacionais – em assentos ocupados, RPK – em relação ao total – período 1978-2009)
Fontes: DAC e Anac.

Mudanças no mercado de cargas

É de relevância crescente em todo o mundo o papel da movimentação de cargas pelo modal aéreo, uma vez que as cadeias logísticas contemplam, cada vez mais, cargas de alto valor agregado em alguma etapa do fornecimento ou distribuição. Nos Estados Unidos, o modal aéreo é responsável por apenas 0,4% do volume da carga internacional transportada, o qual, no entanto, representa cerca de 28% em valor (Gandra, 2007). Como detalhado mais à frente, as inovações trazidas pelas logísticas *just in time* – em que a velocidade da entrega é mais importante do que a acumulação de estoques nos locais de uso – bem como a dispersão das áreas produtivas dos componentes de um mesmo bem imprimiram um crescimento significativo da carga aérea, nos últimos quinze anos. Nos Estados Unidos esse crescimento foi de 265% e no Brasil de 193% (Gandra, 2007).

Cabe lembrar que o chamado *e-commerce* teve também papel importante nessa evolução do transporte aéreo de cargas.

Como foi abordado no Capítulo 1, o transporte aéreo é uma atividade que normalmente envolve compromissos entre países e se caracteriza fundamentalmente pela velocidade desse modal. O princípio seguido é o mesmo tanto para cargas nacionais (transporte doméstico ou cabotagem) quanto para as cargas internacionais (operações de comércio exterior), fundamentado em normas da Oaci, da Iata, bem como em acordos e convenções internacionais.

O frete aéreo é obtido pela multiplicação do peso transportado pela tarifa. Porém, para determinação do peso de uma mercadoria embarcada, deve ser levado em conta o "fator estiva", que define se a cobrança do frete ocorre sobre o peso ou sobre o volume, prevalecendo o maior número apurado. As tarifas se baseiam em rotas, tráfegos e custos inerentes, estabelecidas no âmbito da Iata pelas empresas aéreas, para serem cobradas uniformemente, conforme as classificações abaixo.

- Tarifa geral de carga (*general cargo rates*): normal, quando aplicada aos transportes de até 45 kg e por quantidade, para pesos superiores a 45 kg.
- Tarifa classificada (*class rates*): percentual adicional ou deduzido da tarifa geral, conforme o caso, quando do transporte de mercadorias específicas (produtos perigosos, animais vivos, jornais e periódicos, entre outros).
- Tarifas específicas de carga (*specific commodity rates*): tarifas reduzidas aplicáveis a determinadas mercadorias entre dois pontos determinados (transporte regular), para um peso mínimo por embarque (*break point*) definido por mercadoria.
- Tarifas *unit load device* (ULD): transporte de unidade domicílio a domicílio, aplicável a cargas unitizadas, em que o carregamento e o descarregamento das unidades ficam por conta de remetente e destinatário.

As empresas aéreas, no cenário globalizado, vêm buscando o equilíbrio entre o desenvolvimento de novas rotas para o transporte de carga e a maximização dos meios disponíveis, como uma forma de redução dos custos operacionais.

Para isso, as empresas aéreas têm investido significativamente no desenvolvimento do transporte de cargas fracionadas (*courier*), principalmente aquele provocado pela expansão do *e-commerce*. Têm também administrado a coleta, o despacho e a entrega de mercadorias como forma de reduzir os custos com os agentes de carga e despachantes aduaneiros, bem como têm empregado *softwares* especiais nos cálculos das malhas aéreas e das malhas de distribuição em terra, obtendo as melhores opções possíveis para o emprego dos vetores de transporte e da otimização do multimodal.

Nesse sentido, as empresas aéreas mundiais têm se envolvido crescentemente nos sistemas multimodais de transporte. Isso vem ocorrendo tanto em aeroportos-*hubs*, como em aeroportos industriais. Estes oferecem retaguardas para maior integração das aeronaves nas malhas multimodais de transporte de cargas. Além disso, as empresas vêm investindo na mudança das frotas, buscando aeronaves com desempenho compatível com os custos operacionais e as imposições ambientais, levando em conta a obsolescência de grande parte das aeronaves cargueiras existentes no mercado.

Considerando uma perspectiva de longo prazo, o Brasil acompanhou o crescimento mundial, embora em escala ainda bem reduzida. O Gráfico 12 mostra para o período 1978-2009 uma tendência de crescimento contínuo da demanda total, em termos de toneladas-quilômetro transportadas pagas, in-

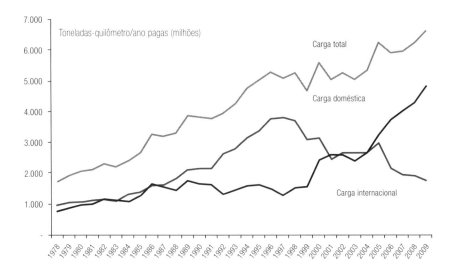

Gráfico 12. Brasil – evolução da demanda pelo transporte aéreo de cargas doméstico (nacional e internacional) (tráfego internacional por empresas nacionais – período 1978-2009 – em milhões de toneladas-km utilizadas)

Fontes: DAC e Anac.

duzida pelo mercado de transporte aéreo doméstico. Quanto ao transporte internacional realizado por empresas brasileiras, observa-se uma forte tendência de declínio após 1998, que revela uma incapacidade de inserção no notável crescimento do mercado internacional de cargas aéreas. Note-se que o tráfego doméstico de cargas ficou praticamente estagnado ao longo da década de 1990, passando a um crescimento continuado a partir de 1998, em contraste com a tendência inversa do internacional. A pequena recuperação deste, iniciada em 2000, ficou severamente comprometida em 2005, em decorrência principalmente do início da crise da Varig/VarigLog e posteriormente pela ausência de capacidade empresarial para entrar no mercado.

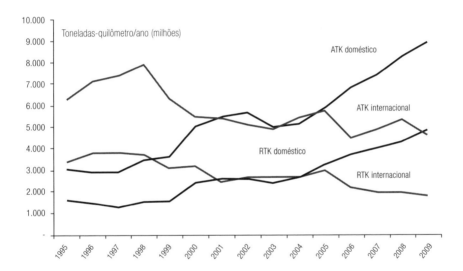

Gráfico 13. Brasil – evolução das toneladas oferecidas (ATK) e toneladas utilizadas (RTK) para os tráfegos doméstico e internacional (tráfego internacional por empresas nacionais – período 1996-2009)
Fontes: DAC e Anac.

O Gráfico 13 mostra que o mercado de transporte aéreo de cargas apresentou semelhanças com o de passageiros, quanto às participações relativas do doméstico e do internacional na movimentação total. No entanto, no período 1995-2009, as taxas de aproveitamento apresentaram grande instabilidade, mas o que chama a atenção é o seu forte declínio no tráfego internacional realizado por empresas brasileiras, chegando ao nível de 35,8%, em 2008, conforme se observa no Gráfico 14. Adicionalmente, o Gráfico 15 permite confirmar a troca de posição continuada na participação do tráfego doméstico em relação ao total, a partir de 1996, quando o internacional realizado por empresas brasileiras representou quase 75% do mercado de cargas e o doméstico apenas 25%. Em 2009, a proporção já estava praticamente invertida: o doméstico alcançou 73% do mercado de cargas operado por empresas brasileiras.

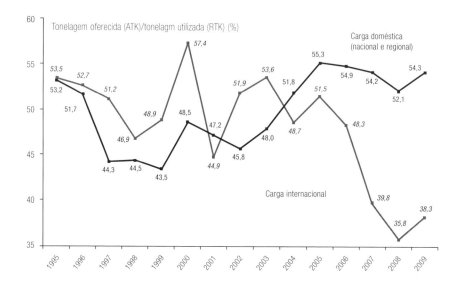

Gráfico 14. Brasil – taxas de aproveitamento (*load factor*) nos tráfegos doméstico e internacional de cargas (período 1996-2009)

Fontes: DAC e Anac.

Uma consideração importante deve ser feita a respeito do transporte aéreo internacional de passageiros realizado por empresas nacionais. Conforme mostra o Gráfico 16, houve ao longo do período 1978-1998 vantagens, ou no mínimo equilíbrio, para as empresas nacionais, em virtude dos acordos bilaterais e de uma deliberada política de reserva de mercado para a bandeira nacional, esta representada fundamentalmente pela Varig. Em decorrência da abertura comercial e dos ajustes no modelo protecionista que havia dado suporte àquela empresa, a tendência de predomínio da bandeira nacional começou a reverter a partir de 1998. Apesar de, a partir do ano 2000, outras empresas brasileiras (a TAM e depois a GOL) terem ganhado competitividade no mercado sul-americano, isso não foi suficiente para preservar a posição da bandeira no total dos voos internacionais.

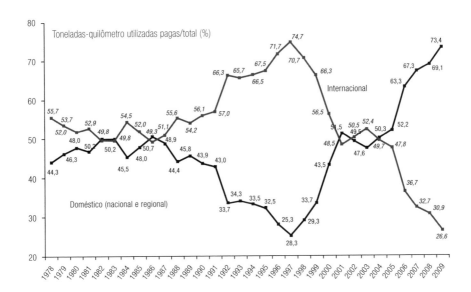

Gráfico 15. Brasil – participação dos tráfegos doméstico e internacional (tráfego internacional por empresas nacionais – em toneladas-quilômetro utilizadas) em relação ao total (período 1978-2009)

Fontes: DAC e Anac.

O fato é que, com a derrocada da Varig, a participação da bandeira declinou drasticamente a partir de 2003, atingindo a proporção mais baixa em 2007, de cerca de 29%, revertendo ligeiramente para alcançar 33,7% em 2009, situação ainda bastante desfavorável para o país. Essa queda acabou por revelar a necessidade de ações pragmáticas, visando suprir as lacunas de oferta nos voos internacionais de bandeira brasileira, por meio da multidesignação e do estímulo à competição. Entretanto, atualmente se trata, na verdade, de reverter a tendência de queda na oferta e de perda, para o país, de participação da bandeira brasileira no mercado de serviços aéreos. Por outro lado, o grande desafio são a correção e a prevenção de assimetrias, ou seja, de como enfrentar as pressões das megaempresas internacionais na disputa do mercado brasileiro e as tentativas – mais ou menos veladas – de imposição ao Brasil de políticas de "céus abertos" e das 8ª e 9ª Liberdades. Trata-se de questão de grande importância que, infelizmente, tem sido protelada em termos de formulação de políticas públicas.

No entanto, considerada a tendência mundial de fusões e formação das *mega-carriers* estrangeiras, houve um grande equívoco por parte da Anac em impor uma liberdade tarifária abrupta nos voos internacionais. Excetuando o mercado da América do Sul, onde a competitividade brasileira é forte, a liberação de tarifas deveria se dar numa transição mais longa de no mínimo cinco anos. Além disso, a Anac promoveu uma série de acordos bilaterais, ao longo de 2008, dobrando o número de frequências semanais (de 248 para 500) nos voos internacionais. Assinale-se ainda a decisão da agência reguladora em aceitar a negociação de acordos com a União Europeia em bloco e não mais país por país, com visível desvantagem para o transporte aéreo nacional.

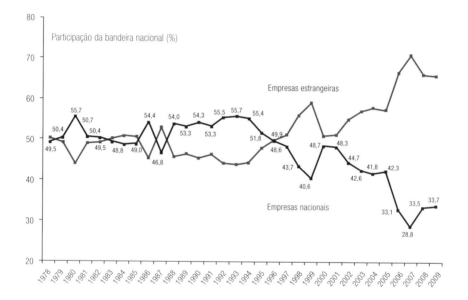

Gráfico 16. Brasil – participação das empresas brasileiras e estrangeiras no tráfego internacional de passageiros (em percentagens em relação ao total – período 1978-2009)
Fontes: DAC e Anac.

Para encerrar esta seção, apresentamos alguns dados relativos ao aumento da produtividade das empresas aéreas brasileiras no longo prazo, considerando o período 1978-2009. Foram selecionados três indicadores de produtividade para o tráfego doméstico: passageiros-quilômetro pagos por empregado, passageiros-quilômetro pagos por galão de combustível consumido e número de horas voadas por empregado. Os indicadores foram convertidos em índices com base em 1978=100, para efeito de comparação dos indicadores.

Pode-se observar, de início, pelo Gráfico 17, a seguir, o extraordinário aumento do número de passageiros-quilômetro transportados por empregado. Essa tendência resultou tanto dos aumentos persistentes da produtividade dos empregados das empresas aéreas, ou seja, da eficiência profissional, quanto do melhor gerenciamento dos recursos financeiros, humanos e materiais das empresas, portanto, da maior eficiência gerencial, inclusive pelo uso mais intensivo das tecnologias de informação.

Quanto ao indicador de passageiros-quilômetro pagos por galão de combustível consumido, sua tendência de crescimento reflete a evolução tecnológica das aeronaves e dos sistemas de propulsão, ou seja, a maior eficiência tecnológica alcançada. Já o indicador de horas voadas por empregado, embora com crescimento menor, não deixa de refletir as melhorias no aproveitamento e racionalização do uso das aeronaves, em termos de redução dos tempos de permanência em solo e mudanças nos modelos operacionais das empresas aéreas, baseados na aglutinação em aeroportos *hub*.

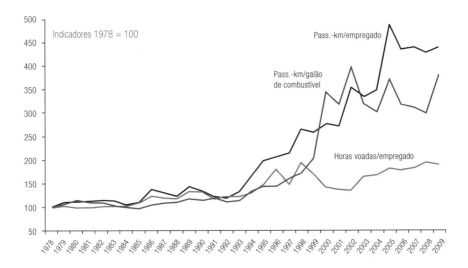

Gráfico 17. Brasil – evolução de indicadores de produtividade no transporte aéreo doméstico de passageiros (período 1978-2009 – em milhões de passageiros-quilômetro pagos)
Fontes: DAC e Anac.

O Quadro 1 mostra que, apesar dos expressivos avanços nos níveis de produtividade das empresas brasileiras, estas ainda têm alguns obstáculos a vencer, quando comparadas a empresas norte-americanas. Por esse quadro, pode-se observar dois aspectos: os níveis de aproveitamento das norte-americanas situa-se em torno dos 80%, enquanto as nacionais não ultrapassaram os 70%, em 2009, e a produtividade, em termos de assentos-milha disponíveis (ASM), por empregado, ainda é inferior nas empresas aéreas brasileiras.

No entanto, se considerada a receita total (receitas operacionais mais receitas diversas, em dólares correntes para o ano de 2008), por empregado, o desempenho das duas empresas brasileiras, especialmente a TAM, não fica tão abaixo de suas congêneres norte-americanas. Chama a atenção, por outro lado, o fato de as receitas de passageiros por assentos-milha disponíveis serem superiores nas empresas brasileiras. As causas podem ser o fato de os preços das passagens aéreas serem mais elevados no Brasil em decorrência dos custos do combustível, carga tributária e encargos sociais, que oneram mais o setor aéreo brasileiro, comparativamente ao norte-americano.

Quadro 1. Dados comparativos de indicadores de produtividade entre empresas norte-americanas e brasileiras (tráfego doméstico e internacional – ano de 2009)

	American	Continental	Delta	United	US Airways	TAM	GOL[2]
ASM - Total	151.774	97.407	197.723	122.737	70.725	39.581	25.125
RPM - Total	122.418	79.824	163.706	100.475	57.889	27.695	16.366
Load factor	80,66	81,95	82,80	81,86	81,85	69,97	65,14
Empregados	66.519	38.720	76.200	46.587	31.340	22.419	17.963
ASM/Empregado	2.281,7	2.515,7	2.594,8	2.634,6	2.256,7	1.765,5	1.398,7
Receita total/empregado[1]	274.440	286.771	327.480	314.465	264.099	245.050	190.120
Receita pass./ASM[1]	11,14	11,05	10,67	10,84	10,75	12,97	13,55

[1] Receita total para o ano de 2008.
[2] Inclui as operações da VRG.
Fontes: http://www.airlinefinancial.com, Air Transport Association (ATA) e Anac.

Aspectos econômicos e financeiros das empresas aéreas

A análise de alguns indicadores financeiros permite avaliar, de forma agregada, a eficiência operacional das empresas aéreas regulares brasileiras. De início, é interessante examinar a tendência de longo prazo na evolução do *yield*, ou seja, receita operacional por passageiro-quilômetro transportado ou receita unitária, com repercussão no custo do assento-quilômetro.

O Gráfico 18 mostra a tendência de queda dos valores do *yield* em termos reais no longo prazo, para o tráfego aéreo doméstico (de âmbito nacional e regional), considerado o período 1990-2009. Observa-se uma tendência de queda ao longo do período, apesar de ocorrerem oscilações conjunturais, tanto no que diz respeito ao transporte doméstico de passageiros quanto ao de cargas, este último alcançando regularidade maior de queda após a consolidação do Plano Real. É importante levar em consideração essa tendência de declínio dos *yields* em termos reais no longo prazo, como um importante fator determinante da grande expansão ocorrida no mercado do transporte aéreo, que, embora como tendência mundial, foi particularmente expressiva no Brasil.

Os Gráficos 19 e 20 apresentam a evolução de alguns indicadores importantes de monitoração de desempenho das empresas aéreas nacionais para o período 1990-2009. O primeiro mostra, para o período, a evolução – expressa em percentagens – da adequação entre o aproveitamento e o nível de *break-even* – ou seja, a relação entre o custo (por assento-km oferecido) e o *yield* (por passageiro-km transportado pago) – comparativamente à cobertura financeira (relação entre receita e despesa de voo).

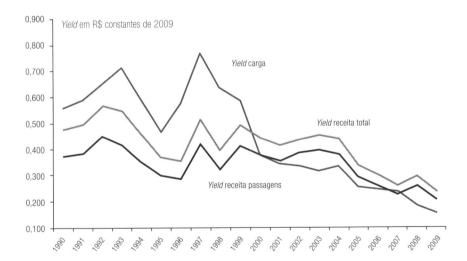

Gráfico 18. Brasil – evolução do *yield* no transporte aéreo doméstico (nacional e regional) de passageiros e cargas (em R$ constantes de 2009 – período 1990-2009)

Fontes: DAC e Anac.

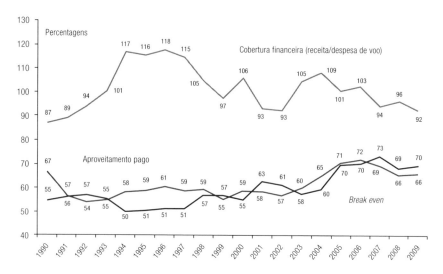

Gráfico 19. Brasil – aproveitamento, nível de *break-even* e cobertura financeira (em percentagens) das empresas aéreas regulares brasileiras (período 1990-2009)

Fontes: DAC e Anac.

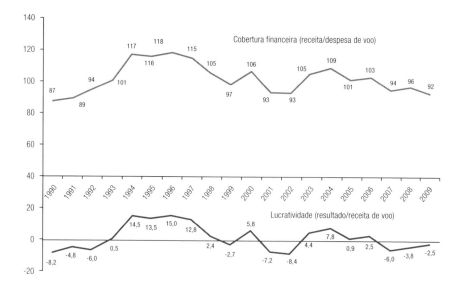

Gráfico 20. Brasil – cobertura financeira e lucratividade das empresas aéreas regulares brasileiras (tráfego aéreo doméstico e internacional – período 1996-2009)

Fontes: DAC e Anac.

Por outro lado, o Gráfico 20 apresenta os graus de rentabilidade das empresas aéreas brasileiras, ante a cobertura financeira. A lucratividade apresenta-se tanto positiva quanto negativa, como foi o caso dos anos de 1990-1993, 1998, 2001-2002 e 2007-2008, acompanhando uma diversidade de fatores, como a cobertura financeira e os índices de aproveitamento. Como esperado, esses períodos indicam significativas reduções da cobertura financeira. Observam-se as fortes oscilações na cobertura financeira (relação entre receita e despesa de voo) e na lucratividade (relação entre o resultado e a receita de voo). Apesar de esse período ter sido de grande incremento na demanda doméstica, houve, como vimos, declínio na demanda internacional de bandeira nacional, em razão da prolongada crise da Varig e sua posterior saída do mercado.

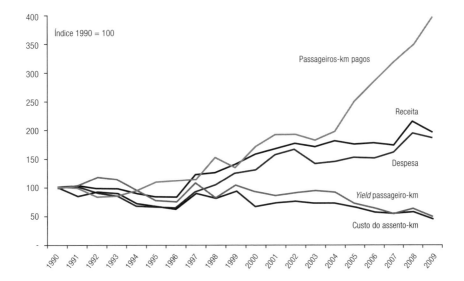

Gráfico 21. Brasil – receita total, despesa total, passageiros-km pagos, *yield* e custo do assento-km oferecido (índices 1990=100) das empresas aéreas regulares brasileiras (tráfego aéreo doméstico – período 1990-2009)
Fontes: DAC e Anac.

Finalmente, o Gráfico 21 mostra a evolução, para o período 1990-2009, de receita total, despesa total, *yield* e custo do assento-quilômetro oferecido (em índices 1990=100) das empresas aéreas regulares brasileiras para o tráfego aéreo doméstico (nacional e regional). Pode-se observar o expressivo crescimento da receita, em termos reais, acompanhado naturalmente por crescimento próximo da despesa, contrastando com a tendência de declínio tanto do *yield* do passageiro-quilômetro pago quanto do custo do assento-quilômetro oferecido, também em moeda constante. Essas tendências reforçam as análises feitas anteriormente do extraordinário crescimento do mercado brasileiro do transporte aéreo doméstico, expresso no notável aumento de escala da demanda – que quadruplicou em vinte anos –, contra uma receita que duplicou, em termos reais, no período.

Infraestrutura aeroportuária e aeronáutica

Tendência dos investimentos nas infraestruturas

Os investimentos realizados nas infraestruturas que atendem ao sistema de aviação civil – tanto aeroportuária quanto aeronáutica – apresentaram oscilações e, portanto, certa inconstância no período 1995-2010, conforme indica o Gráfico 22, a seguir. Os investimentos totais para as duas infraestruturas (em valores constantes de dezembro de 2009) foram de R$ 23,1 bilhões, o que representou uma média anual de R$ 1,4 bilhão para os dezesseis anos considerados. Cabe observar que os maiores níveis de investimento alcançados foram nos anos de 1996 e 2006, em torno de 1,9 bilhão (em R$ de 2009) e em 1998 e 2005, em torno de 1,8 bilhão, nunca ultrapassando, portanto, os 2 bilhões de reais. Em seis anos do período, os investimentos estiveram abaixo da média citada.

Note-se que os investimentos concentraram-se, na maior parte do período, na infraestrutura aeroportuária, excetuando-se os anos de 2000 e 2002. As oscilações dos investimentos na infraestrutura aeronáutica (para controle e segurança do tráfego aéreo e proteção ao voo) também foram expressivas, demonstrando dificuldades para uma aplicação mais regular de recursos, segundo uma estratégia de longo prazo. Já o Gráfico 23 mostra o grande descompasso entre o crescimento da demanda (doméstica e total) em relação aos investimentos nas infraestruturas (aeroportuária e aeronáutica), no período 1995-2009. Para um crescimento de 263%, em relação a 1995, na demanda doméstica, os investimentos nos aeroportos tiveram aumento real de apenas 27%.

O transporte aéreo no Brasil: obstáculos e oportunidades 155

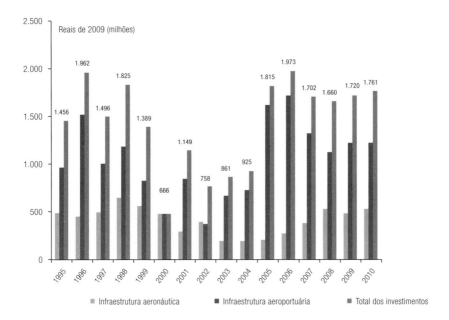

Gráfico 22. Brasil – investimento realizado nas infraestruturas aeroportuária e aeronáutica (em milhões de reais de 2009 – período 1995-2010)

Fontes: Ipea, Ministério da Defesa (Decea e Infraero), Ministério do Planejamento e Orçamento (Deset) e Ministério da Fazenda (Siaf).

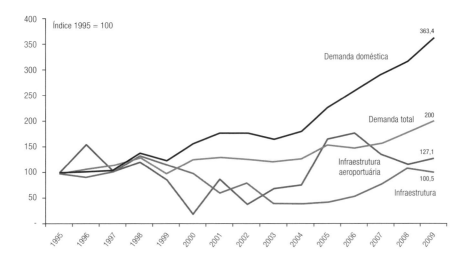

Gráfico 23. Brasil – investimento realizado nas infraestruturas aeroportuária e aeronáutica (em milhões de reais de 2009 – período 1995-2009)

Fontes: Ipea, Ministério da Defesa (Decea e Infraero), Ministério do Planejamento e Orçamento (Deset) e Ministério da Fazenda (Siaf).

Cabe observar que o grande problema, no que diz respeito aos investimentos na infraestrutura aeroportuária, é o da disparidade dos dados em diversas fontes. Consideradas as divergências existentes em três fontes governamentais (Infraero, Ministério do Planejamento, Orçamento e Gestão e Ministério da Fazenda), optou-se pela consolidação feita pelo Ipea (Campos Neto & Hartmann de Souza, 2011), adotada nos Gráficos 22 e 23. Acrescente-se, ainda, a grande discrepância que existe na comparação entre investimentos por programas e investimentos por órgão/função na execução orçamentária.

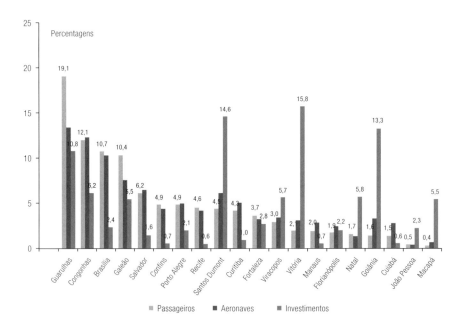

Gráfico 24. Brasil – distribuição percentual das obras de infraestrutura aeroportuária em andamento pela Infraero, movimentação de passageiros e de aeronaves, segundo o aeroporto (investimentos acumulados no período 2004-2009 – em reais de 2009)

Fontes: Ipea, DAC, Anac, Infraero, Ministério da Defesa (Decea), Ministério do Planejamento e Orçamento (Deset), Ministério da Fazenda (Siaf).

Já o Gráfico 24 mostra a disparidade que existe na distribuição percentual das obras de infraestrutura realizadas pela Infraero no período 2004-2009 nos vinte principais aeroportos do país. Esse gráfico confronta a distribuição dos investimentos nesses vinte aeroportos com as respectivas distribuições das movimentações de passageiros e de aeronaves, revelando um preocupante descompasso nas aplicações em relação às necessidades da demanda. No que diz respeito à distribuição dos recursos para investimentos por estados, nesses vinte aeroportos, os que apresentaram os maiores percentuais de participação foram São Paulo, com 22,7% (em três aeroportos, Guarulhos, Congonhas e Viracopos), Rio de Janeiro, com 20,1% (em dois, Galeão e Santos Dumont), Espírito Santo, com 15,8%, e Goiás, com 13,3%.

Pela análise apresentada, pode-se inferir que a avaliação dos investimentos na infraestrutura aeroportuária realizados pela Infraero não pode ser feita apenas considerando os montantes de recursos aplicados no período de análise. É importante, também, levar em conta a existência de duas distorções: em primeiro lugar, a dispersão de recursos por uma grande diversidade de aeroportos, sem critérios claros de prioridade em função das necessidades reais da demanda; em segundo lugar, a distribuição dos investimentos sem correspondência com as necessidades da movimentação de passageiros e de aeronaves, bem como com a segurança das operações, em termos de terminais, pátios, pistas e sistemas de aproximação e proteção ao voo (Barat, 2007-b).

Ou seja, a questão crucial no planejamento dos investimentos na infraestrutura aeroportuária é a da compatibilidade dos montantes investidos com as reais necessidades da demanda nos 67 aeroportos administrados pela Infraero.

A infraestrutura aeroportuária no Brasil

Consideradas as dimensões e o posicionamento da infraestrutura aeroportuária brasileira, e voltando à questão da mudança de paradigmas na aviação civil, cabe lembrar que as transformações mundiais não foram somente de natureza tecnológica, gerencial e de métodos e escalas das operações. Diante das restrições na capacidade de investimento público, novas formas de financiamento passaram a ser buscadas. Com relação a esse aspecto, cabe lembrar que as duas últimas décadas trouxeram profundas modificações no sistema financeiro internacional e nos fluxos de recursos para investimentos entre países. Novas concepções de parcerias entre o setor público e a iniciativa privada, bem como de concessões, propiciaram mudanças significativas nos padrões de investimento e operação das infraestruturas aeroportuárias em escala mundial (Barat, 2007-A).

Como já foi assinalado, os aeroportos – antes vistos apenas como um ponto de conexão de viagens ou entre diferentes modos de transporte – passaram a assumir papel mais sofisticado em tempos de globalização e informatização. Tornaram-se entrepostos de comércio, negócios e serviços, competindo entre si, promovendo, assim, a competitividade das cidades a que servem. Na Europa, nos Estados Unidos e na Ásia, esse fenômeno encontra-se consolidado, com a existência de logomarcas, investimentos em marketing, inclusão dos aeroportos, como agentes catalisadores, nos planos de desenvolvimento regional e nacional. No Brasil, essa ainda é uma tendência incipiente, mas há condições de impulsionar uma nova visão que contemple investimentos crescentes e induza ao desenvolvimento econômico e social dos territórios sob influência de grandes complexos aeroportuários.

A criação dessas condições depende fundamentalmente de uma mudança de visão por parte tanto das autoridades responsáveis pelas políticas de aviação civil quanto dos dirigentes da Infraero. A gestão dos aeroportos mais importantes do país exige não somente a compreensão da essencialidade das infraestruturas aeroportuárias, mas também a perspectiva do seu papel como ferramenta para promover a inserção do país na economia mundial, o desenvolvimento regional, a produtividade das empresas, a geração de empregos, a conexão com redes de transportes urbano e regional, a valorização dos entornos dos sítios aeroportuários e o surgimento de novas oportunidades de negócios.

Em resumo, o gestor público deve entender que o aeroporto (assim como o porto) transforma as condições econômicas do sítio onde está instalado e da sua região de influência. Para tanto, deve ser considerado como parte integrante do desenvolvimento regional e é importante que lhe sejam dadas condições de modernização e adaptação da estrutura física e do modelo de administração às novas demandas dos usuários. As modernas infraestruturas aeroportuárias são indispensáveis, vale insistir, ao atendimento das crescentes exigências de uma economia mundialmente integrada (Vasconcelos, 2007).

A incapacidade da Infraero de acompanhar o ritmo de expansão da demanda pelo transporte aéreo no país tornou-se notória especialmente a partir de 2001, quando a GOL surgiu como a primeira empresa aérea nacional com operações de baixo custo. Além de operar com tarifas mais acessíveis, esse modelo pressupôs a utilização diária das aeronaves por maior número de horas que a operação tradicional, o que viria a ser seguido por outras empresas (Vasconcelos, 2007). Outras ofertas foram a redução dos serviços de bordo, o alcance de altos índices de ocupação das aeronaves e o menor tempo de solo das aeronaves nas escalas (*turn around time*), a fim de assegurar a rentabilidade do negócio, embora oferecendo tarifas com descontos consideráveis (Binder, 2002). Cabe notar, por outro lado, que, criado um ambiente de competição, a TAM intensificou suas operações no sistema *hub-and-spoke*, utilizando Congonhas como aeroporto aglutinador e dando melhor aproveitamento à frota do que o modelo tradicional de ligações ponto a ponto, o que contribuiu ainda mais para estimular o crescimento da demanda (Binder, 2002).

Adicionalmente, a disposição do governo federal de ampliar o volume e a variedade das exportações brasileiras, criou demanda para maior número de voos cargueiros, maior utilização dos pátios destinados a essa atividade nos aeroportos e maior utilização das vias de acesso às instalações aeroportuárias. É importante lembrar que, no Brasil, os aeroportos dispõem unicamente do modal rodoviário como meio de transporte terrestre para a transferência de passageiros e cargas.

Cabe ressaltar, todavia, a existência de obstáculos que impedem a Infraero de atender às necessidades dos usuários e operadores aéreos. Podem-se mencionar as crescentes restrições ambientais, o crescimento urbano desordenado e a necessidade simultânea de ampliações em vários aeroportos. As tarefas de estender o comprimento ou implantar novas pistas, construir novos terminais e ampliar pátios de estacionamento esbarram nas dificuldades para obter licenciamento e desapropriar imóveis que originalmente não deveriam estar na zona de proteção do aeródromo (ZPA).[16]

Também é válido mencionar que diversas obras nos aeroportos sob responsabilidade da Infraero têm sido questionadas pelo Tribunal de Contas da União (TCU), em parte não somente por não atenderem às normas e exigências de controle, mas também porque o Tribunal contesta os valores de referência para a licitação de materiais adquiridos e serviços. Como não há uma tabela específica para obras e serviços em aeroportos, a Infraero se vale de tabelas referentes a outras infraestruturas para balizar a análise dos custos em instalações e equipamentos usualmente mais caros para construção e manutenção.

Além disso, a disponibilidade financeira da empresa não alcança a multiplicidade de obras necessárias para atender ao crescimento da demanda, o que é agravado pela forte pressão política por investimentos, acarretando, como foi visto, excessiva dispersão de recursos.

---

[16] Regulamentada pela Portaria nº 1.141/GM5, de 8-12-1987, que aprovou o Plano Básico de Zona de Proteção de Aeródromos e o Plano Básico de Zoneamento de Ruído.

Situações preocupantes são aquelas em que o nível de utilização das instalações suplanta 80% de sua capacidade. Os casos críticos, quando o nível de utilização das instalações supera a capacidade instalada, isto é, ocorre uma deterioração do nível de serviço. Nesses casos, dependendo do valor alcançado está-se beirando o colapso operacional (Carvalho & Alves, 2006).

Assim, é possível observar inicialmente no Gráfico 25, a seguir, a relação – mais evidente – entre a capacidade infraestrutural nominal instalada e a efetivamente utilizada para os terminais de passageiros (TPS) de vinte aeroportos mais importantes, em termos da movimentação anual de passageiros. Nesse sentido, evidencia-se a saturação em dez deles, que tiveram, em 2009, movimento superior à capacidade instalada. Já o Gráfico 26 mostra que, considerado o limite de eficiência operacional de 80% da capacidade instalada, desses vinte aeroportos, nada menos que treze operaram acima desse limite.

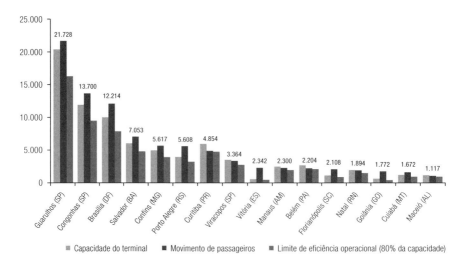

Gráfico 25. Brasil – relação entre a capacidade infraestrutural nominal instalada e a efetivamente utilizada nos principais aeroportos (ano de 2009 – em milhões de passageiros/ano)
Fonte: Infraero.

O cenário é especialmente desfavorável nos aeroportos de Vitória (ES) e Goiânia (GO), os quais, tendo absorvido grandes volumes de recursos, tiveram suas obras de ampliação interrompidas nos últimos dois anos. A principal causa da paralisação foram contestações do TCU por dúvidas relacionadas à aplicação de recursos. Por outro lado, não podem deixar de ser mencionadas, também, as situações críticas, em termos de saturação da capacidade, nos aeroportos de Guarulhos, Congonhas, Brasília e Manaus (este último para cargas).

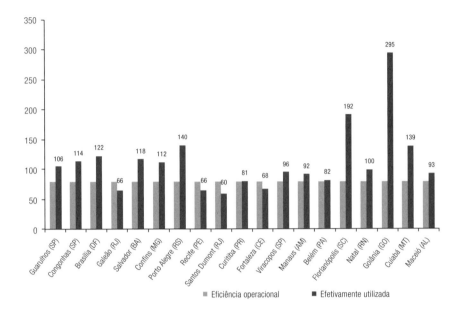

Gráfico 26. Brasil – relação entre a capacidade infraestrutural nominal instalada e a efetivamente utilizada nos principais aeroportos, considerado o limite de eficiência operacional de 80% da capacidade instalada (ano de 2009 – em percentagens)
Fonte: Infraero.

Em síntese, a capacidade da infraestrutura aeroportuária – considerando pistas, pátios e terminais – não cresceu no mesmo ritmo da demanda, nas duas últimas décadas. Os principais aeroportos do país, sob a gestão da Infraero, são responsáveis por 97% do tráfego aéreo civil. Vimos que, dos vinte principais aeroportos nacionais, treze já apresentam gargalos operacionais, com consequente redução no nível de serviço prestado aos usuários, sendo o caso mais crítico o do terminal São Paulo (Congonhas, Guarulhos e Viracopos), principal concentração de tráfego aéreo de passageiros do país, com cerca de 30% da demanda. São críticas as condições de pistas, pátios e terminais, e Congonhas – aeroporto de maior movimento de voos domésticos – e Guarulhos – principal *hub* do tráfego internacional – têm limitação da oferta de *slots* para pousos e decolagens, não mais podendo receber voos adicionais em determinados horários, apesar da forte pressão da demanda (McKinsey & Company, 2010).

O Gráfico 27, a seguir, reproduzido do estudo citado elaborado pela consultora McKinsey para o BNDES, retrata, com mais detalhes, as limitações infraestruturais dos principais aeroportos brasileiros.

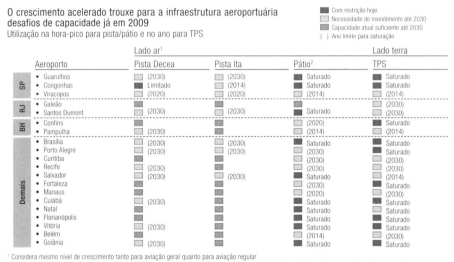

Gráfico 27. Brasil – restrições na capacidade infraestrutural aeroportuária, em termos de pistas, pátios e terminais de passageiros nos principais aeroportos (ano de 2009)

Fonte: McKinsey & Company, 2010.

Finalmente, analisando a movimentação, em termos de movimentos/hora (pousos e decolagens) em dez aeroportos brasileiros, o Gráfico 28, a seguir, evidencia a discrepância que existe entre os pedidos de tráfego feitos pelas empresas aéreas nos horários de pico, que deixam de ser atendidos, diante da limitação da capacidade de operação máxima nos pátios em termos de movimentos de aeronaves por hora.

É importante lembrar que o ano de 2009 foi particularmente surpreendente para a aviação civil brasileira. A despeito da crise financeira internacional e das consequências para o mercado de transporte aéreo mundial, como vimos no Capítulo 2, o número de passageiros transportados cresceu a taxas de dois dígitos no segundo semestre. Em outubro de 2009, o número de passageiros transportados superou em 40% o volume do mesmo período de 2008. Em novembro de 2009, o crescimento foi de 38,4% em comparação com o mesmo mês de 2008 (Anac, 2009).

Adicionalmente ao crescimento da demanda pelo transporte aéreo de passageiros e cargas proporcionado pela consistente evolução da economia brasileira, é de esperar que eventos mundialmente populares como Copa das Confederações, Copa do Mundo e Jogos Olímpicos – respectivamente em 2013, 2014 e 2016 – incrementem ainda mais a movimentação nos aeroportos brasileiros. Note-se que acréscimos de movimentação ocorrerão mesmo naquelas cidades que não estarão envolvidas diretamente com a organização dos eventos. Isso porque diversas secretarias estaduais e municipais de turismo e desenvolvimento econômico sinalizam investir em divulgação e atração de negócios para as suas regiões e contam com o transporte aéreo como meio de ligação com as praças dos eventos.

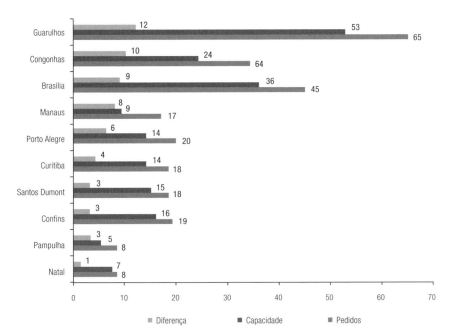

Gráfico 28. Brasil – tráfego real × capacidade de operação nos pátios (tráfego solicitado pelas empresas aéreas × capacidade operacional do aeroporto – ano de 2009)

Diferença = pedidos que deixam de ser atendidos em movimentos por hora

Capacidade = capacidade máxima medida em movimentos por hora

Pedidos = pedidos de pousos e decolagens nos horários de pico

Fonte: Sindicato Nacional das Empresas Aéreas (Snea), 2009.

Presidentes e gestores de empresas aéreas afirmam que, após o Brasil sediar os dois eventos, a movimentação nos aeroportos não retornará aos níveis anteriores (Abetar, 2009). Para eles, a preocupação não é o pico da demanda, durante um período de tempo relativamente curto, no qual é possível adotar medidas de contingência. O que os preocupa é a visibilidade que o país vai adquirir e o grande gargalo que possa representar a infraestrutura aeroportuária para a economia a partir desse momento. No entanto, não se pode deixar de considerar que um acréscimo estimado, para São Paulo, em 600 mil visitantes em dois meses causará grandes transtornos em Guarulhos e Congonhas, se não forem removidos a tempo os gargalos que afetam esses aeroportos.

Diante do quadro de saturação exposto, faz-se necessário detalhar alguns aspectos sobre as dificuldades que terá a Infraero para investir satisfatoriamente na ampliação da infraestrutura aeroportuária. A Infraero é uma empresa pública, fundada em 1972 e vinculada ao Ministério da Defesa, cujo objetivo é administrar os principais aeroportos do Brasil. Seu capital é fechado, isto é, as ações pertencem à União (88%) e ao Fundo Nacional de Desenvolvimento (11,2%), sob responsabilidade do BNDES. Suas receitas advêm da exploração das atividades de apoio à aviação e dos negócios conexos nos sítios aeroportuários (Infraero, 2007b).

As receitas não aeronáuticas em 2000 representavam cerca de 21% do faturamento anual da empresa, enquanto a média mundial era de aproximadamente 50% (Espírito Santo Jr. et al., 2001). Essa situação não se alterou muito a partir de então. Isso significa que o balanço financeiro se torna muito suscetível às variações do mercado de aviação civil no país e dependente da saúde financeira de todo o setor. Os resultados são também influenciados (aumentando as despesas ou reduzindo o lucro) pelo contingenciamento de verbas por parte do governo federal, devido à disposição de cumprir a meta de superávit fiscal. Os investimentos realizados pela empresa estão dispersos por todo o território nacional, num sistema aeroportuário no qual somente menos de um terço das unidades não é deficitário (Vasconcelos, 2007).

Há, portanto, um quadro configurado de subsídios cruzados, onde os aeroportos superavitários financiam as ampliações e a própria manutenção dos aeroportos deficitários. Esse é um argumento de dupla faceta, isto é, serve aos interesses daqueles que defendem a autonomia administrativa dos aeroportos e também aos que são contra qualquer tipo de descentralização, por considerar a centralização vital para o sistema. Uma estrutura aeroportuária centralizada pode apresentar ineficiências, quando comparada com outras situações em países desenvolvidos (Kuhn, 2003). Nestes, as administrações aeroportuárias são geralmente individualizadas por aeroporto, refletindo as demandas dos usuários individuais e corporativos de sua região, além de objetivarem maximizar suas receitas obedecendo a uma abordagem de aeroporto-empresa.

Há autores, portanto, que defendem a necessidade de a administração aeroportuária ser a mais próxima possível do modelo de administração individualizada (uma autoridade por aeroporto), seja sob controle público, seja sob controle privado (Palhares, 2001, e Kuhn, 2003). Mas há outros que respondem a essa concepção de modelo de administração argumentando que aeroportos menores dificilmente terão capacidade financeira para ampliações e mudanças de vocação, como a implantação do projeto de aeroporto industrial, por exemplo (Espírito Santo Jr. et al., 2001, e Vasconcelos, 2007).

A questão institucional e organizacional

A Infraero é uma empresa pública que opera 67 aeroportos, oitenta unidades de apoio à navegação aérea e 32 terminais de logística de cargas. É responsável por nada menos que 97% da movimentação do transporte aéreo de passageiros e cargas no país. A empresa investe na reforma e ampliação da capacidade dos aeroportos sob a sua responsabilidade por meio de receita própria. Esta é proveniente de tarifas de embarque de passageiros, pouso e permanência, de armazenagem e capatazia de carga aérea, de concessão de espaços comerciais nos aeroportos e de prestação de serviços de comunicação e auxílio à navegação aérea.

Como empresa pública, criada por lei federal em 1972, para a prestação de serviço público, não se exigiu à época que fosse celebrado contrato de concessão com o poder concedente. Ou seja, atuando, em tese, como concessionária para a exploração da infraestrutura aeroportuária, a empresa era, de fato, a concedente de si mesma, como, aliás, ocorreu com a maioria das empresas estatais prestadoras de serviços públicos. Dessa forma, criaram-se lacunas e pendências institucionais – até hoje não resolvidas – relacionadas com a regulação dos serviços prestados pela Infraero.

A esse respeito podem ser aventadas algumas questões importantes. Se não existe contrato de concessão, a Infraero é uma concessionária? Ela deve ser objeto de regulação? Essa regulação é de competência da Anac? No caso de serem concedidos aeroportos para a exploração privada, a Infraero poderá fazer a subconcessão?

A lei de criação da Anac no seu artigo 3º diz que cabe à agência "observar e implementar orientações, diretrizes e políticas estabelecidas pelo Conac", ressaltando adiante em inciso o "estabelecimento de um modelo de concessão da infraestrutura aeroportuária". No artigo 8º, inciso XXIV, está dito que a Anac "concede ou autoriza a exploração de infraestruturas aeroportuárias no todo ou em parte". O inciso XXV acrescenta o atributo de "estabelecer o regime tarifário das explorações". A questão que se impõe, nesse caso, é: se a Infraero não é uma concessionária, por não dispor de um contrato de concessão, a Anac pode conceder ou autorizar a exploração dos aeroportos por ela operados ou mesmo estabelecer o regime tarifário?

Nesse sentido, ao se ventilar a possibilidade de exploração privada de alguns aeroportos da Infraero, cabe fazer algumas considerações. Quais seriam, em tese, as possibilidades?

Em primeiro lugar, a simples abertura do capital da Infraero, tornando-a uma sociedade anônima de capital aberto e ações negociadas em bolsa – com maioria ou não do capital da União. Nesse caso, mantêm-se a gestão da infraestrutura aeroportuária como um sistema integrado e a preservação do mecanismo de subsídio cruzado aos aeroportos deficitários. As vantagens dessa alternativa são as de, em tese, exercer um controle maior sobre a aplicação de recursos, por meio de auditorias externas independentes, reduzir as interferências político-partidárias tanto na gestão empresarial quanto na dos recursos humanos e financeiros e dar maior racionalidade aos investimentos diante das pressões concretas da demanda. Cabe ressaltar que a Presidência da República solicitou em 2008 ao BNDES que realizasse estudos visando a abertura de capital da empresa. Os resultados ainda não são conhecidos.

Em segundo lugar, a concessão por lotes de aeroportos rentáveis e não rentáveis, com encargos claramente definidos de investimentos em pistas, pátios, terminais e instalações de apoio. Nesse sentido, cabe lembrar que a exploração das infraestruturas aeroportuárias é um serviço público e, portanto, não pode estar sujeita apenas à regulação do mercado. Deve ser objeto de concessão de longo prazo e de regulação por parte de um ente regulador autônomo. Nessa alternativa, pode-se, inclusive, conceber um sistema em que se mantém a Infraero como empresa *holding*, responsável pelo planejamento e definição de estratégias globais e empresas subsidiárias que seriam "privatizadas" para a exploração dos lotes.

Além disso, há a hipótese da concessão à exploração privada apenas dos poucos aeroportos rentáveis, por meio de concessões específicas. Essa alternativa deve ser precedida da superação das lacunas e pendências institucionais. Se não existe contrato de concessão e, portanto, não se define claramente como se dá a regulação, como se estabeleceria, no caso, uma subconcessão? A questão adicional, nessa hipótese, é a de como poderia o governo garantir – de forma clara e prévia – qual será a fonte de recursos necessários para os investimentos e a operação adequada e segura dos aeroportos não rentáveis?

A quarta hipótese é a construção de terminais nos aeroportos saturados mediante PPP (caso haja necessidade de contraprestação pública) ou concessão simples, em que o ente privado assumiria a construção e a operação das novas instalações por tempo determinado, coexistindo com o terminal operado pela Infraero e retornando ao Estado no final do contrato. Nesse caso, o modelo adotado seria o *build-operate-transfer* (BOT), em que o operador privado receberia a concessão do setor público para financiar, projetar, construir e operar a nova estrutura aeroportuária. A empresa seria remunerada pelas tarifas relacionadas ao uso do terminal, do pátio, instalações, etc., e também pelo arrendamento de espaços comerciais e outras facilidades do "lado terra".

Por fim, a construção de aeroportos pela iniciativa privada, via PPP ou concessão simples, com o intuito de complementar e competir com a rede Infraero, naquelas localidades onde a demanda se justifica e a possibilidade de expansão dos aeroportos existentes esteja esgotada. Essa hipótese é particularmente interessante para o desenvolvimento de uma moderna rede de aeroportos para a aviação regional.

É sempre oportuno lembrar que concessões bem-sucedidas são aquelas pautadas por um duplo balizamento. De um lado, um marco regulador moderno e eficaz e, de outro, um planejamento de longo prazo acompanhado de políticas públicas consistentes que abarquem as infraestruturas objeto de concessão.

Olhando para o futuro, independentemente do tipo de cenário projetado, os investimentos nas infraestruturas aeronáutica e aeroportuária deverão ser incrementados de forma significativa a médio e longo prazo. Para tanto, será importante conter a dispersão de recursos por uma grande diversidade de aeroportos sem critérios claros de prioridades decorrentes das necessidades da demanda, bem como distribuir os investimentos de acordo com o que a demanda e a segurança exigem em termos de terminais, pátios, pistas e sistemas de aproximação e proteção ao voo. Dessa forma, será possível estimular o crescimento do transporte aéreo e a sua popularização, que devem ser vistos como positivos para o Brasil. Para viabilizar esses investimentos, há que se avaliar todas as possibilidades de financiamento, o que passa necessariamente pelo complexo debate – e avaliação da experiência internacional – acerca da privatização, estatização ou modelo misto de parcerias, para a exploração da infraestrutura aeroportuária em suas diversas formas possíveis.

As políticas públicas para o transporte aéreo

A evolução das políticas públicas

O Brasil é atualmente um dos países emergentes com maior potencial de desenvolvimento do transporte aéreo, em virtude de uma conjugação favorável de fatores: dimensão continental do território, alta mobilidade geográfica e social da sua população, acelerado deslocamento das fronteiras econômicas, inserção competitiva nos mercados globais em vasta gama de bens e serviços e estabilidade monetária no longo prazo com o consequente aumento persistente do poder aquisitivo dos consumidores. Note-se que o que torna o país atraente para investimentos no setor é o fato de a pujança do mercado brasileiro abranger, praticamente da mesma forma, o transporte aéreo em todos os seus níveis, ou seja, internacional, doméstico, regional, táxi aéreo, assim como as aviações de cunho geral e executivo.

A evolução desse mercado, todavia, vem colidindo com obstáculos e gargalos de ordem institucional, legal, infraestrutural e operacional. Na verdade, vale insistir, o crescimento acelerado da demanda não foi acompanhado por adequado planejamento de longo prazo para todo o sistema de aviação civil, políticas públicas consistentes, marco legal e regulador mais condizente com o novo ambiente competitivo e a superação das notórias deficiências nas infraestruturas aeroportuária e aeronáutica. Além do mais, não há uma definição clara de estratégias para a aviação brasileira nos próximos trinta anos e, sobretudo, não há políticas e regras de regulação econômica que balizem a evolução dos mercados internacional, doméstico e regional.

Mas, apesar de tudo e em meio a fortes turbulências, houve alguns avanços importantes. O Ministério da Defesa, por meio da Secretaria de Aviação Civil (criada pelo Decreto nº 6.223/07 e extinta posteriormente), passou a exercer uma coordenação mais efetiva das ações das organizações a ele vinculadas. Assim, Infraero, Decea e Anac procuraram estabelecer uma linguagem comum, a fim de uma melhor interlocução. A Infraero buscou, inclusive, um planejamento estratégico que permitia balizar seus investimentos no longo prazo, e o Conac, por sua vez, passou a se reunir com mais frequência e a compreender melhor o seu papel de formulador de políticas públicas, e não de regulador ocasional. Recentemente, foi criada a Secretaria de Aviação Civil, com nível ministerial, pelo Decreto nº 7.364, de 23 de novembro de 2010. Essa secretaria – que absorveu a Infraero e a Anac, antes vinculadas ao Ministério da Defesa – abre novas perspectivas de gestão para o setor.

As empresas aéreas, por seu turno, fortaleceram-se, apesar dos grandes tumultos ocasionados pelo apagão aéreo. A compra da Nova Varig (ou seja, a VRG, empresa constituída a partir da parte recuperada da Varig) pela empresa GOL Linhas Aéreas representou um avanço em relação à solução anteriormente idealizada por setores do governo. Enquanto a Varig se perdeu na obscuridade de uma recuperação judicial equivocada, as operações da VRG/GOL trouxeram maior visibilidade no mercado, resgatando, em boa medida, a tradição da marca. Por outro lado, a entrada da Azul Linhas Aéreas Brasileiras e o crescimento da Webjet Linhas Aéreas reforçaram a competitividade do mercado, abrindo ainda mais o transporte aéreo para a absorção de novos usuários. Por fim, a Empresa Brasileira de Aeronáutica (Embraer) vem conseguindo algum êxito na busca de suporte ao financiamento necessário para a colocação de suas aeronaves no mercado brasileiro.

É importante assinalar que, além da regulação de âmbito internacional – decorrentes das convenções internacionais, acordos e normas da Oaci –, os países têm mecanismos de regulação próprios que implicam maior ou menor grau de intervenção dos governos na dinâmica de seus mercados. No Brasil, ao longo de seis décadas, ocorreram duas grandes reformas na regulação do setor de transporte aéreo brasileiro. A primeira, nos anos 1970, por meio do intervencionismo e da regulação estrita, conhecida como competição controlada e associada a políticas e mecanismos de integração territorial e de desenvolvimento regional. A segunda, sob a forma de política de flexibilização, estabelecida no início da década de 1990, com vistas à maior liberdade de ação do mercado, alterando os rígidos padrões de controle de linhas, frequências, reserva de mercado e entrada de empresas e preços. Segue uma análise sumária das principais características das reformas.[17]

---

[17] Para uma visão abrangente das mudanças na regulação, ver Salgado, 2005, e Oliveira, 2007.

Período 1973-1986: regulação com intervenção

O elevado grau de intervenção governamental na aviação civil brasileira esteve ligado, por um longo período, às necessidades estratégicas de indução do desenvolvimento nacional e da ocupação territorial, por ser considerada atividade pioneira. A grande proliferação de empresas aéreas nas décadas de 1950 e 1960 gerou um ambiente perigoso de competição predatória cujas graves consequências foram penosamente corrigidas à custa de um grau ainda maior de intervencionismo (Barat, 2007-A). Essas tendências cristalizaram, nas autoridades aeronáuticas brasileiras, um compreensível temor pela liberdade mais ampla dos mecanismos de mercado.

É importante, todavia, não esquecer que, ao lado das razões objetivas e práticas que conduziram a maiores graus de restrição da ação das forças do mercado, prevaleceu no Brasil – e a aviação civil não era uma exceção – a tradição do intervencionismo estatal como promotor do desenvolvimento, o que inibiu o espírito empresarial competitivo. Essa tradição acentuou-se com – e deu sustentação à – própria industrialização do país a partir de 1930. Paradoxalmente, mais recentemente esse intervencionismo constituiu-se numa das principais restrições à retomada do desenvolvimento e alcance de estágios mais avançados da industrialização, em razão dos mecanismos de protecionismo, reserva de mercado e consequente perda de competitividade da indústria.

Do ponto de vista do transporte aéreo, o período de 1973 a 1986 é o mais representativo da era de regulação rígida e de caráter intervencionista do setor. O objetivo foi implementar instrumentos de regulação e mecanismos de política desenvolvimentista análogos, em grande medida, aos aplicados ao setor industrial. Operavam, nesse período, quatro empresas aéreas nacionais e cinco regionais, no âmbito do Sistema Integrado de Transporte Aéreo Regional (Sitar), pelo Decreto nº 76.590/75.

Note-se que, em tal ambiente intervencionista, variáveis como preço e frequências de voo eram definidas pelas autoridades aeronáuticas. A entrada de novas empresas não era permitida, e o país era dividido em cinco grandes áreas, correspondentes a monopólios especialmente concebidos para a operação das empresas regionais. Nesse sentido, não havia competição entre empresas que operavam ligações nacionais ou regionais. Dessa forma, as empresas "nacionais" atuavam apenas em ligações troncais, em contraposição às ligações alimentadoras das empresas regionais. Prevalecia, assim, um regime de competição controlada, implantado por meio de uma sequência de encontros setoriais, denominados de Conferências Nacionais de Aviação Civil (Conac) e fortalecidos a partir do Decreto nº 72.898/73, que atribuía toda a operação às quatro grandes companhias aéreas de âmbito nacional (Oliveira, 2007).

Cabe lembrar que, com a criação do Sitar em 1975, os mecanismos protecionistas da política industrial foram mais plenamente inseridos no arcabouço de regulação da aviação civil. A partir daí houve a criação de cinco monopólios regionais para a operação de companhias aéreas subsidiadas por suplementação tarifária, em rotas de baixa densidade, sobretudo alimentadoras de linhas troncais. Além disso, foram criadas linhas de crédito para a aquisição de aeronaves destinadas ao uso na aviação regional, quando produzidas no país, pela Embraer. É importante ressaltar, por outro lado, que o período 1973-1986 representou a primeira e última tentativa do governo de estruturar, planejar e fomentar, de maneira sistemática e global, o desenvolvimento da aviação civil, bem como de estabelecer políticas públicas para a aviação regional (Oliveira, 2007).

Período 1986-1992: regulação com tentativas de estabilização

Na década de 1980, com o colapso do Estado desenvolvimentista e ante a inflação descontrolada e os crescentes problemas de ordem macroeconômica, as políticas de estabilização constituíram a prioridade de governo e sociedade. O abandono do planejamento, das políticas setoriais de longo prazo e dos projetos de desenvolvimento industrial pelo Estado afetou significativamente o setor de aviação civil.

As tentativas de políticas de estabilização, a partir de 1986, provocaram fortes impactos na atividade econômica, entre elas medidas de desvalorização real da taxa de câmbio, visando o aumento da rentabilidade das atividades exportadoras (compensando a falta de competitividade) e a redução das importações e interferências na formação de preços das atividades voltadas para o mercado interno, provocando tensões entre as estruturas de custos e os preços praticados.

A consequência, para as empresas aéreas, foi o comprometimento da rentabilidade, em razão da defasagem de preços imposta pelo rígido controle do Conselho Interministerial de Preços (CIP). Além disso, houve forte pressão dos custos, devido à alta correlação existente entre os insumos das empresas aéreas e a taxa de câmbio.

Período 1992-1997: liberalização com estabilização

Um novo contexto econômico de abertura comercial, menor intervenção no mercado e busca de maior competitividade pela indústria nacional levou a alterações nas prioridades na aviação civil. A rígida intervenção governamental começou a ser flexibilizada por uma série de medidas tomadas a partir de 1992 que contribuíram para melhorar a competição entre empresas aéreas em algumas rotas. Entre essas medidas, podemos citar o fim das restrições territoriais para as empresas regionais, o fim da exclusividade, para as empresas aéreas regionais, de operar os voos diretos ao centro (VDC) e a criação e ampliação do conceito de banda tarifária – intervalo no qual as tarifas ao consumidor poderiam oscilar. O fim das restrições territoriais talvez tenha sido uma das medidas mais significativas, pois permitiu que empresas de médio porte competissem com as maiores nos trechos de longa distância.

De fato, entre 1992 e 1998, ocorreu um grande aumento na atuação de empresas regionais regulares, com o crescimento de algumas delas, em particular a TAM e a Rio-Sul. Houve, ainda, uma série de aquisições de empresas regionais por grandes empresas que operavam em âmbito nacional. Assim, se as medidas tomadas permitiram a entrada de novas empresas regulares, o potencial de competição dessas empresas foi inibido pelo movimento de consolidação e fusão das grandes operadoras e a consequente reconcentração do mercado (Tavares, 1999).

A liberalização do setor de aviação civil ocorreu, portanto, de forma gradual, para evitar potenciais efeitos "danosos" de curto prazo, sobretudo pela possibilidade de um forte acirramento da competição no mercado (Tavares, 1999). No entanto, a flexibilização da aviação comercial, iniciada em 1992, por meio de um conjunto de portarias expedidas pelo DAC, propiciou algumas das mais intensas movimentações competitivas ocorridas no setor (Salgado & Oliveira, 2006).

A Primeira Rodada de Liberalização (PRL) resultou da V Conferência Nacional de Aviação Civil, realizada em 1991. Entretanto, a política de flexibilização do setor começou efetivamente em 1992, como parte integrante do Programa Federal de Desregulamentação do governo Collor pelo Decreto nº 99.179/90. Em síntese, entre as modificações ocorridas nesse período, foram importantes a adoção do conceito de "banda tarifária" e a eliminação de barreiras à entrada de novas empresas no mercado doméstico, devido à extinção oficial da política de separação das operações entre companhias aéreas "nacionais" e "regionais".

Acrescente-se, por outro lado, que novas concepções dos sistemas operacionais das empresas aéreas contribuíram para tornar o mercado mais competitivo. Note-se que nesse período, em decorrência da estabilização econômica alcançada após o Plano Real (1995), não houve necessidade de intervenção mais forte das autoridades monetárias no mercado, pela ausência de maiores pressões sobre os preços. Houve ainda maior previsibilidade dos custos, e a taxa de câmbio manteve-se relativamente estável, o que assegurou bases mais sólidas para a expansão do setor aéreo.

Período 1998-2001: liberalização com intervenção

No fim da década de 1990, dois importantes atos administrativos para acentuar a flexibilização e estimular a competição das empresas aéreas foram estabelecidos. Trata-se de duas portarias: a nº 986/DGAC, de 18 de dezembro de 1997, que liberou as empresas para a prática de tarifas com descontos de até 65% sobre o valor de referência fixado, e a nº 05/GM5, de 9 de janeiro de 1998, que acabou com a exclusividade do direito de as empresas regionais operarem as linhas aéreas especiais, o que deu origem à Segunda Rodada de Liberalização (SRL).

Após a Segunda Rodada foram concedidos maiores graus de liberdade, sobretudo na fixação de tarifas cheias e descontos, na entrada e saída das linhas do sistema e na operação de novas companhias aéreas. No entanto, em 1999, a instabilidade cambial e a brusca desvalorização do real em relação ao dólar provocaram fortes impactos nos custos operacionais das empresas aéreas e, consequentemente, necessidade de realinhamento de preços. A intervenção de autoridades governamentais nos mecanismos de preços de diversos setores da economia representou um forte fator de limitação às estratégias empresariais, devido ao controle dos reajustes de preços, que necessitava de autorização prévia do DAC e do Ministério da Fazenda.

Período 2001-2002: ambiente de "quase desregulamentação"

Em 2001, instituiu-se a total liberalização dos preços, por meio das portarias nº 672/DGAC, de 16-4-2001, e nº 1.213/DGAC, de 16-8-2001. Com a Terceira Rodada de Liberalização (TRL), acentuou-se a flexibilização dos processos de entrada de novas empresas aéreas e de pedidos de novas linhas, frequências de voo e aeronaves. Fato importante foi a entrada em operação da GOL Linhas Aéreas, como primeira empresa aérea de tipo *low cost*, o que representou uma mudança tão significativa nos parâmetros do mercado quanto havia sido a quebra da dicotomia nacional/regional pela TAM nos anos 1990.

Cabe ressaltar, porém, que, quando os processos de desregulamentação ou liberalização da aviação civil não são planejados adequadamente, acabam por provocar efeitos indesejáveis sobre todo o sistema. Podem, assim, afetar tanto os níveis de serviços para os usuários quanto a rentabilidade das empresas aéreas. O problema das desregulamentações malconduzidas é o de com frequência acarretar novas tentativas de regulação mais rigorosas, voltando à rigidez que se pretendia superar justamente com a flexibilidade. Trata-se, portanto, de questão complexa que resulta, em grande medida, da condição peculiar da aviação civil: como atividade econômica, está sujeita à dinâmica altamente competitiva do mercado e, como serviço público, deve subordinar-se às normas e procedimentos definidos pelo poder concedente (Barat, 2006).

Período 2003-2005: ambiente de "rerregulação"

Em 2003, por meio de novas portarias, em especial as de nº 243/GC5, de 13-3-2003, e nº 731/GC5, de 11-8-2003, o DAC passou a exercer uma função moderadora, de "adequar a oferta de transporte aéreo, das empresas aéreas, à evolução da demanda" com a "finalidade de impedir uma competição danosa e irracional, com práticas predatórias de consequências indesejáveis sobre todas as empresas" (Oliveira, 2007). Esse período é chamado de período de rerregulação e impôs a necessidade de novos estudos de viabilidade econômica prévia, devido a pedidos de importação de novas aeronaves, novas linhas e entrada de novas companhias aéreas. A única diferença em relação a um típico período regulador foi a não rerregulação tarifária.

Apesar das oscilações nas políticas públicas, é indubitável que hoje o Brasil possui um transporte aéreo mais competitivo e eficiente. Para atingir níveis mais elevados de produtividade, as operações passaram a se basear na utilização mais intensiva das aeronaves, na concentração em poucos aeroportos *hubs*, e nas linhas mais rentáveis e ligações entre regiões mais prósperas. Esses fatores acarretaram declínios nos *yields* e preços, alta indução do tráfego aéreo e maior acessibilidade de novos segmentos de consumidores. Por outro lado, houve crescimento acelerado da demanda, que pressionou as infraestruturas tanto aeroportuária quanto aeronáutica (controle do espaço aéreo). Do ponto de vista das políticas públicas, os desequilíbrios estruturais do sistema de aviação civil desembocaram, a partir de 2006, na chamada crise do apagão aéreo. Os problemas enfrentados pelos consumidores tiveram origem numa multiplicidade de fatores que se tornaram cumulativos, como os cancelamentos e atrasos de voos, filas e esperas em aeroportos congestionados, entre outros.

O apagão aéreo e os cenários possíveis

A crise do chamado apagão aéreo, no decorrer de 2007, não teve origem em uma causa isolada, mas sim numa conjunção de fatores que contribuiu para o resultado caótico, nunca antes ocorrido na história da aviação civil brasileira. Cumpre ressaltar, todavia, que os efeitos dessa conjunção de fatores foram amplificados pelas importantes mudanças conjunturais do setor, ocorridas ao longo do ano de 2006, e que impuseram uma nova dinâmica ao mercado, sobretudo no âmbito doméstico.

O primeiro efeito a ser mencionado foi a crise da Varig, empresa que atuou como líder do mercado durante décadas e que deixou de operar sua extensa malha a partir de 2005, com a drástica redução da oferta nos voos domésticos e internacionais. Essa saída do mercado e a consequente absorção da demanda por parte das outras empresas aéreas geraram uma elevação geral dos níveis de aproveitamento.

As soluções encaminhadas para a superação da crise, por meio do processo de recuperação judicial, só geraram mais problemas, uma vez que sucessivas decisões emanadas de uma vara empresarial criaram, em última instância, uma reserva de mercado intocável. Isso impossibilitou a Anac, por determinação judicial, de redistribuir os horários de transporte (Hotrans) e *slots* autorizados para a Varig (e por ela não utilizados), especialmente nos aeroportos coordenados. Tais decisões dificultaram sobremaneira as ações de regulação, constantemente submetidas a contestações judiciais.

O acidente com a aeronave da GOL trouxe à luz o problema das carências da infraestrutura aeronáutica. As operações aéreas foram agravadas, sobremaneira, por uma reação descomedida dos controladores de voo e as decorrentes discussões sobre as falhas do controle do espaço aéreo (operação padrão, sequenciamentos, falhas de equipamentos de comunicação, radar, falta de pessoal, etc.).

Em 2006-2007, o nível médio do aproveitamento do sistema de transporte aéreo doméstico de passageiros ultrapassou os 70%, acima da referência histórica de 62%. Essa conjuntura, em que a empresa líder deixou de ser a Varig, passando a ser a TAM, tendo a GOL como empresa espelho, ambas operando em elevados níveis de aproveitamento, deu ensejo a uma baixa capacidade sistêmica para acomodação dos passageiros de voos cancelados ou à perda de conexões.

Outro efeito a ser destacado foi o crescimento sistêmico do setor de aviação entre 2004 e 2007 em percentuais acima de dois dígitos – apenas em 2006 era de 15% –, refletindo diretamente em maior utilização tanto da capacidade instalada das empresas aéreas quanto das infraestruturas aeronáutica e aeroportuária.

Por último, a contradição de um sistema onde, de um lado, as empresas aéreas passaram a operar com níveis elevados de produtividade para atender a uma demanda em crescimento acelerado e, de outro, as infraestruturas apresentavam graves limitações físicas, operacionais e de gestão.

A conjunção desses fatores evidenciou a transição para uma nova realidade que refletiu grandes dificuldades na condução das operações aéreas. Dadas as peculiaridades e a complexidade das operações do transporte aéreo, e a notória deficiência nas infraestruturas, coube à Anac equacionar problemas que transcendiam as suas atribuições e responsabilidades, buscando compatibilizar os interesses dos diversos agentes envolvidos na cadeia da aviação civil, em especial resguardando os interesses dos consumidores, usuários da aviação civil (Anac, 2007).

O trágico acidente da TAM obrigaria a sociedade brasileira a uma profunda reflexão – o que infelizmente não ocorreu – sobre a necessidade de superar as carências de recursos (humanos, materiais e financeiros) para a infraestrutura aeronáutica, especialmente com relação à proteção de voo, de reformular o planejamento e a visão de prioridades para adequar a infraestrutura aeroportuária ao crescimento do tráfego aéreo, de restabelecer a coordenação e a gestão integrada do sistema de aviação civil, por parte do Ministério da Defesa, de aprovar uma Lei Geral da Aviação Civil para dar suporte mais atualizado à atividade reguladora e restabelecer o processo de formulação de políticas públicas e diretrizes, por parte do Conac.

Por fim, em razão das turbulências institucionais geradas pela crise e pelo acidente da TAM, bem como para maior aprofundamento das reflexões, caberia apresentar os cenários possíveis de desenvolvimento da aviação civil brasileira em futuro próximo.[18]

O cenário intervencionista

Trata-se de cenário em que prevaleceria a postura intervencionista por parte do governo, principalmente no que se refere à limitação da oferta de

---

[18] Uma visão mais abrangente dos cenários apresentados pode ser encontrada em Barat, 2007-B e Anac, 2007.

assentos em face das atuais restrições de infraestrutura. Esse cenário pode acarretar, de imediato, uma interferência na estrutura de custos das empresas aéreas. A probabilidade de isso ocorrer é alta, uma vez que o atual modelo de gestão das empresas se baseia na redução de custos mediante a centralização das operações em aeroportos-base, sistema tecnicamente denominado de *hub--and-spoke*. No modelo vigente, como decorrência do processo de flexibilização, o maior *hub* do país está localizado no aeroporto de Congonhas, em São Paulo.

Esse aeroporto, ao longo dos anos 1990, revelou-se estratégico para tal tipo de operação, principalmente em decorrência da sua localização de fácil acesso ao principal centro econômico-financeiro-industrial do país. Dessa forma, Congonhas é o grande gerador de demanda para o setor, possivelmente o maior, atendendo tanto os passageiros com destino a São Paulo como aqueles em conexão para outras localidades. Dada a característica centralizadora das operações, o aeroporto permite inúmeras possibilidades de conexão, tendo servido de principal plataforma para as estratégias *hub-and-spoke*.

A partir da constatação de problemas de infraestrutura capazes de limitar o crescimento de oferta, principalmente em toda a área terminal São Paulo (Congonhas, Guarulhos e Viracopos), tornar-se-ia necessária a reformulação das malhas aéreas das empresas que lá operam. Isso acarretaria a reformulação de boa parte dos modelos de negócios e de gestão dessas empresas, não somente no que se refere à utilização do modelo de *hub-and-spoke*, mas também em relação à utilização de Congonhas como plataforma de conexão.

Tal mudança seria potencialmente capaz de gerar incrementos nos custos operacionais das empresas e, por consequência, promover aumento nos preços das passagens domésticas. Agrega-se a isso a possibilidade da redução de oferta em face da necessidade de rearranjo da malha aérea. Um novo *hub* provavelmente não teria a mesma localização estratégica de Congonhas, o que acarretaria perda de eficiência para as empresas e, portanto, redução de vantagens e conveniência para os passageiros.

Por outro lado, não obstante a tendência de desaceleração do crescimento da demanda em face de provável aumento dos preços das passagens, a economia brasileira continuaria a apresentar tendências de crescimento em curto e médio prazo. Esses aumentos no PIB, e por consequência na renda de maneira geral, poderiam reverter, ainda que parcialmente, o efeito da desaceleração da demanda, causando uma situação economicamente atípica, em que se teria uma demanda crescente, mesmo perante o aumento dos preços das passagens aéreas.

Poderia se configurar, nesse momento, um processo cumulativo, iniciado pela limitação de infraestruturas e que provocaria aumento dos custos das empresas e restrição de oferta, os quais, por sua vez, poderiam provocar aumento dos preços das passagens. Tal fato poderia ainda ser agravado por incremento de demanda motivado pelo crescimento econômico do país, o que saturaria ainda mais as infraestruturas disponíveis, comprometendo o desenvolvimento da totalidade do setor de aviação civil.

O cenário de liberalização

Em tese, um cenário de liberalização pressupõe que a forma de regulação do mercado por parte do governo continuaria a mesma que antecedeu as resoluções do Conac na fase mais aguda da crise aérea. Nesse sentido, em âmbito nacional, não haveria interferência do governo com relação à liberdade de planejamento estratégico das empresas aéreas.

Contudo, deve-se considerar um limite à expansão do conjunto do transporte aéreo, no que diz respeito às infraestruturas. Assim sendo, e bifurcando esse cenário em curto e longo prazo, as empresas, com investimentos já contratados para o futuro, possivelmente seriam motivadas a diminuir o crescimento da oferta, reduzindo, por exemplo, seus planos de expansão de frotas já em curso.

No curto prazo, ter-se-ia, assim, um crescimento menor da oferta, como resposta ao limite imposto pelas infraestruturas, devido à sua saturação. Com uma demanda crescente, explicada pelo crescimento da totalidade da economia, haveria, neste caso também, uma tendência de aumento dos preços.

Além disso, seria reforçada a tendência de manutenção da concentração das operações das companhias em rotas mais lucrativas, o que levaria, pelo sistema estabelecido (*hub-and-spoke*), a uma maior concentração dessas operações nos centros de conexões. Apesar de essa eficiência gerar ganhos para os consumidores, o aumento do risco sistêmico seria preocupante, em razão das carências nas infraestruturas, o que aumentaria a probabilidade de colapso do sistema como um todo.

Esse desenho da malha aérea, associado às restrições nas infraestruturas aeronáutica e aeroportuária, aumentaria, portanto, o risco sistêmico das operações. Sendo assim, nesse cenário não se vislumbrariam soluções de curto prazo para os problemas relacionados aos atrasos e cancelamentos de voos verificados ao longo da crise aérea. É importante ressaltar, por fim, a manutenção do descompasso entre os níveis de investimento nos serviços de transporte aéreo (iniciativa privada) e na infraestrutura aeronáutica e aeroportuária (setor público), situação essa que vem agravando as deficiências atuais.

O cenário intermediário

Uma opção de regulação para enfrentar os problemas que atingem a aviação civil, notadamente nas infraestruturas, seria um caminho de equilíbrio entre os extremos. O intervencionismo geraria diversas consequências, principalmente devido à assimetria de informações entre regulador e regulados, e tenderia a reverter ou inibir o processo de popularização do transporte aéreo. A liberalização, por sua vez, possivelmente proporcionaria ganhos de bem-estar para o consumidor, mas esbarraria nas limitações das infraestruturas aeronáutica e aeroportuária, o que impossibilitaria a adequada prestação de serviço aos usuários do transporte aéreo.

Do ponto de vista econômico, seria mais interessante, para a superação estrutural da crise da aviação civil, que o Estado não determinasse às empresas a forma de atuação, mas que assumisse um papel de indução do comportamento das empresas, preservando, porém, a liberdade estratégica delas. Nesse sentido, duas principais vertentes podem ser abordadas. A primeira seria o estabelecimento, pelo órgão regulador, da "vocação" de alguns aeroportos, como foi feito, guardadas as proporções, nos aeroportos Santos Dumont e Pampulha. A segunda, e principal, seria a diferenciação tarifária entre aeroportos.

Essa vertente parte da premissa econômica de que, por exemplo, pousar em Congonhas permite um ganho de utilidade de tempo e utilidade de lugar com relação a pousar em Guarulhos. Essas utilidades têm valor diferente para os diversos perfis de usuários. A partir do momento em que as tarifas aeroportuárias ficam consideravelmente mais caras em Congonhas, isso se reflete nos preços das passagens e, obviamente, na redistribuição dos fluxos.

Assim, voariam para Congonhas os passageiros que estão dispostos a pagar mais caro por essas utilidades (notadamente o passageiro *business*). Os passageiros mais sensíveis a preços tenderiam a se deslocar para Guarulhos ou aeroportos metropolitanos periféricos e, por consequência, os voos tenderiam a seguir esse perfil de demanda. Haveria assim, uma tendência de Congonhas deixar de funcionar como *hub*, uma vez que, para o passageiro em conexão, não haveria nenhum ganho de utilidade em pousar em Congonhas, e o custo seria maior.

Dessa forma, do ponto de vista econômico, haveria uma captação mais lógica do excedente do consumidor, por meio da segmentação de mercado. O Estado disporia ainda de um instrumento para induzir um aumento na utilização das infraestruturas ociosas e uma redução na utilização daquelas saturadas. Cabe ressaltar que, apesar da utilização mais adequada das infraestruturas existentes, como consequência dessas medidas, seria ainda imperativa e inadiável a continuidade nos investimentos em infraestrutura – especialmente no terminal São Paulo –, buscando evitar a saturação do sistema no médio e longo prazo.

Essa forma de atuação gera, com certeza, uma interferência menor no nível de eficiência do sistema, na medida em que preserva a liberdade estratégica e não represa as forças do mercado. Portanto, a tendência é que os preços das passagens não sejam afetados de forma significativa, salvo nos aeroportos em que se pretende reduzir a demanda. Portanto, é de esperar, em tal cenário, que a demanda da totalidade do transporte aéreo doméstico continue crescendo, ainda que em ritmo menor.

O transporte aéreo regional

Uma contextualização: avanços e gargalos

Como já assinalamos, apesar dos graves problemas infraestruturais evidenciados pelo apagão aéreo, com seus desdobramentos, as perspectivas de evolução do mercado para o transporte aéreo no Brasil são bastante promissoras. Vimos que, na última década, a existência de uma forte demanda reprimida, ao lado de uma regulação mais flexível, propiciou a busca da adequação da oferta em ambiente mais competitivo. Abriram-se novos nichos de mercado e a ampliação da escala da demanda trouxe ganhos inquestionáveis tanto para as empresas quanto para os consumidores. Como também já vimos, com *yields* decrescentes e tarifas mais acessíveis, ampliou-se de forma considerável o mercado de viagens aéreas.

Apesar desses avanços, é importante que se dê maior atenção à identificação clara e objetiva dos gargalos que afetam a aviação civil, especialmente no que diz respeito à aviação regional. A persistência desses gargalos poderá reduzir, em prazo relativamente curto, tanto a pujança do crescimento da demanda quanto a atuação das empresas aéreas e da indústria aeronáutica brasileiras, no atendimento aos novos nichos que claramente se apresentam para o transporte aéreo regional.

Cabe salientar, por outro lado, que é premente a realização de investimentos que busquem eliminar os gargalos infraestruturais e as defasagens na oferta de equipamentos. É sabida a carência de recursos do Estado para prover uma infraestrutura básica e sua manutenção. A infraestrutura aeroportuária e aeronáutica voltada para a aviação regional é precária em cidades que polarizam economias regionais. Esses gargalos representam mais uma contribuição ao Custo Brasil, na medida em que dificultam a inserção da economia brasileira na globalização, em razão da tendência de consolidar fortes especializações regionais. Carências nas infraestruturas tanto aeroportuária quanto aeronáutica podem afetar a especialização produtiva e a formação de novas cadeias de produção nas áreas de influência dos aeroportos, uma vez que estes têm importante atuação como facilitadores ou indutores do desenvolvimento regional.

Não se pode, portanto, vislumbrar soluções baseadas exclusivamente em recursos públicos para as infraestruturas aeroportuária e aeronáutica de âmbito regional. Trata-se, portanto, de gerar um ambiente de estabilidade institucional, segurança jurídica e estímulo aos investimentos privados, a fim de ampliar a abrangência das concessões e de viabilizar as PPPs.

Certamente, grande parte dos investimentos necessários para a recuperação e ampliação de aeroportos regionais ainda será de responsabilidade governamental, por serem de pouca atratividade para a exploração privada. Daí a necessidade de ter clareza na gestão de um modelo híbrido, no qual as participações privada e pública se complementarão para atender aos interesses maiores da inserção da economia brasileira num mundo globalizado.

As políticas para a aviação regional

Com relação à aviação regional, o maior problema é identificar os principais gargalos que a atingem na atualidade e poderão continuar a atingi-la no futuro, quais sejam, restrições à competitividade ante os operadores do mercado nacional, distorções na configuração e economicidade das malhas aéreas regionais, impedimentos ao desenvolvimento das empresas regionais no longo prazo, elevação dos custos, especialmente os de combustíveis, e dificuldades em integrar a oferta da indústria aeronáutica com a demanda dos serviços regionais.

Por outro lado, a visão dos gargalos em relação à aviação regional de forma agregada permite constatar que eles são de natureza institucional (ausência de planejamento de longo prazo, políticas públicas consistentes e regulação econômica adequada), legislativa (inadequação do arcabouço legal e insuficiência dos mecanismos de segurança jurídica), financeira (escassez de recursos públicos e limitação dos mecanismos de financiamento de longo prazo e de *project finance*), física (degradação das infraestruturas e descontinuidades nos investimentos, com consequentes distorções nas malhas aéreas), operacional (falta de integração e conflitos na utilização das instalações e equipamentos de apoio).

Ao abordar as tendências e gargalos que afetam a aviação regional é importante ter presente a sua complexidade. Ela resulta, em grande medida, de uma condição peculiar do conjunto da aviação civil: como atividade econômica, está sujeita à dinâmica altamente competitiva do mercado e, como serviço público, deve subordinar-se às normas e procedimentos de regulação definidos pelo poder público.

Uma questão fundamental, portanto, é a de como, de um lado, preservar a competição dos serviços num mercado que impõe permanente incorporação de avanços tecnológicos e preços acessíveis e, de outro, favorecer o desenvolvimento das empresas mais ágeis e competitivas. No caso da aviação regional, a questão reveste-se de maior complexidade ainda, uma vez que a ausência de políticas consistentes pode simplesmente exacerbar uma competição predatória, desestruturar sistemas operacionais de empresas regionais ou inibir iniciativas empresariais.

Por outro lado, deve ser ressaltado que no Brasil existem, na verdade, vários tipos de aviação regional que devem ser contemplados por uma política pública abrangente:

- Aviação regional guiada pelo mercado e pelas oportunidades abertas com o deslocamento da fronteira econômica e com os novos polos e *clusters* de especializações produtivas.
- Aviação regional de atendimento às necessidades de âmbito estadual ou de pequenas regiões, também movida pelo mercado, mas necessitando de algum apoio ou estímulo, principalmente em termos de infraestruturas.
- Aviação regional amazônica ou de atendimento a regiões remotas e carentes, que precisam de grau bem maior de apoio e, mesmo, de subsídios.

Cabe lembrar que, de 1975 a 1991, vigoraram no Brasil os Sitar, visando estimular a integração das cidades interioranas às capitais estaduais. Em paralelo, estabeleceu-se um mecanismo de subsídio cruzado entre as operadoras nacionais e as de linhas aéreas regionais. Embora durante a vigência dos Sitar o número de cidades servidas por transporte aéreo tenha crescido a taxas anuais acima de 3%, o objetivo de sua implantação foi sendo abandonado pelas empresas regionais. Essas passaram a operar com aeronaves maiores e, em contrapartida, restringiram rotas e reduziram as frequências de voo, prejudicando a acessibilidade às cidades menores. Assim, reduziu-se drasticamente o número de cidades servidas pelo transporte aéreo regular de passageiros.

Por ocasião das grandes mudanças de políticas públicas que pautaram a aviação civil, a partir de 1991, a V Conferência Nacional de Aviação Civil aboliu a delimitação de áreas para a exploração exclusiva das empresas de transporte aéreo regional, permitindo a concorrência direta entre estas e as empresas de âmbito nacional. Em 2000, a distinção jurídica entre empresas de transporte aéreo regional e nacional foi definitivamente abolida. Na mesma época, a suplementação tarifária repassada às operadoras de linhas regionais foi desaparecendo, por força de liminares obtidas pelas empresas aéreas.

Se juridicamente a distinção entre empresas de transporte aéreo regional e de transporte aéreo nacional deixou de existir, na prática, a extinção desse conceito é impossível. Linha aérea regional continua sendo aquela que interliga o aeroporto de uma cidade de pequeno ou médio porte com outro de onde partem voos domésticos nacionais, que por sua vez interligam cidades de grande porte. Ou seja, trata-se de uma hierarquização inevitável do transporte aéreo regular, em razão, de um lado, da própria hierarquia do sistema de cidades e da rede de aeroportos e, de outro, da evolução tecnológica e da concepção das aeronaves, em termos de capacidade, velocidade e necessidades de apoio das infraestruturas aeroportuária e aeronáutica.

Mudanças necessárias

Nos últimos anos, muitas empresas operadoras do transporte aéreo regional sofreram redução drástica em suas atividades e, em geral, não conseguiram acompanhar os mesmos índices de crescimento apresentados pela aviação regular de âmbito nacional. A concorrência predatória presente em linhas de baixa densidade de tráfego e outras questões pontuais, como a elevação do preço do combustível de aviação (QAV), vem dificultando o desenvolvimento satisfatório do transporte aéreo regional.

Indubitável, portanto, a necessidade da implementação de políticas distintas para as aviações nacional e regional que permitam a retomada do desenvolvimento das linhas regionais e, consequentemente, o atendimento das cidades de pequeno e médio porte. Sem isso, compromete-se tanto o grande potencial de desenvolvimento das regiões dinâmicas – que apresentam especializações produtivas no agronegócio e agroindústria – como também as regiões mais carentes e distantes que dependem do transporte aéreo para a sua simples sobrevivência e integração ao restante do país.

A criação de um novo marco de regulação para a aviação civil, em substituição ao Código Brasileiro de Aeronáutica – CBA, de 1986, ainda tramita no Congresso Nacional. Em paralelo, a Anac, como resultado de consulta pública, baixou resolução que implica novas regras para a alocação de *slots* nos aeroportos saturados. Uma inovação consiste na implantação de um sistema de rodízio com duas grades, ocupadas por sorteio, sendo uma para empresas que já atuam no aeroporto e outra para concessionárias entrantes, incentivando empresas menores a participar de forma isonômica no mercado.

Portanto, este é o momento certo para discutir de que forma o transporte aéreo regional pode ser estimulado, utilizando-se, inclusive, das novas políticas de distribuição de *slots*.

O primeiro passo seria retomar a distinção jurídica entre as funções de operar o transporte aéreo regional e o nacional, que devem ser objeto de regras distintas. Uma vez feita a distinção, o poder público poderá lançar mão de inúmeras medidas para o desenvolvimento da aviação regional. Uma das ferramentas possíveis para a proteção do transporte aéreo regional contra a concorrência predatória é a reserva de alguns *slots* nos aeroportos, com a finalidade de atender exclusivamente esse segmento. No fim das contas, a finalidade da aviação regional é a de interligar pequenas e médias cidades a aeroportos de onde partem voos nacionais, muitos deles saturados.

A economista Lúcia Helena Salgado, do Ipea, ressalta que o novo marco deveria centrar-se na definição mais rigorosa das condições para manutenção dos *slots* atualmente detidos por empresas que atuam nos aeroportos coordenados. Lembra ainda que, dada a complementaridade – ou economias de rede – existentes entre empresas que operam linhas tronco e as que operam linhas regionais, mereceria destaque um modelo de parceria. Isso implicaria alocar preferencialmente os *slots* que forem retomados pelo órgão regulador, quando não cumpridas regras de qualidade na prestação do serviço, para empresas (entrantes ou atuantes) que operem em parceria com empresas de atuação regional (Salgado, 2008).

Cabe lembrar que o momento também pede uma reflexão sobre a possível criação de um mercado secundário de *slots*. Este pode vir a beneficiar as empresas aéreas que prestam serviços tanto no mercado nacional quanto no regional. O regulamento aprovado pela Resolução Anac nº 2, de 2006, em vigor, determina que é vedada, por qualquer forma, a comercialização de *slots*, sob pena de se revogar a sua alocação, permitindo-se apenas a troca entre companhias aéreas, na proporção de um para um. O parágrafo único do artigo 18 da nova resolução da Anac sobre a matéria, colocada em consulta pública, repete a regra. Portanto, até o presente momento, a alocação de *slots* somente é possível por meio da concessão do poder público, em mercado primário.

No entanto, não é raro ser o direito de operar em determinado conjunto de *slots* o item mais cobiçado de uma empresa aérea, especialmente se considerado que as aeronaves, na maioria dos casos, não integram o seu ativo, mas são operadas a partir de contratos de *leasing*. Embora muitas vezes haja interesse de vender um *slot*, por parte da empresa detentora do direito, e de comprar, por parte de outra, as normas em vigor impedem o negócio.

Por outro lado, o mercado primário garante a entrada de novas companhias aéreas no aeroporto coordenado. Cabe ressaltar que a possibilidade de se obter o direito de alocação de *slots* exclusivamente por meio de mercado secundário permitiria que as companhias já estabelecidas em aeroporto saturado obstassem a entrada de novas entrantes.

Por seu turno, o economista Victor Carvalho Pinto, da Coordenação de Estudos da Consultoria Legislativa do Senado Federal, em estudo dirigido à elaboração do novo Código Brasileiro de Aeronáutica, defende a criação de mercado secundário, e vai além. Para ele, os novos *slots* deveriam ser alienados em leilões, a título oneroso, onde todas as companhias aéreas atuassem em igualdade de condições, sob regras rígidas e nítidas. Os recursos deles oriundos deveriam reverter exclusivamente para a operação e investimentos no próprio aeroporto (Carvalho Pinto, 2008).

Sem aprofundar a análise das barreiras legais, ou até mesmo constitucionais, apontadas por aqueles que pretendem afastar a criação de um mercado secundário de *slots*, entende-se ser ela factível e desejável, desde que implementada por meio de legislação adequada. Assim, diante das vantagens e das desvantagens do mercado primário e do secundário, convém refletir, ainda, sobre uma terceira opção que talvez seja a mais adequada à nossa realidade, que consiste num sistema misto. Uma parcela dos *slots* seria alocada exclusivamente por meio de mercado primário, enquanto o restante seria livremente negociado entre as companhias aéreas, propiciando um aproveitamento mais eficiente dos horários dos aeroportos, incluindo-se aqueles reservados para o transporte regional.

Mas cabe alertar que não é só. O transporte aéreo regional carece ainda de políticas tarifárias próprias e de nova concepção da chamada suplementação tarifária, obviamente não como regra, mas para algumas situações excepcionais, de interesse da integração do território nacional, como é o caso de regiões remotas da Amazônia e do Centro-Oeste.

Uma visão abrangente do papel da aviação regional no suporte ao desenvolvimento do país implica ter-se planejamento de longo prazo, políticas públicas consistentes, assim como critérios claros e transparentes de prioridades. Sem isso, corre-se o risco de restringir o potencial produtivo de regiões dinâmicas e manter os obstáculos à maior integração de regiões remotas e carentes do território nacional, por precariedade ou falta de atendimento de serviços de transporte aéreo.

Síntese final: obstáculos e oportunidades para o setor aéreo

O setor aéreo brasileiro enfrenta uma série de obstáculos que podem dificultar a sua expansão. Por outro lado, encontra-se em situação privilegiada em termos de perspectivas de expansão. Nesta síntese final são apresentados os obstáculos e as oportunidades para o setor.

Obstáculos

- *Deficiências nas infraestruturas aeroportuária e aeronáutica.* Prejudicam consideravelmente as operações aéreas, na medida em que aeroportos como Congonhas, Guarulhos e Brasília já atingem ou estão próximos de atingir sua capacidade operacional máxima. Esses gargalos se tornarão ainda mais graves a partir de 2013.
- *Carga tributária muito elevada para as empresas aéreas, próxima dos 39%.* Constitui grave entrave ao desenvolvimento do transporte aéreo nacional, uma vez que o Brasil é obrigado a concorrer com países onde a carga tributária para o setor é muito menor, como, por exemplo, 7,5% nos Estados Unidos e 16%, em média, na União Europeia.

- *ICMS com alíquotas diferenciadas nos estados.* Obriga as empresas aéreas a adotar complexas logísticas operacionais, principalmente para abastecimento das aeronaves com combustível de aviação, onerando seus custos.
- *Margens muito reduzidas de rentabilidade.* Fenômeno mundial que obriga as empresas aéreas a buscarem contínua redução de custos, aumentos de produtividade e garantias contra imprevistos (aumentos nos preços do combustível, atentados terroristas, guerras, pandemias e alterações climáticas).
- *Desequilíbrio de bandeira no tráfego aéreo internacional.* Problema grave que afeta os interesses comerciais e econômico-financeiros do país. Com a derrocada da Varig e a sua saída do mercado, houve uma queda acentuada na contrapartida da bandeira nacional, hoje em grande desvantagem, uma vez que é lento o repasse dos direitos bilaterais de tráfego pertencentes ao Brasil para outras empresas brasileiras (Barat, 2007).
- *Desequilíbrio entre exportação e importação no transporte de carga aérea.* Limitação grave é a tendência de as aeronaves seguirem ociosas para o exterior, encarecendo o sistema de tarifas, o que pode ser compensado, em parte, pela exportação de frutas a partir do polo fruticultor do Nordeste – Petrolina e Mossoró (Gandra, 2007).
- *Frota cargueira muito antiga.* Em 2007, das 27 aeronaves cargueiras apenas oito eram do estágio III, as demais, portanto, com maior consumo de um combustível cada vez mais caro e com severas limitações para pousos em muitos aeroportos no exterior. Note-se que os principais aeroportos brasileiros de exportação e importação não dispõem de aduana 24 horas em sete dias.
- *Ausência de um sistema* feeder liner *doméstico de carga, para aeroportos* hubs. Isso compromete as operações em aeroportos como Guarulhos, Campinas, Manaus, Galeão, Congonhas, Curitiba, Porto Alegre, Petrolina e Recife. Em contraposição, cabe mencionar o exemplo da FedEx nos Estados Unidos, que tem uma frota de mais de trezentas aeronaves Caravan que, durante a noite, fazem a distribuição de correio e *parcels* para *hubs* e aeroportos finais de destino (Gandra, 2007).
- *Custos elevados de armazenagem e capatazia da Infraero, acrescidos do adicional tarifário Ataero de 50% sobre a tarifa básica.* Esse ônus é muito criticado, inclusive por empresas estrangeiras e pela Iata. Considere-se, no entanto, que no passado o Ataero possibilitou o grande desenvolvi-

mento do sistema aeroportuário brasileiro, inclusive no que se refere à estocagem e ao manuseio da carga (Gandra, 2007).

Oportunidades

- *O mercado interno brasileiro para o transporte aéreo de passageiros deve mais do que triplicar de tamanho nos próximos vinte anos.* Isto, se considerada a hipótese conservadora de um crescimento anual do PIB de 3,5%. Essas taxas de crescimento poderão ser ainda maiores, se as restrições de capacidade no terminal São Paulo (Congonhas, Guarulhos e Viracopos) forem resolvidas.

- *O Brasil encontra-se em um patamar em que a elasticidade de crescimento da demanda em relação ao crescimento de PIB ainda permanece alta.* Ao contrário de economias mais amadurecidas, em que a elasticidade declina, o país tem um grande potencial de crescimento do mercado. No período 1987-1996, enquanto o PIB teve crescimento médio anual de 1,8%, o número de passageiros-quilômetro transportados em aviões cresceu apenas 2%. No entanto, no período 1997-2006, o crescimento do PIB foi de 2,4%, enquanto a movimentação de passageiros no transporte aéreo cresceu 9,7% ao ano. Somente entre 2004 e 2006, o crescimento foi de 18,8%. Para uma taxa de crescimento do PIB de 3,5% nos próximos vinte anos, o crescimento da demanda poderá alcançar a média de 9% anuais (Bain & Company, 2007).

- *O ambiente econômico favorável e o potencial de mercado justificam o otimismo.* Por uma série de razões apontadas neste capítulo – tais como a remoção do gargalo Varig, o crescimento dos serviços aéreos de baixo custo, as novas práticas de gestão preço/*yield*, o crescimento do poder aquisitivo num ambiente de estabilidade de moeda –, observa-se o crescimento da demanda pelo transporte aéreo.

- *A amplitude e o aprofundamento do processo de globalização favorecem uma expansão sem precedentes no transporte de cargas aéreas.* Com efeito, a dispersão das cadeias produtivas, a exigência de logísticas mais rápidas para um número crescente de produtos e componentes de alto valor, bem como o crescimento do comércio eletrônico, abrirão amplas perspectivas para o desenvolvimento do transporte aéreo de cargas – doméstico e internacional – no Brasil nos próximos vinte anos.

- *O crescente congestionamento do espaço aéreo, especialmente em torno dos hubs.* Favorece um processo amplo de modernização tanto pela incorporação de novas tecnologias de controle do espaço aéreo e de segurança de voo (satélites geoestacionários, por exemplo) quanto de aperfeiçoamento dos recursos humanos, no caminho aberto pela América do Norte e União Europeia.

4 A regulação do transporte aéreo

Uma visão conceitual da regulação

A amplitude do conceito de regulação

No Brasil, assim como ocorreu nos países industrializados, a provisão dos serviços públicos (energia elétrica, telecomunicações, ferrovias, portos, transporte urbano e saneamento) passou por três fases históricas. Inicialmente, os provedores desses serviços eram sociedades privadas cujas atividades estavam sujeitas a controles impostos pelos poderes públicos. Nos países industrializados, ao longo da década de 1930, a provisão dos serviços públicos foi trazida cada vez mais para a órbita pública (em âmbito nacional, estadual ou local). Posteriormente, em fins dos anos 1970, muitos dos serviços foram retomados pelo setor privado sob a égide das privatizações ou concessões de longo prazo. Note-se que, no Brasil, as duas transições mencionadas ocorreram com certa defasagem, respectivamente, nos anos 1940-1950 e nos anos 1990.

O entendimento hoje é que os serviços públicos ou de interesse coletivo podem ser fornecidos tanto por organizações estatais como por empresas do setor privado. No entanto, suas atividades são reguladas invariavelmente por um conjunto de regras e outras contingências relacionadas com segurança, qualidade e disponibilidade dos serviços, e prevenção contra o abuso do poder econômico. A rigor, a regulação implica sujeitar a prestação do serviço concedido a normas, regras e procedimentos preestabelecidos.

Não há, no entanto, nenhuma definição plenamente aceita da expressão "regulação econômica". De um lado, pode ser utilizada, tão somente, para designar os mecanismos institucionais e legais que visam estimular a competição e coibir os abusos do poder econômico (formação de cartéis e monopólios) por parte de produtores de bens ou fornecedores de serviços específicos. Num outro extremo, pode abranger formas complexas de regulação para suporte à economia como um todo, ou seja, maneiras distintas de "disciplinar" o capitalismo, seja ele o neoliberal anglo-saxão, o social europeu ou o corporativo japonês. Portanto, não é incomum encontrar interpretações diferentes do termo "regulação", dependendo do nível de agregação, seja, por exemplo, uma indústria, um serviço público, a totalidade economia ou o âmbito internacional. O sentido do termo pode variar, também, conforme o país de origem.

Na União Europeia, por exemplo, o conceito de regulação é mais amplo, abrange uma complexa rede de instituições e legislações tanto no que diz respeito à administração empresarial quanto ao controle social. Nos Estados Unidos a regulação tem um sentido mais específico: controle e fiscalização são focalizados sobre determinados setores de interesse público e exercidos por uma agência pública independente. A tradição europeia em matéria de políticas públicas sempre foi mais cética em relação à eficiência da ação reguladora do mercado. A história europeia mostrou, em muitos momentos, a preferência pela operação estatal de serviços públicos – e, mesmo na produção de insumos básicos – em contraposição à ação do mercado.

Mas, uma vez privatizados ou concedidos, esses serviços passaram a ser objeto de rigorosa regulação. Na verdade, tanto na Europa quanto nos Estados Unidos a finalidade principal da regulação econômica é proteger o consumidor e promover o interesse público, inclusive levando em conta estratégias de desenvolvimento nacional.

A opção norte-americana foi pela instituição de agências reguladoras independentes e setoriais, com poderes sobre determinadas atividades ou serviços. Elas têm como importante função arbitrar conflitos entre produtores e consumidores. Deve-se salientar que, em grande medida, o modelo europeu também segue atualmente o padrão americano, mas o poder regulador, muitas vezes, concentra-se em um ministério ou departamento do Executivo. Esse aspecto da institucionalização europeia está sempre presente quando se questiona se um ente regulador deve ser entendido como um instrumento de Estado e não de governo.

Com a finalidade de proteger e promover o interesse público, a regulação procura garantir (ou suplementar) a eficiência do mercado e assegurar a provisão de bens e serviços, preservando os direitos do consumidor e da sociedade em geral. Cabe notar que o fundamento social da regulação é justificado, frequentemente, por uma lógica econômica. Ou seja, a regulação social é considerada, usualmente, como sendo subsidiária à regulação econômica.

Do ponto de vista social, os fatores que devem ser levados em consideração na regulação são os de assegurar a preservação das condições de trabalho e a geração de empregos, o treinamento apropriado para minimizar acidentes e elevar a produtividade, e a preservação dos padrões de manutenção e qualidade. A regulação econômica busca, assim, a conciliação de objetivos ao esforçar-se para promover um equilíbrio entre eficiência e equidade.

Em se tratando de atividades econômicas, o pensamento liberal (ou chamado de neoliberal) considera que a livre competição é suficiente para assegurar a eficiência do mercado. Ou seja, o mercado regula a produção. Se os preços forem demasiadamente elevados, por exemplo, concorrentes entram no mercado de forma crescente e os preços caem. Com um mau produto ou serviço a empresa que o produz sofrerá o assédio de concorrentes, o que incentivará a melhorar seu desempenho ou retirar-se do mercado. A competição é, portanto, preferível aos regulamentos, o que pode ser resumido no bordão "Competição onde possível e regulamento somente onde necessário".

De acordo com o pensamento liberal, a regulação é somente necessária no caso de imperfeições ou falhas do mercado. A regulação social é não apenas secundária – justificada em termos de saúde pública, educação e segurança –, mas considerada tipicamente como um entrave burocrático que cria obrigações desnecessárias para as empresas. Para corrigir as falhas do mercado, existem a regulação de estrutura e a regulação de conduta. A primeira diz respeito à capacidade de desempenhar a atividade econômica, concedendo ou retirando incentivos. A segunda é voltada para mudanças nas formas de comportamento empresarial. Como as informações estruturais de uma atividade são geralmente melhores do que as de natureza comportamental, as agências públicas preferem frequentemente regulações econômicas que contemplem o aspecto estrutural (por exemplo, limitações na entrada, impedimento a práticas de cartelização e monopólio, monitoração da competição predatória, etc.).

Em oposição ao enfoque liberal, onde é dada precedência à competição sobre a regulação, correntes de pensamento social-institucional avaliam que a prevalência do mercado, muitas vezes, não é nem natural nem desejável. Desse ponto de vista, os mercados podem ser considerados socialmente governados por um conjunto de regras, muitas das quais moldadas pelas autoridades públicas. Assim, em muitos casos, mercados são criados por governos, requisitados por instituições, e sustentados por regulamentos. Mas a questão fundamental, ao fim e ao cabo, não é a de que se devem regular mercados, mas a de saber precisamente que mercados e como regulá-los. Ou seja, a regulação não é sobre a imperfeição ou falha do mercado, mas sobre a forma como determinado mercado está constituído, seu funcionamento e a definição mesma desse mercado no âmbito da economia.

De acordo com a perspectiva social-institutional, como todos os mercados são encaixados profundamente na sociedade, a regulação deve abranger os mercados de produtos e de trabalho. Por exemplo, se todas as empresas de uma indústria em particular forem signatárias de um acordo coletivo de trabalho, evita-se a competição na base de custos aviltados da mão de obra. As empresas devem, portanto, reduzir custos aumentando a produtividade, buscando ainda vantagens competitivas em função da qualidade, confiabilidade e pontualidade no atendimento.

Esse tipo de regulação pode ser visto como a do poder regulador agindo "no interesse público", demonstrando que preocupações sociais podem resultar em ganhos para a sociedade, ao promover eficiência e maior igualdade. De acordo com a concepção social-institutional, portanto, competição e regulação são antes complementos que alternativas. Mais importante, a finalidade da ação reguladora é impulsionar a "competição justa", que, interpretada dessa forma, deve ser socialmente construída e em oposição à "competição livre", que pode denotar, num extremo, competição *sem* regulamento.

É importante assinalar, por fim, que a visão liberal é adequada para uma imensa variedade de bens e serviços produzidos na economia, cujo suprimento não envolve, por exemplo, as chamadas externalidades ou fatores de segurança ou de proteção do consumidor em bens essenciais de interesse coletivo, como, por exemplo, medicamentos. Mas na exploração privada de determinadas infraestruturas para a provisão de serviços públicos essenciais – por meio de concessões – tanto a visão liberal quanto a social-institutional se afiguram realistas, cada uma, porém, com suas virtudes e limitações. Frequentemente, um dos problemas mais complexos da regulação é conciliar as proporções certas da competição e prevalência do mercado, de um lado, e da intervenção visando garantir uma série de direitos do consumidor ou usuário, de outro.

O papel da regulação

Independentemente das visões anteriormente expostas, é ponto pacífico que, no caso da exploração dos serviços públicos por meio de concessões, um dos aspectos mais importantes, sem dúvida, é o da regulação. Cabe, portanto, refletir de forma mais ampla sobre esse tema. No bojo do processo de privatizações ocorrido no Brasil, muitas empresas estatais que desempenhavam atividades econômicas foram privatizadas. Por estarem voltadas para o mercado e por ele exclusivamente reguladas, não houve a necessidade da regulação por meio de mecanismos institucionais. Essas empresas tinham que ser competitivas e ganhar (ou garantir) o seu espaço no mercado. Assim, com relação ao processo de privatizações, não se pode avaliar o caso dos serviços públicos concedidos com os mesmos critérios utilizados para as atividades econômicas exercidas por empresas anteriormente estatais.

As atividades de siderurgia, petroquímica, mineração ou produção de aeronaves são reguladas pelo mercado, ou seja, pelo mecanismo de preços. Quando muito, o poder público pode estimular ou induzir metas de produção tendo em vista objetivos estratégicos mais abrangentes – determinadas metas de produção ou exportação –, bem como coibir a formação de cartéis e o abuso do poder econômico. Cabe ao mercado, no entanto, corrigir as ineficiências das empresas privatizadas, tais como a Embraer, Vale, CSN e Cosipa, entre outras.

No caso de um serviço público, porém, a ineficiência do concessionário pune severamente a sociedade, como ocorreu inicialmente, por exemplo, nos setores de energia e telecomunicações. Claro que, em razão das enormes dificuldades que se abateram sobre as empresas estatais, não há dúvida que foi saudável a criação de um ambiente mais competitivo para os serviços públicos. Eles foram concedidos à exploração privada com as políticas e definições estratégicas dadas pelo poder concedente. Coube às concessionárias, nesse sentido, cumprir as metas de investimentos e os compromissos relacionados com desempenho e qualidade, estabelecidos contratualmente.

Assim, o âmago da questão das privatizações de serviços públicos foi o da reforma do Estado para criar instituições públicas autônomas capazes de regular as ações das concessionárias e defender o interesse público. Ou seja, de criar uma base institucional que permitisse regular a prestação dos serviços em temos de modicidade das tarifas, qualidade dos serviços e amplo acesso das pessoas aos seus benefícios, ou seja, a universalização.

Mesmo sob a exploração de terceiros, os serviços públicos são de responsabilidade última do Estado. Por isso, são necessários regulamentos, normas técnicas e jurídicas, mecanismos de fiscalização e controle, bem como a monitoração permanente de desempenho e resultados. Obviamente, a maior abrangência dos regulamentos e mecanismos de controle é função da maior essencialidade do serviço e da necessidade de segurança no seu fornecimento. Ademais, como os interesses de governo, concessionárias, fabricantes e consumidores são, com frequência, divergentes ou conflitantes, cabe a uma instituição pública com ampla representatividade arbitrá-los com independência e credibilidade perante os atores envolvidos. Esse é, portanto, o papel das agências reguladoras que foram criadas em paralelo às outorgas de concessões.

Os principais fatores econômicos para a regulação dos serviços públicos concedidos são os abaixo listados.

- *Garantir o acesso à provisão do serviço pela sua "universalização".* Quando orientados exclusivamente pelo mercado, muitos fornecedores ou concessionários são incapazes de – ou simplesmente não demonstram interesse por – oferecer um serviço público a determinados segmentos sociais.
- *Controlar o poder do mercado.* Quando as economias da escala ou os ganhos de produtividade não são compartilhados por produtores e consumidores, o que pode levar a monopólio – com restrição da oferta e elevação de preços – e/ou restringir o acesso de competidores ao mercado.
- *Coibir ou reduzir os efeitos das "externalidades".* Quando o bem-estar da sociedade ou de um segmento social é diretamente (e adversamente) afetado pelas ações do agente privado que provê um serviço público (por exemplo, em consequência da poluição ou da degradação ambiental).
- *Proteger os consumidores das assimetrias ou deficiências da informação.* Quando os produtores de bens e os fornecedores de serviços possuem mais informação do que consumidores, criando desigualdade na manifestação de direitos.
- *Proteger os consumidores da competição excessiva ou predatória.* Quando há uma quantidade muito grande de produtores ou fornecedores de um serviço público, ou quando os preços de mercado forem demasiadamente baixos, com rendimento insuficiente para cobrir custos e assegurar os investimentos futuros. Isso acontece, por exemplo, na prestação de serviços de transporte coletivo urbano por parte de *vans* ou micro-ônibus.

O propósito da ação reguladora

A necessidade de regular os contratos de concessão e parceria para a prestação de serviços públicos introduziu um novo referencial na organização do Estado brasileiro, particularmente do Executivo. Por serem relativamente recentes, as agências reguladoras ainda não alcançaram o grau de consenso necessário acerca da adequação do modelo adotado. A criação das agências reguladoras obedeceu ao imperativo de uma nova realidade econômica, social e política resultante das privatizações na prestação dos serviços públicos. Levou à diluição do papel – que prevaleceu por décadas – da administração pública, atuando na implantação de infraestruturas e na prestação exclusiva ou principal dos serviços públicos.

Nas concessões para a exploração privada dos serviços, coube às agências atuar preferencialmente no gerenciamento de contratos de concessão, na regulação de mercados com assimetrias e imperfeições e, especialmente, na função de controle e fiscalização dos serviços. Isso deveria permitir à administração direta concentrar o foco nas definições estratégicas, na formulação de políticas públicas, no planejamento e seleção mais rigorosa de prioridades de investimentos governamentais. Às concessionárias de serviços públicos sujeitas à regulação cabe cumprir metas de investimentos e/ou compromissos de desempenho e qualidade, além de promover inovações nos processos produtivos, em benefício dos usuários dos serviços.

Uma agência reguladora atua, por meio dos seus atos administrativos, para manter a continuidade, regularidade e eficiência na prestação de um serviço público de interesse coletivo, preservar um ambiente confiável para os agentes públicos e privados que vão investir nos diversos segmentos objeto da regulação, zelar pelo interesse de usuários e consumidores e para cumprir rigorosamente a legislação pertinente ao setor por ela regulado.

O desconhecimento das atribuições e responsabilidades das agências reguladoras (ou a falta de clareza dos seus atos) tem provocado controvérsias e incontáveis conflitos de jurisdição e competência. As atribuições e responsabilidades são fundadas principalmente na legislação concernente às concessões de serviços públicos, às licitações, à natureza e funcionamento das agências, aos direitos do consumidor e à defesa da concorrência. As agências reguladoras foram criadas, portanto, para regular os contratos de concessão de serviços públicos nos mais diversos setores das infraestruturas que servem de base à prestação de serviços públicos. Atuam, ainda, em atividades econômicas que necessitem de regulação por produzirem bens essenciais do ponto de vista coletivo, como os medicamentos, por exemplo.

A ação das agências reguladoras baseia-se fundamentalmente no tripé aquiescência/legitimidade/confiança. Nesse sentido, a erosão da credibilidade de uma agência e os conflitos recorrentes com o governo podem comprometer seriamente a totalidade do sistema de regulação, gerando um ambiente de instabilidade administrativa e jurídica. Quando a agência reguladora é fragilizada, devem-se procurar formas de reestruturá-la a fim de resgatar a sua credibilidade. Uma solução para o problema das agências poderia ser a criação de uma "agência das agências", como nos Estados Unidos. Apesar da grande autonomia que têm as agências reguladoras naquele país, elas devem apresentar seus atos normativos ao Regulatory Working Group, órgão central do governo incumbido de alertá-las para atos considerados desnecessários, dúplices ou conflitantes com as políticas governamentais.

A regulação do transporte aéreo

Além da complexidade sistêmica da aviação civil, o transporte aéreo tem características híbridas de atividade econômica e serviço público, o que torna peculiar a sua regulação. A operação do transporte aéreo de passageiros envolve o cumprimento de frequências, horários, requisitos de segurança e qualidade, monitoração de resultados e garantias de funcionamento regular. No entanto, trata-se, também, de uma atividade econômica exercida por empresas privadas num ambiente altamente competitivo. Dada a dinâmica do mercado e a necessidade de rápida incorporação de avanços tecnológicos, as empresas competem de forma acirrada em termos de qualidade e preço. Além, obviamente, das vantagens adicionais na qualidade e variedade dos serviços que possam oferecer aos seus clientes.

Não há dúvida, portanto, que o mercado regula também essa atividade, o que torna mais complexa a ação da agência reguladora. Ou seja, embora os segmentos da aviação civil sejam regulamentados e sujeitos a regras técnicas definidas, é necessária a regulação econômica do transporte aéreo em benefício dos usuários. Esta não deve inibir as forças de mercado, mas deve ser capaz, também, de impedir a competição predatória em prejuízo da qualidade e da segurança. É importante ter presente, por meio dessa visão conceitual, que o transporte aéreo de passageiros não tem as características da essencialidade, digamos, como as do transporte público urbano, das telecomunicações ou da distribuição de energia. Admite, assim, regulamentos e mecanismos reguladores mais flexíveis. Mas assinale-se que também não é uma atividade econômica como a siderurgia, a petroquímica, a mineração ou a produção de aeronaves, voltadas livremente para o mercado e por ele reguladas.

Há que se buscar, portanto, um equilíbrio na atividade reguladora, sendo que a recente estruturação institucional do setor teve que levar em conta, obviamente, as características peculiares do transporte aéreo. É claro que ainda há muito que aprender com os fracassos e sucessos das experiências norte-americanas e europeias dos anos 1980 e 1990 e a própria experiência brasileira. Ou seja, o que deu certo ou errado com o que se convencionou de chamar de desregulamentação.

Os dilemas da regulação do transporte aéreo

O transporte aéreo e o desenvolvimento

Num país com a extensão territorial, os desequilíbrios regionais e partes não habitadas do território, como o Brasil, o transporte aéreo teve – e ainda tem – um papel importante na indução de mudanças na economia e na sociedade, assim como na absorção de novas tecnologias. Na verdade, esse modal sempre esteve vinculado ao desenvolvimento brasileiro, sendo reconhecida a sua contribuição tanto para a consolidação de um amplo mercado nacional quanto para a abertura de novas fronteiras de produção e a ocupação do território. Por conseguinte, os fatores econômicos, sociais e estratégicos do desenvolvimento e da defesa nacional sempre estiveram associados à evolução do nosso transporte aéreo e do sistema de aviação civil como um todo.

O desenvolvimento tecnológico e organizacional da aviação civil brasileira resultou de um esforço conjunto do governo e da iniciativa privada, em termos de um sistema de grande complexidade e abrangência que envolveu a contínua modernização das infraestruturas aeroportuárias, dos sistemas de segurança e proteção ao voo, das frotas de aeronaves, como também da cadeia produtiva de produção de aeronaves.

Mas, como vimos no Capítulo 3, na transição da economia fechada para um ambiente mais competitivo e globalizado, começaram a ruir os velhos paradigmas de proteção governamental, reservas de mercado e acomodação a controles conspícuos e ineficazes. Tornou-se necessário evoluir para políticas públicas, instrumentos de regulação, sistemas inteligentes de gestão, PPPs e estímulos a uma nova dinâmica do setor. Isso, para não cair no extremo oposto da desregulamentação desordenada e sem critérios que poderia levar à competição predatória e ao declínio tanto da segurança quanto da qualidade dos serviços.

Assim, apesar dos expressivos ganhos de eficiência de toda a aviação civil brasileira e do transporte aéreo em particular, a questão da sua regulação econômica permanece ainda nebulosa. Ela deve ser colocada na ordem do dia e ser objeto de um debate aberto com a sociedade. Isso é fundamental para que a aviação civil possa prosseguir no seu papel de apoiar – como fez no passado – um novo ciclo de desenvolvimento sustentado e contribuir para mudanças estruturais mais profundas e duradouras na economia e na sociedade.

O transporte aéreo mundial foi atingido pelos acontecimentos de 11 de setembro de 2001 e posteriormente pela crise financeira de 2008-2009, que provocaram retrações momentâneas, mas não afetarão o ritmo da sua evolução no médio e longo prazo. No Brasil, apesar dos seus desdobramentos se somarem a questões estruturais anteriores e mais profundas, o ritmo de crescimento da demanda foi bastante acelerado e bem acima da média mundial. No entanto, o transporte aéreo e o sistema de aviação civil brasileiros foram atingidos, em menos de uma década, por uma sucessão de crises, que acabariam por criar obstáculos ao próprio crescimento da demanda.

Numa retrospectiva sumária, primeiramente, houve a derrocada de um modelo protecionista, de reservas de mercado e de sistemas operacionais e de gestão ultrapassados, que levou de roldão duas das empresas aéreas que haviam se consolidado como grandes do mercado: Transbrasil e Vasp. Em seguida, houve a prolongada crise da Varig, que acabou por levar a empresa, em sua agonia final, a um controvertido processo de recuperação judicial e à drástica redução das suas atividades, o que acabou por comprometer principalmente a presença da bandeira brasileira no mercado internacional. Por fim, sobreveio o apagão aéreo, cujas causas e consequências foram expostas anteriormente.

Essa sucessão de crises impôs a necessidade urgente de mudanças estruturais nos arcabouços legal e institucional, nos mecanismos de regulação, nas formas de relacionamento entre os agentes envolvidos e nos quadros organizacionais e operacionais tanto do poder público quanto das empresas aéreas. Impôs, ainda, a necessidade de mudanças de paradigma e de enfoque quanto ao papel do transporte aéreo como fator de desenvolvimento econômico e social, num novo ciclo da economia brasileira, com abertura e competitividade crescentes.

No entanto, muitos gargalos ainda estão pendentes de solução, tornando-se necessária a remoção dos obstáculos estruturais que inibem atualmente o desenvolvimento do transporte aéreo. A verdade é que a totalidade da aviação civil ainda carece de estratégias e planejamento de longo prazo, abrangendo definições claras da missão, cenários, objetivos, diretrizes e linhas de ação que resultem em políticas públicas, projetos e mecanismos de financiamento e regulação consistentes e duradouros.

É importante, assim, analisar em profundidade as tendências, perspectivas e oportunidades relacionadas com o desenvolvimento e a modernização da aviação civil e do transporte aéreo. Isso porque ela será parte integrante da base de apoio necessária à conquista da competitividade, à maior integração econômica e à incorporação das mudanças tecnológicas, inclusive com projeções de poder no continente sul-americano. Ressalte-se, ainda, a necessidade de inserção desse tema na agenda da retomada do desenvolvimento econômico, em razão da perspectiva moderna de considerar o transporte aéreo – no seu escopo mais abrangente – como fator importante de competitividade da infraestrutura nacional.

Atenção especial deverá ser dada à questão da regulação, para que o transporte aéreo possa servir de apoio efetivo ao crescimento econômico sustentado no longo prazo. Isso porque esse crescimento será decorrente, cada vez mais, de mudanças estruturais mais profundas e duradouras na economia, na sociedade e na configuração do Estado, tornando-o mais funcional em relação às demandas da sociedade. Ou seja, implicará novas formas de relacionamento entre os atores envolvidos: governo, empresas aéreas, responsáveis pelas infraestruturas e usuários.

Dois aspectos, portanto, devem ser ressaltados. Em primeiro lugar, a importância do conjunto da aviação civil brasileira e do transporte aéreo, em particular, para a competitividade, ou seja, o setor como instrumento de promoção do desenvolvimento e da integração nacional, assim como sua inserção na nova dinâmica do mercado e num ambiente econômico mais competitivo. Além disso, o processo de regulação, nas suas duas vertentes – tanto econômica como de segurança – levando em conta os êxitos e insucessos da experiência internacional, assim como as bases institucionais para reorganizar e revigorar a Anac.

O perfil institucional e administrativo da aviação civil

Ao longo de praticamente seis décadas – antes da criação do Ministério da Defesa e, posteriormente, da Anac – o sistema de aviação civil foi administrado por organizações militares, subordinadas ao Ministério da Aeronáutica, criado em 1941. O perfil institucional e administrativo do sistema de aviação civil nesse período é mostrado pela Figura 1, a seguir.

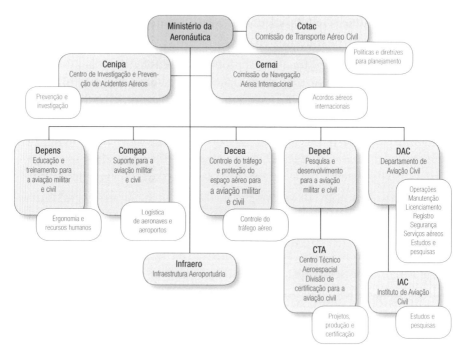

Figura 1. Perfil institucional e administrativo da aviação civil antes da criação do Ministério da Defesa
Fonte: Ministério da Defesa e elaboração do autor.

Nesse perfil prevaleceu um sistema de decisões em cadeia de comando linear e hierarquias claramente definidas, tendo o DAC como responsável por um sistema de regulação bastante abrangente. Suas atribuições envolviam segurança operacional, licenciamento e registro das aeronaves, fiscalização das operações e da manutenção das aeronaves, fiscalização dos serviços aéreos prestados por empresas regulares, de fretamento e táxi aéreo, e fiscalização da aviação geral e executiva. A atuação do DAC era apoiada pelos estudos e pesquisas do IAC, bem como pela negociação de acordos internacionais realizadas pela Comissão de Navegação Aérea Internacional (Cernai), vinculada diretamente ao gabinete do ministro da Aeronáutica.

O sistema de aviação civil contava com um órgão deliberativo para a formulação de políticas e prioridades, que era a Comissão do Transporte Aéreo Civil (Cotac). As atividades relacionadas com os acidentes aéreos eram realizadas pelo Centro de Investigação e Prevenção de Acidentes Aéreos (Cenipa), e a gestão das infraestruturas aeronáuticas para controle do tráfego e proteção do espaço aéreo para a aviação militar e civil era de responsabilidade do Departamento de Controle do Espaço Aéreo (Decea). A Infraero, por sua vez, criada em 1973, como empresa pública, era vinculada ao Ministério da Aeronáutica.

Por outro lado, após a criação do Ministério da Defesa, pela Emenda Constitucional nº 23, de 2-9-1999, as funções relacionadas com a gestão do sistema de aviação civil passaram, sem alterações, a se subordinar ao Comando da Aeronáutica, por sua vez subordinado ao ministro da Defesa. A Figura 2 mostra o novo perfil institucional e administrativo após a criação do Ministério da Defesa.

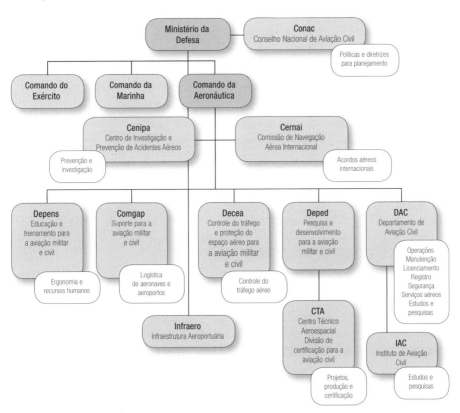

Figura 2. Perfil institucional e administrativo da aviação civil brasileira depois da criação do Ministério da Defesa
Fonte: Ministério da Defesa e elaboração do autor.

A grande mudança na gestão do sistema de aviação civil ocorreu com a criação da Anac pela Lei nº 11.182, de 27-9-2005, como autarquia especial de caráter autônomo. Na qualidade de organização de Estado e vinculada ao Ministério da Defesa, sua finalidade é regular toda a aviação civil brasileira. A Anac é sucessora do antigo DAC, órgão de natureza militar, que era subordinado ao Comando da Aeronáutica, dele herdando funções de regulação e quadros de pessoal técnico especializado.

A reestruturação do setor contou posteriormente com a criação da SAC, órgão de assessoramento do ministro de Estado da Defesa no que concerne à coordenação e supervisão dos órgãos e das entidades ligados ao setor de aviação civil. Além disso, a SAC atuou como secretaria executiva do Conac, órgão de assessoramento do presidente da República para a formulação da política nacional de aviação civil. A Figura 3, a seguir, oferece a compreensão da configuração institucional do transporte aéreo no Brasil, após a criação da Anac.

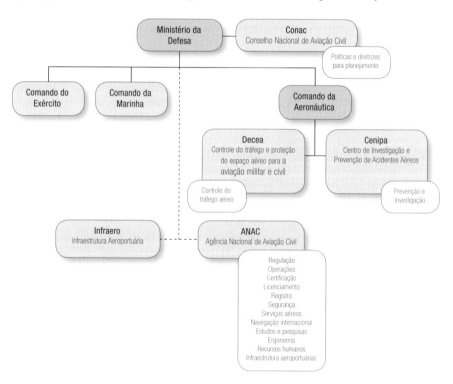

Figura 3. Perfil institucional e administrativo da aviação civil depois da criação da Anac
Fonte: Ministério da Defesa e elaboração do autor.

A transição do sistema de regulação do antigo DAC para a Anac se deu de forma gradual, por meio do trabalho conjunto e cooperativo entre o Comando da Aeronáutica, a diretoria colegiada e superintendências da Anac. No novo ambiente de regulação, adotou-se uma gestão compartilhada dos diversos segmentos que compõem o sistema nacional de aviação civil, sob a necessária coordenação do Ministério da Defesa. Cabe notar que tanto as atividades relacionadas com a investigação e prevenção dos acidentes aéreos realizadas pelo Cenipa quanto a gestão das infraestruturas aeronáuticas para controle do tráfego e proteção do espaço aéreo de responsabilidade do Decea continuaram subordinadas ao Comando da Aeronáutica.

O sistema nacional de aviação civil, no qual se insere o transporte aéreo de passageiros e cargas, consolidou-se ao longo de sete décadas e abrangeu uma multiplicidade de funções, envolvendo diversas organizações públicas: controle do tráfego e proteção do espaço aéreo (Decea), infraestrutura aeroportuária federal (Infraero), estadual e municipal (Departamento Aeroviário do Estado de São Paulo – Daesp e demais administradoras estaduais e municipais), regulação da aviação civil, por meio da fiscalização e controle (DAC e, posteriormente Anac), navegação aérea internacional (Cernai e, posteriormente, Anac), prevenção e investigação de acidentes aeronáuticos (Cenipa), homologação de aeronaves e componentes da indústria aeronáutica nacional (Instituto de Fomento Industrial (IFI), Centro Tecnológico da Aeronáutica (CTA) e, posteriormente, Anac) e elaboração de estudos e pesquisas relacionados à aviação civil (IAC e, posteriormente, Anac).

Em síntese, desde 1941 vigorou a gestão centralizada sob a égide do Ministério da Aeronáutica. Em decorrência da criação do Ministério da Defesa, todos esses segmentos ficaram sob a responsabilidade direta do Comando da Aeronáutica, exceto a Infraero (vinculada ao Ministério da Defesa), o Daesp (São Paulo) e demais administradoras vinculadas a estados ou municípios. Nessa transição, manteve-se, em grande parte, o caráter centralizado e de comando único do sistema de aviação civil.

Recentemente, uma nova mudança institucional ocorreu no setor aéreo, com a criação da SAC. A Medida Provisória 527/2011, transformada em Projeto de Lei de Conversão 17/2011, tratava originalmente apenas do setor de aviação civil do país. A proposta, aprovada pelo Senado criou a SAC e alterou a legislação da Anac e a da Infraero para que se adequassem à nova estrutura funcional, passando a ser a ela vinculadas (Decreto nº 7.476, de 10-3-11). Pela nova legislação, a SAC passou a integrar a Presidência da República, tendo o seu titular o *status* de ministro.

A Infraero praticamente manteve as suas funções, enquanto a Anac perdeu o poder de propor à Presidência da República a desapropriação de bens necessários para manter, ampliar ou construir novos aeroportos. Perdeu ainda a prerrogativa de gerir recursos destinados a aeródromos, e deixou de ser responsável por estudos e pesquisas relacionados com o transporte aéreo e sistemas multimodais. A nova configuração institucional do sistema de aviação civil é mostrada na Figura 4, a seguir.

A criação da nova secretaria foi uma iniciativa em princípio inovadora, mas que contém controvérsias. De início, houve uma quebra na unidade de comando que – pelo menos em tese – havia sido alcançada com a vinculação ou subordinação de todos os órgãos que compõem o sistema de aviação civil ao comando do ministro da Defesa. Ou seja, estavam sob a coordenação do mesmo ministério o controle do tráfego e a proteção do espaço aéreo, a infraestrutura aeroportuária, a regulação da aviação civil, a prevenção e investigação de acidentes aeronáuticos, a homologação de aeronaves e componentes da indústria aeronáutica nacional e a elaboração de estudos e pesquisas.

Pelo novo arranjo institucional, criou-se uma estrutura de comando bipartida, com a SAC responsável pela infraestrutura aeroportuária, pela regulação da aviação civil, pela homologação de aeronaves e componentes e a elaboração de estudos e pesquisas, enquanto o Ministério da Defesa, pelo Comando da Aeronáutica, manteve a responsabilidade sobre o controle do tráfego e a proteção do espaço aéreo, bem como a prevenção e investigação de acidentes aeronáuticos. Há os que defendem essa bipartição, sob o argumento de que é importante manter em esferas administrativas separadas tanto o controle do tráfego aéreo como, principalmente, a investigação de acidentes, a fim de preservar a independência dessas atividades.

Por outro lado, não se pode negar a quebra da visão sistêmica da aviação civil, e, nesse sentido, a criação da secretaria assemelha-se, de certa forma, ao que se fez com a criação da Secretaria de Portos em relação à gestão dos transportes. Algumas questões são inevitavelmente suscitadas por essa mudança: a nova secretaria terá condições efetivas para promover a modernização do modelo de gestão aeroportuária? A vinculação da Anac restringirá ainda mais a sua necessária autonomia, seguindo a tendência que prevaleceu desde a sua criação? As políticas públicas da totalidade do setor aéreo serão definidas por quem? De todo modo, ainda é muito cedo para avaliar quais as repercussões que terá essa mudança institucional (Espírito Santo, 2011).

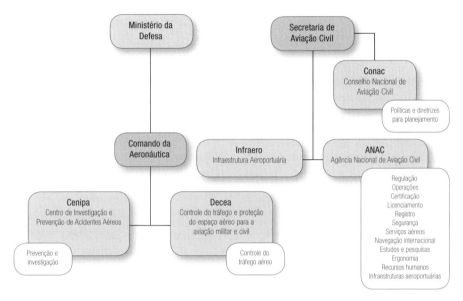

Figura 4. Perfil institucional e administrativo da aviação civil depois da criação da Secretaria de Aviação Civil
Fonte: Elaboração do autor.

O papel da Anac no sistema de aviação civil

A opção pela criação da Anac implicou uma forma descentralizada e autônoma de gestão, correspondente aos parâmetros impostos pela legislação concernente às agências reguladoras. Por outro lado, todas as funções do antigo DAC, bem como de outros órgãos de natureza militar, foram absorvidas pela Anac, com exceção, como foi visto, do controle do tráfego e proteção ao espaço aéreo e da prevenção e investigação de acidentes aeronáuticos, que permaneceram sob a responsabilidade direta do Comando da Aeronáutica. As infraestruturas aeroportuárias ficaram sob a responsabilidade da Infraero bem como das demais administradoras estaduais ou municipais. A Lei nº 11.182, no seu artigo 2º, diz que cabe à União, por intermédio da Anac, regular e fiscalizar as atividades de infraestrutura aeronáutica e aeroportuária.

O novo modelo implicou a responsabilidade da Anac pela regulação da aviação civil por meio da fiscalização e controle, observados os termos dos acordos internacionais, a homologação de aeronaves e componentes da indústria aeronáutica nacional e a elaboração de estudos e pesquisas relacionados ao setor aéreo. No entanto, a agência herdou do antigo DAC uma multiplicidade de funções – típicas de um departamento de caráter executivo – que a sobrecarregaram e acabaram por inibir sua principal função, a de promover a regulação econômica de um mercado altamente dinâmico. Apenas como exemplos das funções herdadas, podem ser mencionadas atividades de fomento (escolas de aviação e entidades aerodesportivas) e de fiscalização de empresas de aviação geral, manutenção, serviços auxiliares, táxi aéreo e serviços especializados. Pelas suas características, tais atividades ficariam, sem dúvida, mais bem situadas funcionalmente em departamento especializado do Comando da Aeronáutica.

Apesar dos percalços iniciais, as mudanças institucionais citadas não só não afetaram como fortaleceram a presença marcante e respeitada do Brasil no cenário da aviação civil mundial. Signatário da Convenção de Chicago e, três anos após, membro fundador da Oaci das Nações Unidas, o Brasil teve participação relevante na elaboração das normas de segurança para as operações aeronáuticas seguidas pelos países-membros. O Brasil, pelo mérito da sua atuação, faz parte há mais de sessenta anos do chamado Grupo I do Conselho da Oaci, tendo sido referência mundial em matéria de segurança de operações de voo.

A criação da Anac representou, de fato, a culminação de um longo processo de modernização e busca da contemporaneidade do processo de regulação. De fato, como vimos no Capítulo 3, desde as recomendações da V Conferência Nacional de Aviação Civil, realizada em 1992, ocorreu a gradual flexibilização da regulação para propiciar maior liberdade tarifária, facilidades para a entrada de novas empresas no mercado, maior liberdade de operação de rotas, ambiente mais competitivo e surgimento de operações de baixo custo. Como demonstração da irreversibilidade desse processo, tais inovações foram incorporadas à Lei nº 11.182/05, de criação da Anac, e caminharam em direção oposta à tradição intervencionista estatal, baseada em rígidos controles de oferta e de preços, barreiras à entrada de novas empresas e restrições à exploração de novos nichos de mercado.

A remoção de controles desnecessários traduziu-se concretamente no surgimento de um novo ambiente competitivo entre as empresas aéreas, na criação de malhas integradas de âmbito nacional, racionalizando a oferta, dando melhor utilização às aeronaves e reduzindo custos operacionais, e no declínio sistemático das tarifas no longo prazo, em benefício dos usuários. Dessa forma, empresas que operavam sob a proteção de reservas de mercado e controles governamentais saíram de cena, cedendo lugar a um novo modelo de gestão empresarial, reconhecido internacionalmente como altamente eficiente e seguro.

Na qualidade de órgão de Estado, a Anac foi, portanto, protagonista de objetivos de longo prazo, traduzidos numa sequência de políticas públicas e diretrizes de caráter estratégico que remontam à visão do antigo Ministério da Aeronáutica desde 1992. Tais objetivos incorporaram, em seguida, as prioridades de políticas de Estado decorrentes da inserção do Brasil no processo de abertura comercial, modernização e amadurecimento econômico. Com a estabilidade da moeda, houve o crescimento do mercado doméstico, o fortalecimento da cadeia produtiva da indústria nacional, assim como a crescente universalização dos serviços públicos.

Apesar dos avanços, é importante, todavia, que se dê maior atenção à identificação clara e objetiva dos gargalos que afetam a aviação civil, especialmente no que diz respeito à compatibilidade das infraestruturas aeroportuária e aeronáutica relativamente ao crescimento da demanda, assim como ao desenvolvimento consistente da aviação regional. A persistência desses gargalos poderá reduzir, em prazo relativamente curto, tanto a pujança do crescimento da demanda quanto a atuação das empresas aéreas e da indústria aeronáutica brasileiras, no atendimento aos novos nichos que claramente se apresentam para o transporte aéreo.

Cabe salientar, por outro lado, que é premente a realização de investimentos que busquem eliminar os gargalos infraestruturais e as defasagens na oferta de equipamentos. É sabida a carência de recursos do Estado para prover infraestruturas básicas e sua manutenção. As infraestruturas, tanto aeroportuária quanto aeronáutica, especialmente as que atendem a aviação regional, são precárias – ou mesmo inexistentes – em cidades que polarizam economias regionais. Não se podem vislumbrar soluções baseadas exclusivamente em recursos públicos. Trata-se, portanto, de gerar um ambiente de estabilidade institucional, segurança jurídica e estímulo aos investimentos privados, a fim de ampliar a abrangência das concessões e viabilizar as PPPs.

Mudanças necessárias

É importante que se adote nesse novo modelo institucional, em vigor a partir da criação da Anac, a ideia de compartilhar responsabilidades entre governo, sociedade, empresas aéreas e agentes da cadeia produtiva da aviação civil e do transporte aéreo. Num contexto moderno de regulação autônoma e gestão inteligente de sistemas complexos, cabe às empresas aéreas e à sociedade ter uma participação mais ativa nas tarefas de planejamento estratégico e estabelecimento de metas para o setor. Com isso, pode-se superar a tradicional postura passiva e reativa àquilo que é imposto pelo Executivo.

A lógica de caminhar nessa direção prende-se ao fato de se ter tornado necessário – após o período crítico do apagão aéreo – consolidar conceitos, diretrizes e linhas de ação, em busca de maior eficácia e do equilíbrio na ação reguladora. As mudanças na estruturação institucional do setor podem dar ao Conac, ou algo equivalente, o respaldo da administração direta para resgatar o processo de formulação das diretrizes estratégicas, políticas públicas e planejamento de longo prazo. Seria importante, ainda, definir as prioridades e a natureza, técnica e econômica, da regulação. Não se podem confundir as funções de planejamento e formulação de políticas com aquelas relacionadas à regulação. Ao Conac não cabe, portanto, atuar como um órgão regulador ocasional, perdendo a sua visão sistêmica e estratégica da aviação civil como um todo.

À Anac, como ente autônomo, caberia aplicar regulamentos, exercer controle e fiscalização, monitorar resultados e avaliar desempenhos, sempre com enfoque abrangente e por meio de ação sistêmica. A Anac já dispôs de tempo suficiente para ter resolvido o conflito de ser, de um lado, uma agência com objetivos inovadores – especialmente no que diz respeito à regulação econômica – e, de outro, como salientamos anteriormente, a sucessora de uma multiplicidade de funções específicas herdadas do DAC, que foi eficiente sob a administração militar.

Considerados os problemas que emergiram na crise aérea – e sua persistência em muitos aspectos – uma das possíveis mudanças que devem ser aventadas no escopo da regulação é a de promover a cisão das funções ligadas à segurança operacional, fazendo-as retornar ao Comando da Aeronáutica. Haveria, assim, uma transferência da Superintendência de Segurança Operacional (SSO) para o Comando, alinhada com o controle do espaço aéreo (Decea) e a prevenção e investigação de acidentes (Cenipa). Portanto, toda a cadeia funcional relacionada com os aspectos técnicos da regulação de segurança estaria integrada e cada um desempenharia com maior facilidade o seu papel.

Da mesma forma pela qual são separadas essas funções em outros setores – como, por exemplo, a Capitania dos Portos da Marinha de Guerra em relação à Antaq e os Detrans em relação à ANTT –, a Anac poderia se concentrar com maior ênfase nos aspectos relacionados à regulação econômica, certificação de produtos e à fiscalização da atuação das concessionárias no que diz respeito, especialmente, à adequada prestação do serviço público concedido, à permanência das concessionárias de prestação de serviços aéreos e de infraestrutura aeroportuária nas condições que lhes permitam receber as concessões, bem como as autorizações e permissões a elas vinculadas, à continuidade da prestação do serviço público, por intermédio da instituição de regramento que possibilite a avaliação constante das condições econômicas, financeiras e jurídicas das reguladas (sempre é oportuno lembrar os casos Transbrasil, Vasp e Varig), à criação de mecanismos cujo objetivo seja a oferta da prestação dos serviços aéreos e da utilização da infraestrutura aeroportuária a um percentual cada vez maior da população, o que se dá principalmente pela modicidade dos preços cobrados (modicidade tarifária).

Neste momento, a consolidação de uma legislação adequada ao funcionamento das agências adquire relevância especial. Principalmente, considerando-se a importância das agências em, de um lado, gerar um ambiente atrativo e estável para os investidores privados no longo prazo e, de outro, garantir o suprimento dos serviços aos usuários em condições de competição, levando em conta seus níveis de renda e exigências de qualidade e segurança. O balizamento oferecido pelas agências tem importância crucial para os investimentos com capitais privados (tanto nacionais como estrangeiros) que buscam segurança no ambiente institucional.

Por outro lado, a reflexão sobre a ordenação institucional do sistema nacional de aviação civil passa pela necessidade premente de coordenação das ações dos seus diversos segmentos: a infraestrutura aeroportuária, a infraestrutura aeronáutica de proteção ao voo, o transporte aéreo, a homologação de produtos da cadeia produtiva da indústria aeronáutica. Todos os segmentos relacionados com a aviação civil estavam subordinados ou vinculados ao Ministério da Defesa. Havia, portanto, oportunidade de o trabalho de coordenação ser feito por órgão da administração direta daquele ministério.

Nesse sentido, a criação de uma secretaria de aviação civil – no âmbito do Ministério da Defesa – foi oportuna, mas persistiu a falta de coordenação e integração das ações dos diversos segmentos (Infraero, Decea, Cenipa e Anac) que exigiam a elaboração de estudos e pesquisas, planejamento de longo prazo, avaliações da compatibilidade entre iniciativas e entre projetos, sistemas de monitoração e desempenho e propostas de políticas públicas e diretrizes para efeito de encaminhamento ao Conac. Com relação à Anac, seria desejável uma reestruturação interna que a tornasse mais "parecida" com as demais agências reguladoras que controlam e fiscalizam as concessões de serviços públicos, tendo presentes, todavia, as peculiaridades do setor.

Mas, ao fim e ao cabo, a pergunta que cabe fazer é: "Qual o objetivo desejável: o que se quer é uma agência de aviação civil ou uma de transporte aéreo?". No primeiro caso – que é o da concepção da lei – a Anac, como foi visto, herdou uma vasta gama de atribuições que abrangem ações de fiscalização, homologação e fomento relacionadas com todos os segmentos da aviação civil, exceto o controle do tráfego e a proteção do espaço aéreo (Decea) e a prevenção e investigação de acidentes aeronáuticos (Cenipa).

Se a opção for por uma agência do transporte aéreo, caberia à Anac regular e fiscalizar os serviços aéreos domésticos e internacionais (SSA), os acordos bilaterais ou multilaterais de serviços aéreos (SRI), a infraestrutura aeroportuária (SIE), os estudos e pesquisas necessários ao exercício das suas funções (SEP).

Note-se, por fim, que, considerada a hipótese de concessões e parcerias das infraestruturas aeroportuárias, será necessário que a agência reguladora gerencie os contratos e articule as ações voltadas para a infraestrutura, de um lado, com a regulação do mercado de transporte aéreo, de outro.

A revisão do Código Brasileiro de Aeronáutica (CBA)

A crise aérea e os apagões recorrentes revelaram, de forma dramática, a fragilidade institucional do sistema de aviação civil, traduzida pela ausência de visão estratégica e planejamento de longo prazo, políticas públicas consistentes com os objetivos de difusão do transporte aéreo, marco legal e regulador mais condizente com o novo ambiente competitivo, interlocução entre os órgãos governamentais, assim como do Executivo com o Legislativo e o Judiciário, compatibilidade entre as iniciativas, operações e investimentos nas infraestruturas, apoio à formação de recursos humanos e ao desenvolvimento tecnológico.

Como já mencionamos anteriormente, a convergência de diversos fatores negativos gerou graves estrangulamentos ao desenvolvimento da aviação civil, em geral, e do transporte aéreo, em particular. Assim, as carências e deficiências nas infraestruturas não fizeram frente ao crescimento acelerado da demanda pelos serviços de transporte aéreo de passageiros e cargas. Por outro lado, a inexistência de políticas públicas mais integradas – abrangendo os diversos segmentos que compõem o sistema de aviação civil – e as deficiências administrativas nos órgãos responsáveis geraram problemas permanentes de falta de comunicação e conflitos de iniciativas no âmbito do governo federal.

Acrescente-se que a ausência de um marco regulador atualizado, na forma de uma lei geral da aviação civil que substituísse o Código Brasileiro de Aeronáutica, dificultou a ação reguladora em relação a um mercado de grande dinamismo. Por fim, de um lado, os aumentos das escalas da demanda e, de outro, a carência de recursos humanos necessários, em número e qualificação, ao desenvolvimento da aviação civil completaram o quadro de obstáculos ao crescimento do transporte aéreo.

Mesmo com essa fragilidade institucional e os graves problemas nas infraestruturas, são bastante promissoras as perspectivas de evolução do mercado para o transporte aéreo no Brasil. A existência de forte demanda reprimida, ao lado da maior competitividade no mercado, terá que adequar a oferta à ampliação da escala da demanda e às novas exigências dos consumidores.

Nesse contexto, está em curso no Congresso Nacional a revisão do Código Brasileiro de Aeronáutica. O novo Código será o marco regulador do sistema de aviação civil. Deve ser motivo de preocupação a forma como os debates serão conduzidos no Congresso Nacional. Há o risco de que um jogo de interesses – segmentados e dispersos – faça pressões que acabem por prejudicar a concepção de todo o sistema, tendo em vista os avanços tecnológicos, organizacionais, comerciais e reguladores ocorridos na aviação mundial.

Seguem-se alguns exemplos de importantes mudanças que ocorrerão nas duas próximas décadas e que devem ser entendidas pelo Congresso e pelo Executivo.

- Mudanças significativas ocorrerão nos acordos aéreos internacionais e nas novas formas de regulação e de relacionamento entre os grandes blocos econômicos e mercados globais.
- Haverá descompasso entre as infraestruturas aeroportuárias e as necessidades impostas pelo crescimento do tráfego aéreo e da nova geração de aeronaves.
- Haverá necessidade do desenvolvimento de tecnologias de controle e gestão do espaço aéreo e de componentes da infraestrutura aeronáutica, principalmente em decorrência da saturação do espaço aéreo em rotas e aeroportos com elevadas movimentações de aeronaves.

- Concepções e modelos de planejamento, organização espacial e gestão das infraestruturas aeroportuárias sofrerão mudanças, assim como os modelos inovadores de gestão de custos das empresas aéreas, diante da acirrada competição nos mercados doméstico e mundial.
- Surgirão exigências de acessibilidade aos aeroportos, diante do agravamento dos congestionamentos nos sistemas viários e da necessidade de ampliação da oferta dos transportes públicos sobre trilhos.
- Ocorrerá a inserção do transporte de bandeira nacional no mercado mundial.
- O mercado doméstico e sul-americano em termos de ligações troncais, regionais e alimentadoras sofrerá segmentação.
- Ocorrerão mudanças nas concepções e modelos operacionais da aviação regional.

Tais mudanças – de grande envergadura – terão que ter respaldo no novo Código Brasileiro de Aeronáutica. Na verdade o ideal é que a revisão caminhe na direção de consolidar uma lei geral da aviação civil, a exemplo do respaldo de um marco legal atualizado como há em outros segmentos regulados por agências públicas. Trata-se, portanto, de um momento delicado para o futuro da aviação civil brasileira.

Uma síntese final

Num ambiente democrático, a legitimidade é a essência da regulação, pois a autoridade resulta da plena representação dos atores envolvidos e da discussão aberta de temas e propostas. A democracia induz, também, à transparência na prestação de contas à sociedade. Por fim, a confiança depende fundamentalmente da preservação das regras do jogo, sem mudanças bruscas e sobressaltos intimidadores que, ao contrário do que muitos pensam, minam a autoridade do poder regulador.

Não há dúvida de que a ação reguladora deva estar respaldada numa sólida base institucional, definida por uma rede de relações e instrumentação legal. A aceitação das normas, a fluência das demandas por canais institucionalizados e a transparência nas manifestações dos atores envolvidos geram a confiança e induzem à busca de eficiência, qualidade e equidade.

Enquanto o pensamento social-institucional, como vimos, julga ser a regulação econômica inerente a todo tipo de prestação de serviço público por meio de concessões e parcerias, muitas vezes o pensamento neoliberal restringe radicalmente o papel da regulação à ocorrência de falhas ou imperfeições do mercado. Mesmo em setores onde é aceito um papel mais atuante da regulação, como nas concessões relacionadas com os transportes, o argumento da "captura" do ente regulador – cuja função é proteger os interesses dos usuários – pelos interesses dos concessionários pode levar à desregulamentação.

Isso aconteceu, por exemplo, nos Estados Unidos justamente com a aviação civil em fins dos anos 1970 e nos anos 1980 e influenciou muitas medidas de desregulamentação em outros segmentos dos transportes (ferrovias, por exemplo). No final dos anos 1980 e nos 1990, passou a prevalecer a visão de organismos internacionais, tais como o Banco Mundial, o FMI e a OCDE, de que o mercado é mais efetivo para suprir as necessidades das demandas da sociedade e de que o setor privado é mais eficiente nessa função, dispensando a ação do poder público. Mas, como foi dito anteriormente, se isso é válido para uma imensa variedade de bens e serviços produzidos na economia, cujo suprimento não envolve externalidades ou fatores de risco, para os serviços públicos a ação pública reguladora é fundamental para proteger os interesses dos consumidores/usuários.

Dessa forma, a aviação civil constitui-se em um dos mais complexos casos de regulação econômica, pela sua dualidade de atividade econômica sujeita à competição acirrada do mercado e de serviço público concedido sujeito a normas, regras e procedimentos preestabelecidos. Mesmo porque atualmente não se mostram mais adequadas nem a regulação impositiva, baseada em burocracias rígidas e pesadas, funcionando na base de proteções e sanções, nem o que se convencionou chamar de desregulamentação, que pode levar à guerra tarifária descontrolada e à competição predatória, em detrimento da qualidade e segurança dos serviços prestados ao usuário. Esse é o grande desafio da regulação econômica na aviação civil brasileira.

Concluindo e em síntese, no caso da aviação civil, há dois tipos de regulação que devem ser levados em conta: a econômica e a de segurança. A primeira deve ser continuamente modificada em razão da dinâmica do mercado, bem como do desenvolvimento e amadurecimento da aviação civil, considerado o seu ambiente cada vez mais competitivo. A segunda tem caráter mais rígido e deve tornar-se mais rigorosa, na medida em que a primeira se flexibiliza em razão da competição.

No bojo da globalização, a cadeia produtiva do transporte aéreo acompanhou as mudanças nos processos produtivos. A aceleração das mudanças na produção e gestão, pelo uso de tecnologias intensivas nos campos da informação e comunicação, atingiu também as empresas aéreas e prestadores de serviços. Ou seja, a integração horizontal das cadeias produtivas, com terceirização de serviços e da produção.

Por outro lado, as novas logísticas de abastecimento e escoamento (transporte multimodal) reduziram as necessidades de estoques e geraram sistemas *just in time*, em que as vantagens das aglomerações industriais deixam de ser relevantes para os processos produtivos. Isso implicou a formação de alianças estratégicas e/ou parcerias contratadas, visando maior agilidade e fortalecimento das marcas e produtos no mercado.

As profundas mudanças nos processos produtivos nas atividades industriais e de serviços tornaram o detentor da marca e/ou da tecnologia de produção não necessariamente o fabricante do produto. Criou-se a necessidade de formular planejamento estratégico por cenários alternativos, e os setores de alta tecnologia, na vanguarda das mudanças, fazem rápidos ajustes nos seus modelos de produção. Outra consequência foi a formação de alianças para reduzir custos e enfrentar a acirrada competição no mercado, assim como ameaças de desaquecimento da economia.

As empresas industriais e de serviços procuram, assim, concentrar-se no foco de atuação e utilização dos recursos humanos e materiais nos produtos finais. Abrem-se novas oportunidades de ganho em empresas com agilidade para se reorganizar, continuar inovando e manter a credibilidade de suas marcas. Os desdobramentos das mudanças foram os que seguem.

- *Planejamento estratégico por cenários*. A velocidade das mudanças tecnológicas e organizacionais dificulta as previsões no ambiente de negócios no longo prazo.
- *Vantagens competitivas*. Os sucessos obedeceram a padrões definidos de comportamento, resumidos em liderança baseada no fator custo, diferenciação pela criação de um produto ou serviço visto como singular ou especial e preservação do seu foco, direcionando liderança e foco para um alvo específico.
- *Alianças estratégicas*. Associação entre várias empresas que juntam recursos, competência e meios, para desenvolver uma atividade específica ou criar sinergias de grupo para enfrentar a concorrência.

Com as alianças estratégicas, acordos e parcerias para a conquista de novos mercados (geográfico ou setorial), as empresas adquirem novas competências ou ganham dimensão crítica. As empresas têm, via de regra, três opções: fusão ou aquisição, internacionalização e celebração de alianças estratégicas com um ou vários parceiros. As alianças tanto podem efetuar-se entre empresas que atuam em ramos de atividade diferentes, como entre concorrentes. Distinguem-se das *joint ventures*, em que os parceiros partilham a propriedade de uma nova empresa: as alianças, acordos e parcerias são formas de compartilhar a racionalização das operações e reduzir custos.

Mas quais foram os impactos de toda essa revolução produtiva e tecnológica sobre o transporte aéreo? Primeiramente, as novas cadeias produtivas induziram novos processos de produção e revolucionaram tanto as logísticas de escoamento e abastecimento como as trocas comerciais. Isso acarretou a intensificação dos deslocamentos de pessoas e mercadorias, ampliando o mercado do transporte aéreo. Nas mudanças, a aviação comercial tanto recebeu os impactos como teve papel decisivo de suporte à chamada globalização.

Com a globalização, o transporte aéreo ganhou maior dinamismo e competitividade, e os impactos das mudanças foram significativos em termos das formas de relação entre poderes concedentes e empresas aéreas, estruturas organizacionais das empresas aéreas e respostas à dinâmica do mercado por meio de inovações nos sistemas de operação e gestão. Como vimos no Capítulo 2, houve mudanças significativas na dinâmica e escala do transporte aéreo, com significativos *ganhos em eficiência*. Além da evolução tecnológica, ocorreram o melhor gerenciamento dos recursos financeiros, humanos e materiais, os aumentos persistentes da produtividade e a modernização e adequação da função reguladora.

Do ponto de vista das empresas aéreas, disseminaram-se as alianças, acordos e parcerias, tendo por objetivos racionalização de sistemas operacionais para evitar a capacidade ociosa e eliminar a superposição de linhas e frequências, redução de custos administrativos, de operação e manutenção (por meio da padronização dos sistemas de gestão, bem como dos equipamentos de voo e de apoio de terra), maior fluidez no intercâmbio de conhecimento e transferência de tecnologia, criação de uma gama diversificada de serviços para o cliente, maior capacidade de apresentar respostas criativas às exigências de qualidade, rapidez e conveniência.

No Brasil, a transição da economia para um ambiente mais estável, competitivo e globalizado alterou radicalmente os antigos paradigmas de proteção governamental, reservas de mercado e acomodação aos controles burocráticos ineficazes. Em decorrência das mudanças, surgiu a necessidade de instrumentos de regulação, políticas públicas, sistemas inteligentes de gestão, PPPs e estímulos à nova dinâmica do setor. Mas, apesar de seguir as tendências mundiais de ganhos expressivos de eficiência, a nossa aviação comercial tem custos comparativamente elevados. Fatores institucionais são, em grande parte, responsáveis pelos custos, quais sejam, carga tributária, tarifas por serviços e despesas administrativas com controles desnecessários.

Dessa forma, uma regulação moderna é fundamental para que o transporte aéreo possa apoiar um novo ciclo sustentado de desenvolvimento. Sabe-se que a regulação exercida de forma rígida, autoritária e impositiva levou, a pretexto de proteção contra as turbulências de mercado, ao colapso de grandes empresas aéreas. Por outro lado, experiências de desregulamentação desordenada e sem critérios levaram à competição predatória e ao declínio da segurança e da qualidade dos serviços. Uma maior abertura para a dinâmica do mercado deverá reduzir o papel dos mecanismos de regulação prolixos e ineficazes, em favor da regulação econômica, de segurança e de qualidade.

Assim, alianças, acordos e parcerias – pelo lado das empresas aéreas – e regulação moderna – por parte do governo – devem atender ao interesse maior dos usuários. A regulação deverá ser aberta, transparente e cooperativa, baseada na vontade de consenso entre os agentes envolvidos, com arbitragem exercida pelo poder público em favor dos usuários. Processo decisório e ação reguladora responsável e eficaz que buscam o consenso são a meta principal, mas as decisões finais cabem ao ente regulador, quando não se chega ao consenso. Por fim, vale insistir que uma regulação econômica eficaz não pode deixar de levar em conta a necessidade de racionalização dos fatores exógenos que oneram, de forma abusiva, os custos da aviação comercial: burocracia, tributos, encargos, taxas e tarifas.

Bibliografia

ADAMS, John. *Transport Planning: Vision and Practice*. Londres/Boston: Routledge & K. Paul, 1981.

ANAC. *Relatório final da auditoria na TAM*. Brasília, 2007.

ARMSTRONG, K. A. & BULMER, S. J. *The Governance of the Single European Market*. Manchester: Manchester University Press, 1998.

BAIN & COMPANY. *Brazilian Domestic Market Growth Outlook*. São Paulo, 2007.

BALLOU, Ronald H. *Business Logistics, Supply Chain Management*. Nova York: Prentice Hall, 2003.

BANCO MUNDIAL. *Connecting to Compete: Trade Logistics in the Global Economy: Logistics Performance Index*, 2010.

BARAT, J. "Regulação do transporte aéreo". Em *Revista Jurídica Consulex*, X, 224, Brasília, maio de 2006.

_____ et al. *Logística e transporte no processo de globalização*. São Paulo: Unesp/IEEI, 2007.

_____. "Arquitetura financeira global". Em *Revista Jurídica Consulex*, XII, 283, Brasília, outubro de 2008.

_____. "Regulação do transporte aéreo". Em *Revista Jurídica Consulex*, X, 224, Brasília, maio de 2006.

_____. *Logística, transporte e desenvolvimento econômico*. 4 vols. São Paulo: CLA, 2007.

_____. "Bases para a formulação de um plano de desenvolvimento da aviação civil brasileira". Em REIS VELLOSO, João Paulo dos (org.). *Transformando a crise em oportunidade: diagnóstico e bases para o desenvolvimento de um plano para a aviação civil brasileira*. Rio de Janeiro: José Olímpio, 2007.

BARTLIK, M. *The Impact of EU Law on the Regulation of International Air Transportation*. Londres: Ashgate, 2007.

BERNSTEIN, G. W. "Discussion Panel Report on International Airlines". Em *XI International Workshop: Future Aviation Activities, Transportation Research Circular*. Washington: Transportation Research Board, National Research Council, EUA, fevereiro de 2000.

BISHOP, M. *et al.* (orgs.). *Privatization and Economic Performance*. Oxford: Oxford University Press, 1994.

CALEFFI, Paulo. "A integração latino-americana". Em *Custo Brasil – soluções para o desenvolvimento*, 3 (17), Rio de Janeiro, out./nov. de 2008.

CAMPOS NETO, Carlos Álvares & HARTMANN DE SOUZA, Frederico. "Aeroportos no Brasil: investimentos recentes, perspectivas e preocupações". Em *Nota Técnica Diset*, nº 5. Brasília: Ipea, abril de 2011.

CARVALHO PINTO, Victor. *O marco regulatório da aviação civil: elementos para a reforma do Código Brasileiro de Aeronáutica*. Brasília, Consultoria Legislativa do Senado Federal, Coordenação de Estudos, Textos para Discussão, nº 42, 2008.

COMMISSION OF THE EUROPEAN COMMUNITIES. "White Paper on Air Traffic Management: Freeing Europe's Air Space". Bruxelas, COM 57, março de 1996.

DAVIES, R. E. G. *Fallacies and Fantasies of Air Transport History*. Mc Lean: Paladwr Press, 1994.

_____. *Os rumos do transporte aéreo no século XXI: lições da história*. S./l.: 2004.

EISNER, M. A. *Regulatory Politics in Transition*. Baltimore: Johns Hopkins University Press, 2000.

ESPÍRITO SANTO JR., Respício. "A necessária privatização". Em *Revista Aeromagazine*, São Paulo, março de 2011.

_____ & CARDOSO, Fábio. "O capital estrangeiro nas empresas aéreas brasileiras". Em *Revista de Informação Legislativa do Senado Federal*, Brasília, nº 171, jul./set. de 2006.

_____. "Airport Privatization in Brazil: Questions and Answers". Em *Proceedings of the 36th CTRF Annual Conference "A Transportation Odyssey"*, Vancouver, vol. 1, 2001.

ESTACHE, Antonio & DE RUS, Ginés. *Privatization and Regulation of Transport Infrastructure: Guidelines for Policymakers and Regulators*. Washington: The World Bank, 2000.

FRÉMONT, Antoine. "Empirical Evidence for Integration and Disintegration of Maritime Shipping, Port and Logistics Activities". Em *Round Table on Vertical Relations between Transport and Logistics Businesses*. Paris: OCDE, fevereiro de 2009.

GANDRA, Mauro. "A questão do transporte aéreo". Em BARAT, Josef (org.). *Logística e transporte no processo de globalização: oportunidades para o Brasil*. São Paulo: Unesp/IEEI, 2007.

GOVERNO FRANCÊS (Commissariat Général du Plan). *Les Reseaux de Services Publics dans le Monde/Organisation, Régulation, Concurrence*. Paris: Collection Rapports Officiels, 1995.

GOVERNO INGLÊS (Department of the Environment, Transport and the Regions). *A New Deal Transport: Better for Everyone*. Londres: The Stationery Office, 1998.

HAKIM, Simon et al. (orgs.). *Privatizing Transportation Systems*. Westport: Praeger, 1996.

HAVEL, Brian F. *In Search of Open Skies: Law and Policy for a New Era in International Aviation: a Comparative Study of Airline Deregulation in the United States and the European Union*. Boston/The Hague: Kluwer Law International, 1997.

_____ & WHITAKER, Michael G. *The Approach of Re-Regulation: the Airline Industry after September 11, 2001*. Chicago: CCH Inc., 2001.

HOFTON, A. "Development World Airlines: How They Can Survive and Prosper". Em HERATY, M. (org.). *Development World Transport*. Londres: Grovesnor Press International, 1989.

INFRAERO. *Perfis dos aeroportos brasileiros*. Disponível em www.infraero.gov.br/aero.php

KAWAGOE, Maho. "Air Transport Deregulation in the UE: Study from the Europenzation Perspective". Comunicação apresentada no III Simpósio European Integration between the Past and the Present. Sapporo: Hokkaido University, setembro de 2008.

KAY, J. & VICKERS, J. "Regulatory Reform: an Appraisal". Em MAJONE, G. (org.). *Deregulation or Re-Regulation? Regulatory Reform in Europe and the United States.* Nova York: Pinter, 1990.

MAJONE, G. "The European Community between Social Policy and Social Regulation". Em *Journal of Common Market Studies*, 32(2), 1993.

_____ (org.). *Deregulation or Re-Regulation? Regulatory Reform in Europe and the United States.* Nova York: Pinter, 1990.

MCKINSEY & CO. *Estudo do setor de transporte aéreo do Brasil: relatório consolidado.* Rio de Janeiro: BNDES, 2010.

MONDEY, David. *World's Airliner Registrations.* Londres: Ian Allan, 1974.

NIJKAMP, P. & REICHMAN, S. *Transportation Planning in a Changing World.* Brookfield/Aldershot: Gower/The European Science Foundation, 1987.

NOMBELA, Gustavo. *Diseño de Instituiciones de Regulación.* Comunicação apresentada no II Encontro Latino-Americano de Instituições Responsáveis pela Supervisão, Fiscalização e Regulação dos Transportes. Santiago do Chile: Cepal, 1999.

OCDE/International Energy Agency. *Biofuels for Transport: an International Perspective.* Paris: OCDE, 2004.

OCDE/International Transport Forum/Global Forum on Sustainable Development. *Transport and Environment in a Globalizing World.* Paris: OCDE, novembro de 2008.

OCDE/International Transport Forum/Joint Transport Research Centre. *Port Competition and Hinterland Connections (Summary and Conclusions).* Documento nº 2008-19. Paris: OCDE, abril de 2008.

OLIVEIRA, A. V. M. "Performance dos regulados e eficácia do regulador: uma avaliação das políticas regulatórias do transporte aéreo e dos desafios para o futuro". Em SALGADO, L. H. & DA MOTTA, S. (orgs.). *Regulação e concorrência no Brasil: governança, incentivos e eficiência.* Rio de Janeiro: Ipea, 2007.

ORGANIZACIÓN DE AVIACIÓN CIVIL INTERNACIONAL. *Informe Anual del Consejo.* Montreal, 2009.

PAVAN, Renato Casali. *Projeto Brasil Competitivo*. São Paulo: Macrologística, 2008.

PILARSKI, A. M. *Why Can't We Make Money in Aviation?* Aldershot/Londres: Ashgate, 2007.

_____ & SCHAUFELE, JR., R. *Trends in Air Transport Industry*. S./l.: Douglas Aircraft Corporation, 1989.

QUAYLE, Michael & JONES, Bryan. *Logistics: an Integrated Approach*. Liverpool: Liverpool Business Publishing, 2002.

SALGADO, L. H. "The Regulation of the Airline Industry in Brazil". Documento apresentado em American Law & Economics Association Annual Meetings, 2005. Disponível em: http://law.bepress.com/alea/15th/bazaar/art29.

_____. "Alternativas de políticas públicas para a retomada do transporte aéreo na região amazônica". Brasília, outubro de 2008, mimeo.

_____ & OLIVEIRA, A. V. M. *A reforma regulatória da década de 1990 no transporte aéreo brasileiro e suas implicações no bem-estar* (Projeto revisão da regulação do setor de transporte aéreo brasileiro). S./l.: Redipea/Pnud/Ipea, 2006, mimeo.

SCHAUFELE, Roger D. *The Elements of Aircraft Preliminary Design*. Santa Ana: Aries, 2000.

SELZNICK, P. "Focusing Organizational Research on Regulation". Em NOLL, R. G. (org.). *Regulatory Policy and the Social Sciences*. Berkeley: University of California Press, 1985.

TAVARES, Márcia P. *O transporte aéreo doméstico e a lógica da desregulamentação*. Documento de Trabalho nº 4. Brasília: Ministério da Fazenda/Coordenação-Geral de Serviços Públicos e Infraestrutura da SEAE, 1999.

TURNBULL, Peter. "Regulation, Deregulation or Re-Regulation of Transport?". Comunicação no Simpósio sobre as Consequências Sociais e Trabalhistas do Desenvolvimento Tecnológico, Desregulamentação e Privatização dos Transportes. Genebra: OIT, 1999.

VASCONCELOS, Leonardo F. S. *O aeroporto como integrante de um projeto de desenvolvimento regional: a experiência brasileira*. Dissertação de mestrado. Brasília: Universidade de Brasília, 2007.

VASIGH, B. *et al. Introduction to Air Transport Economics: from Theory to Application*. Londres: Ashgate, 2008.

VIETOR, R. H. K. *Contrived Competition: Regulation and Deregulation in America*. Cambridge: Harvard University Press, 1994.

VISCUSI, W. K. *et al. Economics of Regulation and Antitrust*. Cambridge: MIT Press, 1995.

Anexos

ANEXO I
Gargalos institucionais no sistema de aviação civil

1. Políticas públicas e arcabouço legal

Funcionalidade

- O Conselho Nacional de Aviação Civil (Conac) foi pouco atuante e há tempos não definia políticas públicas consistentes para o setor.
- O Conac agiu frequentemente como regulador ocasional e não como instância maior para a formulação de políticas e diretrizes para o setor.

Direitos dos consumidores

- Urge rever o Código Brasileiro de Aeronáutica (CBA), atualizando-o na forma de uma lei geral da aviação civil.
- É necessário que o CBA se adapte à Constituição Federal (uma vez que a antecede), bem como se posicione quanto à aplicação do Código de Defesa do Consumidor e dos tratados internacionais dos quais o Brasil é signatário.
- É necessário, ainda, que a revisão do CBA o insira no sistema de Defesa Econômica.

Relações internacionais

- Não há políticas claramente definidas quanto à preservação da participação da bandeira nacional no tráfego internacional.
- Hoje é de menos de 30% a participação das empresas brasileiras no tráfego internacional.
- É necessário que haja definições explícitas quanto ao cumprimento dos tratados internacionais em nosso território.
- O avanço da globalização é mais uma forte razão para as autoridades brasileiras não se contraporem aos termos dos tratados ratificados pelo Congresso Nacional.

Aviação regional

- Não existe mais a distinção entre a aviação nacional e a regional.
- Não há políticas claramente definidas quanto ao fomento da aviação regional.
- Na ausência de definições, haverá sempre o risco de se tornar predatória a competição entre os serviços de âmbito nacional e os de âmbito regional.

Infraestrutura aeroportuária

- Não há balizamento de políticas setoriais e diretrizes claras que induzam a definição de prioridades dos investimentos da Infraero.
- O planejamento da infraestrutura aeroportuária não se integra ao escopo mais amplo do sistema de aviação civil, considerados os segmentos da infraestrutura aeronáutica, empresas aéreas de passageiros e cargas, bem como da indústria aeronáutica.

Recursos humanos

- Não existe política pública abrangente visando a formação e o treinamento de recursos humanos, e direcionada para os diversos segmentos da aviação civil. Isso é particularmente grave num momento em que são visíveis as carências de profissionais controladores de voo, assim como de pilotos e tripulantes, diante do crescimento vertiginoso do mercado e da incorporação de aeronaves.

- O número insuficiente de profissionais especializados tem provocado situações de excesso de carga de trabalho e tensões que são indesejáveis num ambiente complexo como o da aviação civil.

Empresas aéreas

- A política vigente é de livre competição e livre entrada de empresas no mercado. Permite reduções de custos e ampliação do mercado, por meio da incorporação de novos contingentes de consumidores. Há uma contradição, no entanto, entre política de estímulo ao crescimento da demanda e falta ou distribuição inadequada de investimento nas infraestruturas aeroportuária e aeronáutica.

2. Planejamento e coordenação de governo

Funcionalidade

- Não existe um planejamento abrangente e de longo prazo integrando os segmentos do sistema de aviação civil. Os diversos órgãos envolvidos não se comunicam e é falha a integração de planos e ações. É frágil, portanto, a necessária coordenação das ações de governo. O tema adquire maior relevância após a recente criação da Secretaria de Aviação Civil.

Direitos dos consumidores

- Os órgãos de defesa do consumidor e a própria Agência Nacional de Aviação Civil (Anac) devem planejar melhor suas ações no sentido de educar o consumidor não só na defesa dos seus direitos, mas também no conhecimento das suas obrigações.

Infraestrutura aeroportuária

- O planejamento que contempla o sistema de aeroportos da Infraero carece tanto de visão de longo prazo quanto de definição clara de prioridades e está sujeito a permanentes pressões político-partidárias.

Infraestrutura aeronáutica

- Há necessidade de integrar o planejamento do controle do espaço aéreo e o sistema de proteção ao voo a um planejamento mais abrangente do setor aéreo como um todo.

- Há necessidade de planejar as mudanças profundas que estarão em curso.
- As bases em instalações de terra, centralizadas e com integração dispersa, evoluem para bases espaciais (por meio de satélites georreferenciados), descentralizadas e altamente integradas.

3. Regulação e marco regulador

Funcionalidade

- A Anac tem excesso de funções (inclusive executivas), herdadas do antigo Departamento de Aviação Civil (DAC) e outros órgãos da Aeronáutica, o que a diferencia das demais agências reguladoras.
- A Anac acaba não se dedicando plenamente ao que seriam as funções básicas de uma agência reguladora, como, por exemplo, a regulação econômica do mercado.

Direitos dos consumidores

- Necessidade de haver uma lei geral da aviação civil resultante de um amplo esforço de revisão do CBA. A lei é importante como balizamento da regulação do setor aéreo, especialmente no que diz respeito aos direitos dos consumidores.

Relações internacionais

- Apesar da demanda crescente, a concessão de frequências para voos internacionais é prejudicada pelo déficit de infraestruturas e instalações aeroportuárias.
- Cabe lembrar que Congonhas – aeroporto de maior movimento de voos domésticos – e Guarulhos – principal *hub* do tráfego internacional – têm limitações na oferta de *slots* para pousos e decolagens, não mais podendo receber voos adicionais nos horários de pico.

Aviação regional

- A aviação regional sofre frequentemente competição predatória da aviação nacional pela superposição nas suas rotas.

Infraestrutura aeroportuária

- A Infraero é uma empresa pública, criada em 1972, como delegatária da União para construir e administrar os principais aeroportos do país.

Dessa forma, ela não é uma concessionária dos serviços, não havendo contrato de concessão com o poder concedente.

- A ausência de um contrato de concessão torna difícil para a Anac exercer plenamente a regulação prevista na sua lei de criação (Lei nº 11.182/05), uma vez que o artigo 2º da lei diz que cabe à União, por intermédio da Anac, regular e fiscalizar as atividades de infraestrutura aeronáutica e aeroportuária.

4. Tributação

Funcionalidade

- Carga tributária excessiva em toda a cadeia de prestação de serviços aéreos.
- O ICMS, com alíquotas diferenciadas nos estados, obriga as empresas aéreas a adotar complexas logísticas operacionais. Isso afeta principalmente o abastecimento das aeronaves com combustível de aviação, onerando seus custos.

Relações internacionais

- A tributação incidente sobre as empresas aéreas brasileiras é muito elevada em relação à das empresas estrangeiras, reduzindo sua competitividade no mercado de viagens internacionais.

Aviação regional

- Alíquotas diferenciadas de ICMS prejudicam logísticas de suprimento das empresas regionais, pois ficam restritas, no abastecimento, às suas regiões.

Infraestrutura aeroportuária

- Adicional tarifário Ataero de 50% sobre a tarifa básica de carga é muito criticado, inclusive pela Iata e suas empresas aéreas filiadas.

5. Burocracia e gestão

Funcionalidade

- Burocracia complexa, com conflitos frequentes de competência e superposição de iniciativas dos agentes públicos.

Infraestrutura aeroportuária

- Nos aeroportos brasileiros não existe a figura do airport chief manager, com autoridade para efetivamente coordenar as ações de todos os órgãos federais e estaduais que atuam no aeroporto, como Polícia Federal, Receita Federal, Anac, Saúde dos Portos, Agricultura, Polícia Civil, entre outros, a fim de atender às necessidades dos passageiros e dos usuários das cargas.

6. Financiamento dos investimentos

Infraestrutura aeroportuária

- Ausência de mecanismos de financiamento de longo prazo, exceção aos créditos do BNDES.
- Dispersão de recursos entre os aeroportos do sistema aeroportuário de responsabilidade da Infraero, sem prioridades compatíveis com a demanda.
- Não há definições claras quanto ao modelo de gestão do sistema aeroportuário, bem como quanto à possibilidade de investimentos privados nos terminais por meio de PPP's ou subconcessões.

Infraestrutura aeronáutica

- Falta de continuidade na alocação de recursos orçamentários para investimentos na modernização de instalações e equipamentos.
- O contingenciamento dos recursos destinados ao Comando da Aeronáutica e ao Decea prejudica muito não somente a continuidade como também a modernização dos equipamentos e instalações.

ANEXO II
Gargalos físicos e operacionais no sistema de aviação civil

1. Gargalos físicos

Infraestrutura aeroportuária

- Não há acessibilidade ferroviária a nenhum aeroporto operado pela Infraero.
- Os acessos rodoviários são em geral deficientes e congestionados.
- O estímulo ao uso do transporte individual – pela ausência de alternativas de transporte público – vem gerando forte pressão sobre as áreas de estacionamento de veículos, sem os correspondentes investimentos na sua ampliação.
- As instalações e equipamentos que garantem a segurança das áreas de embarque são insuficientes em relação ao crescimento da demanda.

Infraestrutura aeronáutica

- Desafio de evoluir em direção aos complexos e sofisticados modelos de comunicação por satélite e tecnologias digitais.
- As técnicas atuais de comunicação, navegação, monitoração e gerenciamento do tráfego aéreo serão superadas nesta década.

Empresas aéreas

- Capacidade insuficiente das infraestruturas aeroportuárias, o que limita a capacidade de transporte das empresas aéreas.
- Enfrentamento constante de gargalos físicos de pistas, pátios e instalações nos principais aeroportos.
- Oferta insuficiente ou com problemas de qualificação dos recursos humanos.

2. Gargalos operacionais

Infraestrutura aeroportuária

- Os aeroportos mais congestionados são aqueles coordenados, ou seja, onde se limita o número de *slots* disponíveis para equilibrar as restrições de pousos e decolagens.
- A intensificação das operações em aeroportos aglutinadores tornou graves as condições de Congonhas, Guarulhos, Brasília e Manaus (este, para cargas), já próximos da sua capacidade operacional máxima.

Infraestrutura aeronáutica

- Insuficiência de controladores de voo e dificuldades de treinamento e qualificação.

Empresas aéreas

- Dificuldades de cumprimento da pontualidade e regularidade dos voos decorrentes das deficiências nas infraestruturas.
- Escassez na oferta de recursos humanos qualificados em todos os níveis da cadeia produtiva da aviação civil.

ANEXO III
Séries históricas e quadros comparativos internacionais

Quadro 1. Repartição modal do transporte total de cargas (em milhões de ton-km e percentagens) – Ano de 2008

	Ferroviário	%	Rodoviário	%	Dutoviário	%	Hidroviário	%	Total	%
Alemanha	115.652	21,5	341.550	63,5	15.670	2,9	65.091	12,1	537.963	100,0
Austrália	218.980	37,8	190.779	32,9	45.415	7,8	124.540	21,5	579.714	100,0
Brasil	257.460	22,7	724.700	64,0	29.500	2,6	121.250	10,7	1.132.910	100,0
Canadá	340.092	51,6	146.600	22,3	122.296	18,6	49.926	7,6	658.914	100,0
China	2.511.804	49,9	1.135.470	22,5	1.220.000	24,2	169.700	3,4	5.036.974	100,0
Espanha	10.287	3,4	238.656	78,6	9.141	3,0	45.396	15,0	303.480	100,0
Estados Unidos	2.594.715	42,6	1.923.300	31,5	815.890	13,4	759.945	12,5	6.093.850	100,0
Federação Russa	2.116.240	60,1	216.276	6,1	1.112.852	31,6	75.407	2,1	3.520.875	100,0
França	35.697	13,4	195.515	73,6	20.918	7,9	13.376	5,0	265.606	100,0
Japão	22.256	4,2	346.420	64,7	(n.d.)	(n.d.)	167.135	31,2	535.811	100,0
Polónia	52.043	20,9	174.223	70,0	21.247	8,5	1.274	0,5	248.887	100,0
Reino Unido	21.100	8,6	166.183	67,6	10.180	4,1	48.560	19,7	246.023	100,0
Ucrânia	257.007	76,8	36.866	11,0	35.372	10,6	5.450	1,6	334.695	100,0
União Europeia	439.067	22,3	1.269.185	64,3	126.271	6,4	138.037	7,0	1.972.560	100,0

Fontes: International Transport Forum, OECD; World Bank, Transportation, Water, and Urban Development Department, Transport Division; US Bureau of Transport Statistics, Research and Innovative Technology Administration (Rita).

Quadro 2. Comparativo entre Brasil e Estados Unidos na matriz do transporte de cargas e fretes médios – Ano de 2007

	Cargas transportadas		Distância média (km)	Mariz de transportes (%)			Frete médio padrão internacional (US$/mil ton)
	TKU (milhões)	TU (milhares)		Brasil (c/ minério)	Brasil (s/minério)	Estados Unidos (total)	
Rodoviário	724,7	1.135,8	638	63,8	78,0	31,1	45,0	60,0
Ferroviário	257,4	456,4	564	22,6	5,4	42,2	20,0	16,0
Aquaviário	121,2	432,8	280	10,7	13,1	13,1	12,0	5,0
Dutoviário	29,5	33,5	880	2,6	3,2	13,2	10,0	10,0
Aeroviário	3,8	0,3	1.000	0,3	0,3	0,4	360,0	320,0
Total	1.136,6	2.058,8	552	100,0	100,0	100,0		
Custo médio (US$/mil ton)				37,0	40,0	27,0		

Fontes: Coppead, UFRJ; Renato Casali Pavan, *Projeto Brasil Competitivo*. São Paulo: Macrologística, 2008; e atualização do autor.

Quadro 3. Índice de Performance da Logística (Logistics Performance Index – LPI) desdobrado em seus componentes – Ano de 2010

Classificação	País	Índice de Performance da Logística - LPI	Procedimentos alfandegários	Qualidade das infraestruturas	Despacho internacional	Competência logística	Rastreamento e monitoração	Pontualidade
1	Alemanha	4,11	4,00	4,34	3,66	4,14	4,18	4,48
3	Suécia	4,08	3,88	4,03	3,83	4,22	4,22	4,32
7	Japão	3,97	3,79	4,19	3,55	4,00	4,13	4,26
8	Reino Unido	3,95	3,74	3,95	3,66	3,92	4,13	4,37
14	Canadá	3,87	3,71	4,03	3,24	3,99	4,01	4,41
15	Estados Unidos	3,86	3,68	4,15	3,21	3,92	4,17	4,19

(cont.)

Classificação	País	Índice de Performance da Logística - LPI	Procedimentos alfandegários	Qualidade das infraestruturas	Despacho internacional	Competência logística	Rastreamento e monitoração	Pontualidade
16	Dinamarca	3,85	3,58	3,99	3,46	3,83	3,94	4,38
17	França	3,84	3,63	4,00	3,30	3,87	4,01	4,37
18	Austrália	3,84	3,68	3,78	3,78	3,77	3,87	4,16
21	Nova Zelândia	3,65	3,64	3,54	3,36	3,54	3,67	4,17
22	Itália	3,64	3,38	3,72	3,21	3,74	3,83	4,08
23	Coreia	3,64	3,33	3,62	3,47	3,64	3,83	3,97
25	Espanha	3,63	3,47	3,58	3,11	3,62	3,96	4,12
26	República Checa	3,51	3,31	3,25	3,42	3,27	3,60	4,16
27	China	3,49	3,16	3,54	3,31	3,49	3,55	3,91
28	África do Sul	3,46	3,22	3,42	3,26	3,59	3,73	3,57
29	Malásia	3,44	3,11	3,50	3,50	3,34	3,32	3,86
30	Polônia	3,44	3,12	2,98	3,22	3,26	3,45	4,52
39	Turquia	3,22	2,82	3,08	3,15	3,23	3,09	3,94
40	Arábia Saudita	3,22	2,91	3,27	2,80	3,33	3,32	3,78
41	Brasil	3,20	2,37	3,10	2,91	3,30	3,42	4,14
44	Filipinas	3,14	2,67	2,57	3,40	2,95	3,29	3,83
47	Índia	3,12	2,70	2,91	3,13	3,16	3,14	3,61
48	Argentina	3,10	2,63	2,75	3,15	3,03	3,15	3,82
49	Chile	3,09	2,93	2,86	2,74	2,94	3,33	3,80
50	México	3,05	2,55	2,95	2,83	3,04	3,28	3,66
92	Egito	2,61	2,11	2,22	2,56	2,72	2,51	3,31
94	Federação Russa	2,61	2,15	2,38	2,38	2,72	2,51	2,60

Fonte: Banco Mundial. *Connecting to Compete: Trade Logistics in the Global Economy – Logistics Performance Index*, 2010.

Quadro 4. Dados comparativos de extensão de malhas rodoviárias e veículos – Ano de 2009

	População (mil)	Área (km²)	Extensão total (km)	Extensão pavimentada (km)	Extensão não pavimentada (km)	Pavimentada s/ total (%)
África do Sul	49.320	1.219.090	362.099	73.506	288.593	20,30
Alemanha	81.880	357.030	644.480	644.480	-	100,00
Austrália	21.875	7.741.220	812.972	341.448	471.524	42,00
Brasil	193.734	8.514.877	1.580.964	212.738	1.368.226	13,46
Canadá	33.740	9.970.610	1.042.300	415.600	626.700	39,87
China	1.331.460	9.596.961	3.860.800	3.056.300	804.500	79,16
Coreia	48.747	99.720	103.029	80.642	22.387	78,27
Espanha	45.959	505.992	681.298	681.298	-	100,00
Estados Unidos	307.007	9.826.675	6.506.204	4.374.784	2.131.420	67,24
Federação Russa	141.850	17.098.242	982.000	776.000	206.000	79,02
França	62.616	551.500	951.125	951.125	-	100,00
Índia	1.155.348	3.287.263	3.320.410	1.517.077	1.803.333	45,69
Japão	128.724	377.915	1.203.777	961.366	242.411	79,86
México	107.431	1.964.375	366.095	132.289	233.806	36,14
Polônia	38.125	312.685	423.997	295.356	128.641	69,66
Reino Unido	61.838	242.910	394.428	394.428	-	100,00
Turquia	74.814	774.815	352.046	313.151	38.895	88,95
Ucrânia	45.989	603.700	169.495	165.820	3.675	97,83
União Europeia	492.387	4.324.782	5.814.080	5.610.580	203.500	96,50

Fontes: International Road Federation (IRF) e Banco Mundial; World Bank, Transportation, Water, and Urban Development Department, Transport Division; US Bureau of Transport Statistics, Research and Inovative Technology Administration (Rita); European Commission, Eurostat, CIA. Factbook, 2010; Monika Wrzesinska. "Six Years of Road Freight Growth Lost to the Crisis: Trends in EU Road Freight Transport", em *Eurostat, Statistics in Focus*, 2011.

Ton/km de carga (milhões)		Extensão da malha por mil habitantes	Extensão da malha por mil km²	Frota de veículos (mil)	Frota de automóveis (mil)	Veículos por km de rodovia	Automóveis por mil habitantes
Ano de 2008	Ano de 2009						
73.975	(n.d.)	7,34	297,0	8.877	5.524	24,5	112
341.550	307.575	7,87	1.805,1	45.362	41.759	71,0	510
189.947	190.370	37,16	105,0	15.028	12.053	18,5	551
724.700	(n.d.)	8,16	185,7	29.780	22.275	18,8	115
146.600	136.200	30,89	104,5	20.413	13.833	14,2	410
1.135.470	1.203.598	2,90	402,3	49.264	37.281	13,0	28
105.223	138.402	2,11	1.033,2	16.866	12.528	161,2	257
238.656	208.646	14,82	1.346,5	27.851	22.336	41,5	486
1.923.300	1.821.365	21,19	662,1	248.369	138.460	38,1	451
216.276	180.136	6,92	57,4	38.789	33.051	39,5	233
195.515	166.052	15,19	1.724,6	37.445	30.995	39,2	495
211.817	231.073	2,87	1.010,1	46.213	34.660	18,0	30
346.420	332.961	9,35	3.185,3	76.334	41.063	63,0	319
227.290	211.600	3,41	186,4	28.362	19.445	77,0	181
174.223	191.484	11,12	1.356,0	18.872	16.089	32,0	422
151.145	131.616	6,38	1.623,8	32.527	28.260	29,0	457
181.935	176.455	4,71	454,4	10.324	6.883	26,0	92
36.866	49.239	3,69	280,8	7.339	6.346	42,5	138
1.269.185	1.154.089	11,81	1.344,4	258.080	242.254	42,3	492

Quadro 5. Dados comparativos de produtividade nas ferrovias – Anos de 2008 e 2009

Países	Extensão (em km)		TKU/ano		Vagões de carga (unidades)	
	2008	2009	2008	2009	2008	2009
África do Sul	21.247	20.872	106.014	113.342	(n.d.)	(n.d.)
Alemanha	33.859	33.706	115.652	95.834	107.894	113.657
Austrália	38.225	38.445	218.980	226.922	14.021	15.801
Canadá	57.213	58.345	340.092	299.646	89.628	82.998
China	60.810	65.491	2.511.804	2.523.917	571.124	584.961
Coreia	3.381	3.378	11.566	9.273	13.105	13.105
Estados Unidos (classe I)	192.119	192.123	2.594.715	2.431.181	450.295	450.297
Federação Russa	84.159	85.194	2.116.240	1.865.305	566.745	403.492
França	29.900	30.041	35.697	32.137	30.204	29.028
Índia	63.273	63.273	521.371	551.448	197.564	194.042
Japão	20.048	20.036	22.256	20.302	8.803	8.940
México	26.704	26.704	74.582	69.185	29.907	29.100
Polônia	19.627	19.764	52.043	43.446	74.408	73.500
Reino Unido	16.154	16.115	21.077	19.171	(n.d.)	(n.d.)
Ucrânia	21.676	21.678	257.007	196.188	131.622	124.910
União Europeia (27 países)	211.289	230.237	439.067	288.214	474.942	448.529
Brasil (sem Vale e MRS)	24.843	24.843	63.980	58.260	44.326	44.533
Vale (EFC e CVRD) e MRS	3.471	3.471	206.750	185.200	44.075	43.600
Brasil (Total)	28.314	28.314	270.730	243.460	88.401	88.133

Fontes: Union Internationale des Chemins de Fer (UICF), OECD – International Transport Forum; World Bank, Transportation, Water, and Urban Development Department, Transport Division; US Bureau of Transport Statistics, Research and Inovative Technology Administration (Rita); European Commission, Eurostat; Agência Nacional de Transportes Terrestres, Anuário Estatístico dos Transportes Terrestres, 2009; Associação Nacional dos Transportadores Ferroviários (ANTF).

Empregados (milhares)		TKU/ano por km de linha		TKU/ano por vagão		TKU/ano por empregado	
2008	2009	2008	2009	2008	2009	2008	2009
36.500	37.000	4.990	5.430	(n.d.)	(n.d.)	2.904	3.063
239.960	239.880	3.416	2.843	1.072	843	482	402
14.000	15.200	5.729	5.903	15.618	14.361	15.641	14.929
34.425	31.688	5.944	5.136	3.794	3.610	9.879	9.456
2.074.150	2.055.300	41.306	38.538	4.398	4.315	1.211	1.228
31.200	30.100	3.421	2.745	883	708	371	308
163.994	164.440	13.506	12.654	5.762	5.399	15.822	14.785
1.128.200	1.112.890	25.146	21.895	3.734	4.623	1.876	1.676
157.310	156.434	1.194	1.070	1.182	1.107	227	205
1.405.300	1.394.520	8.240	8.715	2.639	2.842	371	395
129.200	128.000	1.110	1.013	2.528	2.271	172	159
14.500	14.000	2.793	2.591	2.494	2.377	5.144	4.942
122.000	121.500	2.652	2.198	699	591	427	358
37.500	36.400	1.305	1.190	(n.d.)	(n.d.)	562	527
364.000	351.000	11.857	9.050	1.953	1.571	706	559
1.156.460	1.109.432	1.875	1.252	924	643	380	260
17.904	27.196	2.575	2.345	1.443	1.308	3.574	2.142
9.667	9.371	59.565	53.356	4.691	4.248	21.387	19.763
37.720	36.567	9.562	8.599	3.063	2.762	7.177	7.099

Quadro 6. Dados comparativos da movimentação de cargas em contêineres nos maiores portos mundiais – Anos de 2008 e 2009 (em toneladas e TEU's).

Ranking Ano de 2008	Porto	País	Toneladas (milhões)	Ranking Ano de 2009	Porto	País	Toneladas (milhões)
1	Xangai	China	561,4	1	Xangai	Cingapura	505,7
2	Cingapura	Cingapura	483,6	2	Cingapura	Cingapura	472,3
3	Ningbo	China	471,6	3	Roterdã	Holanda	387,0
4	Roterdã	Holanda	401,2	4	Tianjin	China	381,1
5	Guangzhou	China	341,4	5	Ningbo	China	371,5
6	Tianjin	China	309,4	6	Guangzhou	China	364,0
7	Qingdao	China	265,0	7	Qingdao	China	274,3
8	Qinhuangdao	China	245,9	8	Qinhuangdao	China	243,9
9	Hong Kong	China	245,4	9	Hong Kong	China	243,0
10	Busan	Coreia	243,6	10	Busan	Coreia	226,2
11	Dalian	China	222,9	11	Dalian	China	204,0
12	Nagoya	Japão	215,6	12	Louisiana	EUA	192,9
13	Louisiana	EUA	207,8	13	Houston	EUA	191,7
14	Shenzhen	China	199,2	14	Shenzhen	China	187,1
15	Kwangyang	Coreia	198,2	15	Hedland	Austrália	178,6
16	Houston	EUA	196,1	16	Kwangyang	China	176,5
49	Santos	Brasil	83,3	39	Santos	Brasil	75,6
	Brasil (total)		768,3		Brasil (total)		732,9
	Brasil (s/minérios)		490,6		Brasil (s/minérios)		479,3

Fontes: American Association of Port Authorities Technology Administration; US Bureau of Transport Statistics, Research and Inovative Technology Administration (Rita); Agência Nacional de Transportes Aquaviários (Antaq), Anuário Estatístico Portuário, 2009.

Ranking Ano de 2008	Porto	País	TEUs (mil)	Ranking Ano de 2009	Porto	País	TEUs (mil)
1	Cingapura	Cingapura	29.918	1	Antuérpia	Bélgica	27.309
2	Xangai	China	27.980	2	Cingapura	Cingapura	25.866
3	Hong Kong	China	24.284	3	Xangai	China	25.002
4	Shenzhen	China	21.414	4	Hong Kong	China	21.040
5	Busan	Coreia	13.425	5	Shenzhen	China	18.250
6	Dubai	Emirados	11.828	6	Shenzhen	China	11.954
7	Ningbo	China	11.226	7	Guangzhou	China	11.190
8	Guangzhou	China	11.002	8	Dubai	Emirados	11.124
9	Roterdã	Holanda	10.800	9	Ningbo	China	10.502
10	Qingdao	China	10.320	10	Qingdao	China	10.280
11	Hamburgo	Alemanha	9.700	11	Roterdã	Holanda	9.743
12	Kaohsiung	Taiwan	9.677	12	Tianjin	China	8.700
13	Antuérpia	Bélgica	8.664	13	Kaohsiung	Taiwan	8.581
14	Tianjin	China	8.500	14	Kelang	Malásia	7.309
15	Port Klang	Malásia	9.700	15	Hamburgo	Alemanha	7.007
16	Los Angeles	EUA	7.800	16	Los Angeles	EUA	6.748
38	Santos	Brasil	2.679	45	Santos	Brasil	2.256
	Brasil (total)		7.019		Brasil (total)		6.108

Quadro 7. Dados comparativos da movimentação de cargas e passageiros nos maiores aeroportos mundiais – Anos de 2008 e 2009

Ranking Ano de 2008	Aeroporto	Passageiros (milhares)	Ranking Ano de 2009	Aeroporto	Passageiros (milhares)	Ranking Ano de 2008	Aeroporto	Cargas (mil ton.)	Ranking Ano de 2009	Aeroporto	Cargas (mil ton.)
1	Atlanta	90.039,3	1	Atlanta	88.032,1	1	Memphis	3.695,4	1	Memphis	3.697,1
2	Chicago	69.353,9	2	Londres	66.037,6	2	Hong Kong	3.660,9	2	Hong Kong	3.385,3
3	Londres	67.056,4	3	Beijing	65.372,0	3	Xangai	2.602,9	3	Xangai	2.543,4
4	Tóquio	66.754,8	4	Chicago	64.158,3	4	Incheon	2.423,7	4	Incheon	2.313,0
5	Paris	60.874,7	5	Tóquio	61.903,7	5	Anchorage	2.339,8	5	Paris	2.054,5
6	Los Angeles	59.497,5	6	Paris	57.906,9	6	Paris	2.280,1	6	Anchorage	1.994,7
7	Dallas/F.Worth	57.093,2	7	Los Angeles	56.520,8	7	Frankfurt	2.111,0	7	Louisville	1.949,5
8	Beijing	55.957,3	8	Dallas/F.Worth	56.030,5	8	Tóquio	2.100,4	8	Dubai	1.927,5
9	Frankfurt	53.467,5	9	Frankfurt	50.932,8	9	Louisville	1.974,1	9	Frankfurt	1.887,7
10	Denver	51.245,3	10	Denver	50.167,5	10	Cingapura	1.883,9	10	Tóquio	1.851,9
11	Madri	50.824,4	11	Madri	48.250,8	11	Dubai	1.824,5	11	Cingapura	1.660,7
12	Hong Kong	47.857,7	12	Nova York	45.915,1	12	Miami	1.806,8	12	Miami	1.557,4
	Brasil (total)	113.263,5		Brasil (total)	128.135,6		Brasil (total)	1.272,1		Brasil (total)	1.114,8
	São Paulo[1]	35.156,1		São Paulo[1]	38.791,7		São Paulo[1]	692,0		São Paulo[1]	573,4

[1] Inclui os aeroportos de Guarulhos, Campinas e Congonhas.
Fontes: Airports Council International (ACI), 2009, e Infraero.

Quadro 8. Dados comparativos de passageiros-quilômetro transportados por habitante e PIB por habitante no transporte aéreo – Ano de 2009

Aéreo	População (mil)	PIB por habitante (USD mil)	PIB total (USD milhões)	Passageiros (mil)	Passageiros por habitante
Alemanha	81.880	40.669	3.330,0	103.396,7	1,263
África do Sul	49.320	5.787	285,4	12.504,0	0,254
Argentina	40.276	7.627	307,2	5.695,0	0,141
Austrália	21.875	42.277	924,8	50.027,1	2,287
Brasil	193.734	8.230	1.594,5	67.495,6	0,348
Canadá	33.740	39.600	1.336,1	52.583,5	1,558
China	1.331.460	3.744	4.985,4	229.062,1	0,172
Colômbia	45.669	5.126	234,1	12.115,0	0,265
Coreia	48.747	17.078	832,5	34.168,6	0,701
Egito	82.995	2.270	188,4	6.215,9	0,075
Espanha	45.959	31.774	1.460,3	49.289,0	1,072
Estados Unidos	307.007	45.990	14.119,1	679.423,4	2,213
Federação Russa	141.850	8.685	1.231,9	34.402,8	0,243
Filipinas	92.009	1.752	161,2	10.480,9	0,114
França	62.616	42.312	2.649,4	58.318,0	0,931
Hungria	10.017	12.868	128,9	2.952,9	0,295
Índia	1.155.348	1.157	1.337,3	54.446,4	0,047
Israel	7.449	26.256	195,4	4.605,4	0,618
Japão	128.724	39.378	5.068,9	86.896,5	0,675
México	107.431	8.143	874,8	15.728,0	0,146
Nova Zelândia	4.316	29.356	126,7	12.104,0	2,804
Reino Unido	61.838	35.164	2.174,5	102.465,0	1,657
Turquia	74.814	8.215	614,6	31.339,4	0,419
Ucrânia	45.989	2.468	113,5	3.427,8	0,075
União Europeia	498.643	32.845	16.378,1	533.290,4	1,069

Fontes: International Civil Aviation Organization (Iata), Civil Aviation Statistics of the World International Civil Aviation Organization (Icao) e estimativas do Banco Mundial.

Quadro 9. Tendência do tráfego aéreo mundial no transporte aéreo regular – Anos de 1978, 1988, 1996 e 2009 (em bilhões de passageiros-quilômetros e percentagens)

	1978	(%)	1988	(%)	1996	(%)	2009	(%)
América do Norte	424,8	45,6	753,3	45,3	1.012,3	41,8	1.331,5	31,4
Europa (inclusive Rússia)	261,7	28,1	419,2	25,2	712,7	29,5	1.191,5	28,1
Ásia, Extremo Oriente e Pacífico	140,1	15,0	315,5	19,0	526,7	21,8	1.150,5	27,1
América Latina e Caribe	49,2	5,3	82,2	4,9	89,4	3,7	194,4	4,5
Oriente Médio	28,2	3,0	48,3	2,9	58,0	2,4	282,5	6,7
África	27,8	3,0	43,6	2,7	19,3	0,8	98,1	2,3
Total mundial	931,8	100,0	1.662,1	100,0	2.418,4	100,0	4.224,5	100,0

Fonte: International Civil Aviation Organization (Icao).

Quadro 10. Brasil – Evolução do tráfego interurbano de passageiros e cargas por modal de transporte.
Período 1950-2007 (em bilhões de passageiros-quilômetro e de toneladas-quilômetro e percentagens)

	1950	(%)	1960	(%)	1970	(%)	1980	(%)	1990	(%)	2000	(%)	2007	(%)
PASSAGEIROS: (bilhões de pax-km)														
Rodoviário	11,8	63,6	29,6	75,1	108,6	93,5	421,6	95,0	567,9	95,3	827,9	95,6	1.120,4	95,2
Ferroviário	5,6	30,5	7,5	19,1	5,5	4,7	12,4	2,8	13,1	2,2	13,2	1,6	11,2	0,9
Marítimo	0,5	0,3	0,4	0,1	0,0	0,0	0,0	0,0	0,0	0,0	0,0	0,0	0,0	0,0
Aéreo	1,1	5,6	2,3	5,7	2,1	1,8	9,8	2,2	14,9	2,5	24,3	2,8	45,9	3,9
Total	19,0	100,0	39,8	100,0	116,2	100,0	443,8	100,0	595,9	100,0	865,4	100,0	1.177,5	100,0
CARGAS: (bilhões de ton-km)														
Rodoviário	17,3	49,5	42,1	60,3	124,5	68,9	210,8	59,3	339,5	60,7	406,7	61,2	724,7	63,8
Ferroviário	8,3	23,8	12,8	18,8	29,5	16,3	87,1	24,5	114,8	20,5	136,2	20,5	257,4	22,6
Marítimo	9,2	26,4	14,5	20,8	24,4	13,5	44,3	12,5	82,7	14,8	92,4	13,9	121,2	10,7
Dutoviário	0,0	0,0	0,0	0,0	2,3	1,2	13,1	3,4	21,7	3,7	27,2	4,1	29,5	2,6
Aéreo	0,1	0,3	0,2	0,1	0,2	0,1	0,2	0,3	0,2	0,3	2,0	0,3	3,8	0,3
Total	34,9	100,0	69,6	100,0	180,9	100,0	355,5	100,0	558,9	100,0	664,5	100,0	1136,6	100,0

Fontes: Barat (1978), Ministério dos Transportes: Empresa Brasileira de Planejamento de Transportes – Geipot e Confederação Nacional dos Transportes (CNT).

Quadro 11. Brasil – Evolução do PIB, renda *per capita* e demanda doméstica de passageiros no transporte aéreo (nacional e regional). Período 1978-2009 (em índices 1978 = 100)

	PIB total (milhões de reais de 2009)	População (mil)	PIB *per capita* (R$ de 2009)	Demanda Pax-km pagos (milhões)	PIB total (índice)	PIB *per capita* (índice)	Demanda Pax-km pagos (índice)
1978	1.382.392,4	113.597	12.169,3	7.276	100,00	100,00	100,00
1979	1.475.836,1	116.287	12.691,3	8.414	102,37	104,29	115,64
1980	1.611.613,0	121.381	13.277,3	9.128	106,85	109,11	125,45
1981	1.543.119,4	124.251	12.419,4	9.456	109,38	102,06	129,96
1982	1.555.927,3	127.140	12.237,9	10.216	111,92	100,56	140,41
1983	1.510.338,7	130.083	11.610,6	9.956	114,51	95,41	136,83
1984	1.591.896,9	132.999	11.969,2	9.375	117,08	98,36	128,85
1985	1.716.860,9	135.814	12.641,3	10.402	119,56	103,88	142,96
1986	1.845.453,7	138.586	13.316,3	14.006	122,00	109,43	192,50
1987	1.910.598,2	141.313	13.520,3	13.557	124,40	111,10	186,32
1988	1.909.451,9	143.997	13.260,4	12.800	126,76	108,97	175,92
1989	1.969.790,6	146.593	13.437,1	14.842	129,05	110,42	203,99
1990	1.884.104,7	149.094	12.637,0	14.281	131,25	103,84	196,28
1991	1.903.538,9	151.547	12.560,7	14.322	133,41	103,22	196,84
1992	1.894.651,0	153.986	12.304,0	11.806	135,55	101,11	162,26
1993	1.983.039,3	156.431	12.676,8	12.270	137,71	104,17	168,64
1994	2.088.821,8	158.875	13.147,6	13.494	139,86	108,04	185,46
1995	2.181.081,5	161.323	13.520,0	15.647	142,01	111,10	215,05
1996	2.227.985,7	163.780	13.603,5	16.032	144,18	111,79	220,34
1997	2.303.186,8	166.252	13.853,6	16.359	146,35	113,84	224,84

(cont.)

	PIB total (milhões de reais de 2009)	População (mil)	PIB per capita (R$ de 2009)	Demanda Pax-km pagos (milhões)	PIB total (índice)	PIB per capita (índice)	Demanda Pax-km pagos (índice)
1998	2.304.000,9	168.754	13.653,0	21.776	148,55	112,19	299,29
1999	2.309.854,9	171.280	13.485,8	19.377	150,78	110,82	266,31
2000	2.409.321,5	173.808	13.862,0	24.479	153,00	113,91	336,43
2001	2.440.958,8	176.304	13.845,2	27.586	155,20	113,77	379,14
2002	2.505.841,8	178.741	14.019,4	27.678	157,35	115,20	380,40
2003	2.534.574,3	181.106	13.995,0	26.027	159,43	115,00	357,71
2004	2.679.356,6	183.383	14.610,7	28.263	161,43	120,06	388,44
2005	2.764.015,5	185.564	14.895,2	35.580	163,35	122,40	489,00
2006	2.873.388,5	187.642	15.313,1	40.577	165,18	125,83	557,68
2007	3.048.418,4	189.613	16.077,1	45.750	166,92	132,11	628,78
2008	3.205.793,2	186.104	17.225,8	49.717	163,83	141,55	683,30
2009	3.185.125,4	188.379	16.908,1	56.862	165,83	138,94	781,50
					0,000880305	0,00821742	0,013743815

Fontes: Instituto de Pesquisa Econômica Aplicada – Ipea, Ipeadata; Instituto Brasileiro de Economia da Fundação Getúlio Vargas (FGV); Instituto Brasileiro de Geografia e Estatística (IBGE); Departamento de Aviação Civil (DAC); Instituto de Aviação Civil (IAC); e Agência Nacional de Aviação Civil (Anac).

Quadro 12. Brasil – Evolução do PIB do setor de serviços aéreos, do PIB Total e demanda doméstica. Período 2000-2009 (em percentagens e milhões de dólares)

	PIB total (bilhões de reais de 2009)	PIB do setor aéreo (bilhões de reais de 2009)	PIB aéreo/PIB total (%)	Passageiros/ quilômetro (milhões)
2000	2.409.321,5	21.898,3	0,909	24.479
2001	2.440.958,8	25.376,2	1,040	27.586
2002	2.505.841,8	24.153,8	0,964	27.678
2003	2.534.574,3	23.670,4	0,934	26.027
2004	2.679.356,6	24.529,5	0,916	28.263
2005	2.764.015,5	23.767,8	0,860	35.580
2006	2.873.388,5	20.185,6	0,703	40.577
2007	3.048.418,4	18.635,0	0,611	45.750
2008	3.205.793,2	18.353,2	0,573	49.717
2009	3.185.125,4	16.626,4	0,522	56.862
Média 2000/2009			0,803	

Fontes: Instituto Brasileiro de Geografia e Estatística (IBGE); Pesquisa Anual de Serviços; Departamento de Aviação Civil (DAC); e Agência Nacional de Aviação Civil (Anac).

Quadro 13. Brasil – Evolução da demanda pelo transporte aéreo de passageiros doméstico e internacional[(1)]. Período 1978-2009 (em milhares de passageiros-quilômetro pagos)

	TRÁFEGO DOMÉSTICO			TRÁFEGO INTERNACIONAL			TRÁFEGO TOTAL		
	Assentos-km oferecidos (mil)	Utilizados pagos (mil)	Load factor (%)	Assentos oferecidos (mil)	Utilizados pagos (mil)	Load factor (%)	Assentos oferecidos (mil)	Utilizados pagos (mil)	Load factor (%)
1978	10.947.705	7.276.133	66,46	8.183.291	5.469.799	66,84	19.130.996	12.745.932	66,62
1979	12.498.780	8.414.394	67,32	9.190.546	6.312.392	68,68	21.689.326	14.726.786	67,90
1980	14.306.349	9.128.146	63,80	10.690.742	6.679.903	62,48	24.997.091	15.808.049	63,24
1981	14.939.995	9.456.380	63,30	12.263.081	7.036.514	57,38	27.203.076	16.492.894	60,63
1982	15.420.093	10.216.480	66,25	12.106.812	7.263.829	60,00	27.526.905	17.480.309	63,50
1983	16.465.176	9.956.150	60,47	11.408.995	6.808.149	59,67	27.874.171	16.764.299	60,14
1984	16.116.273	9.374.886	58,17	12.136.306	7.721.432	63,62	28.252.579	17.096.318	60,51
1985	16.079.854	10.402.188	64,69	13.080.781	8.304.658	63,49	29.160.635	18.706.846	64,15
1986	19.308.397	14.006.014	72,54	13.970.565	9.682.362	69,31	33.278.962	23.688.376	71,18
1987	20.377.803	13.557.073	66,53	14.664.190	9.199.982	62,74	35.041.993	22.757.055	64,94
1988	20.685.678	12.799.916	61,88	17.039.834	11.113.676	65,22	37.725.512	23.913.592	63,39
1989	21.573.208	14.841.793	68,80	18.695.552	13.190.174	70,55	40.268.760	28.031.967	69,61
1990	21.428.236	14.281.498	66,65	19.953.716	14.021.526	70,27	41.381.952	28.303.024	68,39	66,65
1991	25.570.183	14.321.856	56,01	22.121.425	14.070.729	63,61	47.691.608	28.392.585	59,53	56,79
1992	20.679.916	11.806.194	57,09	28.711.382	17.096.706	59,55	49.391.298	28.902.900	58,52	53,85
1993	20.104.091	12.269.534	61,03	30.641.247	18.671.503	60,94	50.745.338	30.941.037	60,97	55,00
1994	19.824.256	13.494.206	68,07	32.715.631	21.059.933	64,37	52.539.887	34.554.139	65,77	58,02
1995	20.658.442	15.646.560	75,74	35.863.281	22.742.364	63,41	56.521.723	38.388.924	67,92	58,97
1996	20.457.737	16.031.909	78,37	39.524.409	24.227.066	61,30	59.982.146	40.258.975	67,12	60,52
1997	22.149.306	16.359.007	73,86	41.470.685	27.164.030	65,50	63.619.991	43.523.037	68,41	58,67

(cont.)

	TRÁFEGO DOMÉSTICO			TRÁFEGO INTERNACIONAL			TRÁFEGO TOTAL		
	Assentos-km oferecidos (mil)	Utilizados pagos (mil)	Load factor (%)	Assentos oferecidos (mil)	Utilizados pagos (mil)	Load factor (%)	Assentos oferecidos (mil)	Utilizados pagos (mil)	Load factor (%)
1998	26.855.363	21.775.892	81,09	44.255.883	27.749.158	62,70	71.111.246	49.525.050	69,64	59,31
1999	28.461.916	19.377.229	68,08	36.660.017	18.424.992	50,26	65.121.933	37.802.221	58,05	55,07
2000	41.562.143	24.478.576	58,90	33.188.744	23.477.087	70,74	74.750.887	47.955.663	64,15	58,60
2001	45.313.616	27.585.776	60,88	33.095.204	21.373.139	64,58	78.408.820	48.958.915	62,44	58,42
2002	47.013.166	27.677.659	58,87	30.811.016	20.761.166	67,38	77.824.182	48.438.825	62,24	56,85
2003	41.850.561	26.026.651	62,19	28.570.466	20.686.310	72,40	70.421.027	46.712.961	66,33	60,08
2004	42.756.200	28.263.315	66,10	30.583.274	20.414.022	66,75	73.339.474	48.677.337	66,37	65,00
2005	48.739.597	35.580.166	73,00	32.457.380	23.521.171	72,47	81.196.977	59.101.337	72,79	70,60
2006	55.527.155	40.576.646	73,08	23.744.225	16.270.157	68,52	79.271.380	56.846.803	71,71	71,80
2007	62.894.877	45.749.598	72,74	24.448.951	14.844.949	60,72	87.343.828	60.594.547	69,37	69,20
2008	72.714.785	49.717.182	68,37	29.942.010	19.366.461	64,68	102.656.795	69.083.643	67,30	65,50
2009	86.462.588	56.862.447	65,77	28.227.374	19.522.498	69,16	114.689.962	76.384.945	66,60	65,80

(1) Tráfego internacional por empresas nacionais.

Fontes: Departamento de Aviação Civil (DAC); Instituto de Aviação Civil (IAC); e Agência Nacional de Aviação Civil (Anac); Anuários Estatísticos do Transporte Aéreo.

Observação: a partir do ano de 2000 a metodologia para apuração dos Anuários Estatísticos foi alterada.

Quadro 14. Brasil – Evolução da demanda pelo transporte aéreo de cargas doméstico e internacional[1]. Período 1978-2009 (em milhares de toneladas-quilômetro pagas)

	TRÁFEGO DOMÉSTICO			TRÁFEGO INTERNACIONAL			TRÁFEGO TOTAL		
	Toneladas oferecidas (mil)	Utilizadas pagas (mil)	Load factor (%)	Toneladas oferecidas (mil)	Utilizadas pagas (mil)	Load factor (%)	Toneladas oferecidas (mil)	Utilizadas pagas (mil)	Load factor (%)
1978	1.337.932	762.373	56,98	1.596.439	958.137	60,02	2.934.371	1.720.510	58,63
1979	1.534.530	886.627	57,78	1.818.421	1.028.941	56,58	3.352.951	1.915.568	57,13
1980	1.768.261	981.029	55,48	2.002.930	1.064.435	53,14	3.771.191	2.045.464	54,24
1981	1.818.368	1.004.513	55,24	2.227.032	1.129.292	50,71	4.045.400	2.133.805	52,75
1982	1.964.642	1.155.073	58,79	2.290.015	1.147.819	50,12	4.254.657	2.302.892	54,13
1983	2.107.523	1.108.678	52,61	2.209.699	1.100.749	49,81	4.317.222	2.209.427	51,18
1984	2.137.291	1.088.879	50,95	2.419.552	1.303.256	53,86	4.556.843	2.392.135	52,50
1985	2.373.519	1.276.439	53,78	2.578.192	1.380.039	53,53	4.951.711	2.656.478	53,65
1986	2.879.470	1.653.642	57,43	2.970.995	1.608.451	54,14	5.850.465	3.262.093	55,76
1987	2.887.875	1.555.352	53,86	3.103.560	1.621.761	52,25	5.991.435	3.177.113	53,03
1988	2.880.301	1.453.647	50,47	3.366.374	1.820.021	54,06	6.246.675	3.273.668	52,41
1989	3.054.111	1.765.685	57,81	3.618.393	2.086.593	57,67	6.672.504	3.852.278	57,73
1990	2.995.663	1.678.129	56,02	3.774.043	2.142.603	56,77	6.769.706	3.820.732	56,44
1991	3.462.884	1.626.048	46,96	4.220.028	2.153.776	51,04	7.682.912	3.779.824	49,20
1992	2.884.003	1.325.523	45,96	5.181.796	2.605.156	50,28	8.065.799	3.930.679	48,73
1993	2.934.589	1.455.259	49,59	5.447.086	2.784.958	51,13	8.381.675	4.240.217	50,59
1994	2.965.800	1.587.546	53,53	5.702.756	3.148.874	55,22	8.668.556	4.736.420	54,64
1995	3.047.940	1.622.536	53,23	6.296.343	3.370.111	53,52	9.344.283	4.992.647	53,43
1996	2.883.790	1.490.762	51,69	7.154.497	3.773.472	52,74	10.038.287	5.264.234	52,44
1997	2.911.556	1.291.139	44,35	7.427.722	3.806.099	51,24	10.339.278	5.097.238	49,30

(cont.)

	TRÁFEGO DOMÉSTICO			TRÁFEGO INTERNACIONAL			TRÁFEGO TOTAL		
	Toneladas oferecidas (mil)	Utilizadas pagas (mil)	Load factor (%)	Toneladas oferecidas (mil)	Utilizadas pagas (mil)	Load factor (%)	Toneladas oferecidas (mil)	Utilizadas pagas (mil)	Load factor (%)
1998	3.454.271	1.537.081	44,50	7.910.777	3.708.553	46,88	11.365.048	5.245.634	46,16
1999	3.610.002	1.570.931	43,52	6.306.854	3.086.126	48,93	9.916.856	4.657.057	46,96
2000	4.999.088	2.432.662	48,66	5.510.268	3.160.689	57,36	10.509.356	5.593.351	53,22
2001	5.487.514	2.591.550	47,23	5.446.511	2.444.933	44,89	10.934.025	5.036.483	46,06
2002	5.669.917	2.595.685	45,78	5.095.827	2.643.906	51,88	10.765.744	5.239.591	48,67
2003	5.006.010	2.400.964	47,96	4.925.210	2.642.185	53,65	9.931.220	5.043.149	50,78
2004	5.160.857	2.680.628	51,94	5.452.731	2.653.853	48,67	10.613.588	5.334.481	50,26
2005	5.883.901	3.252.406	55,28	5.771.761	2.973.855	51,52	11.655.662	6.226.261	53,42
2006	6.817.139	3.740.735	54,87	4.480.653	2.164.854	48,32	11.297.792	5.905.589	52,27
2007	7.408.654	4.016.582	54,21	4.892.722	1.949.072	39,84	12.301.376	5.965.654	48,50
2008	8.250.206	4.300.635	52,13	5.374.728	1.923.169	35,78	13.624.934	6.223.804	45,68
2009	8.942.223	4.852.684	54,27	4.604.367	1.762.329	38,28	13.546.590	6.615.013	48,83

[1] Tráfego internacional por empresas nacionais.

Fontes: Departamento de Aviação Civil (DAC); Instituto de Aviação Civil (IAC); e Agência Nacional de Aviação Civil (Anac); Anuários Estatísticos do Transporte Aéreo.

Observação: a partir do ano de 2000 a metodologia para apuração dos Anuários Estatísticos foi alterada.

Quadro 15. Brasil – Evolução da demanda pelo transporte aéreo de passageiros doméstico[1] e internacional. Período 1978-2009 (em milhões de passageiros-quilômetro pagos)

	DOMÉSTICO		INTERNACIONAL		TOTAL
	Utilizados pagos (mil)	Participação no total (%)	Utilizados pagos (mil)	Participação no total (%)	Utilizados pagos (mil)
1978	7.276.133	57,09	5.469.799	42,91	12.745.932
1979	8.414.394	57,14	6.312.392	42,86	14.726.786
1980	9.128.146	57,74	6.679.903	42,26	15.808.049
1981	9.456.380	57,34	7.036.514	42,66	16.492.894
1982	10.216.480	58,45	7.263.829	41,55	17.480.309
1983	9.956.150	59,39	6.808.149	40,61	16.764.299
1984	9.374.886	54,84	7.721.432	45,16	17.096.318
1985	10.402.188	55,61	8.304.658	44,39	18.706.846
1986	14.006.014	59,13	9.682.362	40,87	23.688.376
1987	13.557.073	59,57	9.199.982	40,43	22.757.055
1988	12.799.916	53,53	11.113.676	46,47	23.913.592
1989	14.841.793	52,95	13.190.174	47,05	28.031.967
1990	14.281.498	50,46	14.021.526	49,54	28.303.024
1991	14.321.856	50,44	14.070.729	49,56	28.392.585
1992	11.806.194	40,85	17.096.706	59,15	28.902.900
1993	12.269.534	39,65	18.671.503	60,35	30.941.037
1994	13.494.206	39,05	21.059.933	60,95	34.554.139
1995	15.646.560	40,76	22.742.364	59,24	38.388.924
1996	16.031.909	39,82	24.227.066	60,18	40.258.975
1997	16.359.007	37,59	27.164.030	62,41	43.523.037

(cont.)

	DOMÉSTICO		INTERNACIONAL		TOTAL
	Utilizados pagos (mil)	Participação no total (%)	Utilizados pagos (mil)	Participação no total (%)	Utilizados pagos (mil)
1998	21.775.892	43,97	27.749.158	56,03	49.525.050
1999	19.377.229	51,26	18.424.992	48,74	37.802.221
2000	24.478.576	51,04	23.477.087	48,96	47.955.663
2001	27.585.776	56,34	21.373.139	43,66	48.958.915
2002	27.677.659	57,14	20.761.166	42,86	48.438.825
2003	26.026.651	55,72	20.686.310	44,28	46.712.961
2004	28.263.315	58,06	20.414.022	41,94	48.677.337
2005	35.580.166	60,20	23.521.171	39,80	59.101.337
2006	40.576.646	71,38	16.270.157	28,62	56.846.803
2007	45.749.598	75,50	14.844.949	24,50	60.594.547
2008	49.717.182	71,97	19.366.461	28,03	69.083.643
2009	56.862.447	74,44	19.522.498	25,56	76.384.945

(1) Tráfego internacional por empresas nacionais.
Fontes: Departamento de Aviação Civil (DAC); Instituto de Aviação Civil (IAC); Agência Nacional de Aviação Civil (Anac); e Anuários Estatísticos do Transporte Aéreo.

Quadro 16. Brasil – Participação das empresas brasileiras[1] e estrangeiras no tráfego internacional de passageiros (em percentagens em relação ao total). Período 1978-2009

	Passageiros-quilômetro pagos (milhões)			Participações (%)			Passageiros transportados (milhares)			Participações (%)	
	Nacionais	Estrangeiras	Total	Nacionais	Estrangeiras	Total	Nacionais	Estrangeiras	Total	Nacionais	Estrangeiras
1978	5.470	5.587	11.057	49,47	50,53	100,00	1.490	1.522	3.012	49,47	50,53
1979	6.312	6.214	12.526	50,39	49,61	100,00	1.670	1.644	3.314	50,39	49,61
1980	6.680	5.316	11.996	55,69	44,31	100,00	1.832	1.458	3.290	55,68	44,32
1981	7.037	6.854	13.891	50,66	49,34	100,00	1.881	1.832	3.713	50,66	49,34
1982	7.264	7.156	14.420	50,37	49,63	100,00	1.890	1.862	3.752	50,37	49,63
1983	6.808	7.524	13.750	49,51	54,72	104,23	1.733	1.767	3.500	49,51	50,49
1984	7.721	8.086	15.807	48,85	51,15	100,00	1.883	1.972	3.855	48,85	51,15
1985	8.305	8.645	16.950	49,00	51,00	100,00	1.892	1.969	3.861	49,00	51,00
1986	9.682	8.128	17.810	54,36	45,64	100,00	2.224	1.867	4.091	54,36	45,64
1987	9.200	10.462	19.662	46,79	53,21	100,00	2.077	2.362	4.439	46,79	53,21
1988	11.114	9.478	20.592	53,97	46,03	100,00	2.364	2.016	4.380	53,97	46,03
1989	13.190	11.577	24.767	53,26	46,74	100,00	2.665	2.339	5.004	53,26	46,74
1990	14.022	11.788	25.810	54,33	45,67	100,00	2.749	2.311	5.060	54,33	45,67
1991	14.071	12.322	26.393	53,31	46,69	100,00	2.961	2.593	5.554	53,31	46,69
1992	17.097	13.706	30.803	55,50	44,50	100,00	3.524	2.825	6.349	55,50	44,50
1993	18.672	14.822	33.494	55,75	44,25	100,00	3.851	3.057	6.908	55,75	44,25
1994	21.060	16.959	38.019	55,39	44,61	100,00	4.298	3.461	7.759	55,39	44,61
1995	22.742	21.125	43.867	51,84	48,16	100,00	4.783	4.443	9.226	51,84	48,16
1996	24.227	24.355	48.582	49,87	50,13	100,00	4.357	4.380	8.737	49,87	50,13

(cont.)

	Passageiros-quilômetro pagos (milhões)			Participações (%)			Passageiros transportados (milhares)			Participações (%)	
	Nacionais	Estrangeiras	Total	Nacionais	Estrangeiras	Total	Nacionais	Estrangeiras	Total	Nacionais	Estrangeiras
1997	27.164	28.781	55.945	48,55	51,45	100,00	5.173	5.481	10.654	48,55	51,45
1998	27.749	35.751	63.500	43,70	56,30	100,00	4.168	5.370	9.538	43,70	56,30
1999	18.425	26.990	45.415	40,57	59,43	100,00	3.448	5.050	8.498	40,57	59,43
2000	23.477	24.731	48.208	48,70	51,30	100,00	4.306	4.536	8.842	48,70	51,30
2001	21.373	22.868	44.241	48,31	51,69	100,00	3.668	3.924	7.592	48,31	51,69
2002	20.761	25.726	46.487	44,66	55,34	100,00	3.138	3.889	7.027	44,66	55,34
2003	20.686	27.861	48.547	42,61	57,39	100,00	3.289	4.430	7.719	42,61	57,39
2004	20.414	28.423	48.837	41,80	58,20	100,00	3.714	5.171	8.885	41,80	58,20
2005	23.521	32.137	55.658	42,26	57,74	100,00	4.170	5.697	9.867	42,26	57,74
2006	16.270	32.914	49.184	33,08	66,92	100,00	3.387	6.851	10.238	33,08	66,92
2007	14.845	36.647	51.492	28,83	71,17	100,00	3.290	8.121	11.411	28,83	71,17
2008	19.366	38.391	57.757	33,53	66,47	100,00	4.354	8.633	12.987	33,53	66,47
2009	19.522	38.355	57.877	33,73	66,27	100,00	4.328	8.504	12.832	33,73	66,27

(1) Tráfego internacional por empresas nacionais.

Fontes: Departamento de Aviação Civil (DAC); Instituto de Aviação Civil (IAC); Agência Nacional de Aviação Civil (Anac); Anuários Estatísticos do Transporte Aéreo; e estimativas do autor.

Quadro 17. Evolução tecnológica dos equipamentos de voo e produtividade – Tráfego doméstico e internacional[1]. Período 1978-2009

	Pax-km Doméstico pagos (mil)	Pax-km internacional pagos (mil)	Pax-km total pagos (mil)	Pessoal empregado	Produtividade Pax-km total por empregado
1978	7.276.133	5.469.799	12.745.932	27.729	459.661
1979	8.414.394	6.312.392	14.726.786	29.442	500.197
1980	9.128.146	6.679.903	15.808.049	31.117	508.020
1981	9.456.380	7.036.514	16.492.894	31.838	518.025
1982	10.216.480	7.263.829	17.480.309	34.122	512.289
1983	9.956.150	6.808.149	16.764.299	34.040	492.488
1984	9.374.886	7.721.432	17.096.318	33.812	505.629
1985	10.402.188	8.304.658	18.706.846	36.409	513.797
1986	14.006.014	9.682.362	23.688.376	38.736	611.534
1987	13.557.073	9.199.982	22.757.055	39.655	573.876
1988	12.799.916	11.113.676	23.913.592	39.617	603.619
1989	14.841.793	13.190.174	28.031.967	39.559	708.612
1990	14.281.498	14.021.526	28.303.024	40.346	701.508
1991	14.321.856	14.070.729	28.392.585	44.445	638.825
1992	11.806.194	17.096.706	28.902.900	37.814	764.344
1993	12.269.534	18.671.503	30.941.037	35.457	872.636
1994	13.494.206	21.059.933	34.554.139	31.012	1.114.218
1995	15.646.560	22.742.364	38.388.924	29.978	1.280.570
1996	16.031.909	24.227.066	40.258.975	29.538	1.362.955
1997	16.359.007	27.164.030	43.523.037	29.033	1.499.089
1998	21.775.892	27.749.158	49.525.050	31.343	1.580.099
1999	19.377.229	18.424.992	37.802.221	28.490	1.326.859
2000	24.478.576	23.477.087	47.955.663	33.713	1.422.468
2001	27.585.776	21.373.139	48.958.915	38.651	1.266.692
2002	27.677.659	20.761.166	48.438.825	29.730	1.629.291
2003	26.026.651	20.686.310	46.712.961	29.723	1.571.610
2004	28.263.315	20.414.022	48.677.337	30.776	1.581.665
2005	35.580.166	23.521.171	59.101.337	27.775	2.127.861
2006	40.576.646	16.270.157	56.846.803	35.528	1.600.056
2007	45.749.598	14.844.949	60.594.547	39.749	1.524.429
2008	49.717.182	19.366.461	69.083.643	44.163	1.564.288
2009	56.862.447	19.522.498	76.384.945	49.347	1.547.915

[1] Tráfego internacional por empresas nacionais.

Fontes: Departamento de Aviação Civil (DAC); Instituto de Aviação Civil (IAC); Agência Nacional de Aviação Civil (Anac); e Anuários Estatísticos do Transporte Aéreo.

Quadro 18. Evolução tecnológica dos equipamentos de voo e produtividade – Tráfego doméstico. Período 1978-2009

	Assentos-km disponíveis (mil)	Assentos-milhas disponíveis (mil)	Combustível consumido litros (mil)	Combustível consumido galões (mil)	Pessoal empregado	Assentos-milha disponíveis por galão	Assentos-milha disponíveis por empregado
1978	10.947.705	6.802.588	834.440	220.436	27.729	30,86	245.324
1979	12.498.780	7.766.382	945.116	249.673	29.442	31,11	263.786
1980	14.306.349	8.889.553	1.059.836	279.979	31.117	31,75	285.682
1981	14.939.995	9.283.282	1.104.081	291.667	31.838	31,83	291.579
1982	15.420.093	9.581.602	1.151.940	304.310	34.122	31,49	280.804
1983	16.465.176	10.230.986	1.124.910	297.170	34.040	34,43	300.558
1984	16.116.273	10.014.188	1.042.190	275.317	33.812	36,37	296.173
1985	16.079.854	9.991.558	1.093.304	288.820	36.409	34,59	274.425
1986	19.308.397	11.997.682	1.298.485	343.023	38.736	34,98	309.729
1987	20.377.803	12.662.180	1.308.800	345.748	39.655	36,62	319.309
1988	20.685.678	12.853.484	1.247.302	329.502	39.617	39,01	324.444
1989	21.573.208	13.404.970	1.292.612	341.472	39.559	39,26	338.860
1990	21.428.236	13.314.889	1.242.080	328.123	40.346	40,58	330.018
1991	25.570.183	15.888.575	1.408.038	371.964	44.445	42,72	357.488
1992	20.679.916	12.849.904	1.122.112	296.431	37.814	43,35	339.819
1993	20.104.091	12.492.103	1.157.437	305.762	35.457	40,86	352.317
1994	19.824.256	12.318.222	1.183.757	312.716	31.012	39,39	397.208
1995	20.658.442	12.836.561	1.221.183	322.602	29.978	39,79	428.199
1996	20.457.737	12.711.848	1.016.076	268.419	29.538	47,36	430.356
1997	22.149.306	13.762.941	1.270.248	335.564	29.033	41,01	474.045
1998	26.855.363	16.687.149	1.290.546	340.926	31.343	48,95	532.404

(cont.)

	Assentos-km disponíveis (mil)	Assentos-milhas disponíveis (mil)	Combustível consumido litros (mil)	Combustível consumido galões (mil)	Pessoal empregado	Assentos-milha disponíveis por galão	Assentos-milha disponíveis por empregado
1999	28.461.916	17.685.415	1.314.853	347.347	28.490	50,92	620.759
2000	41.562.143	25.825.518	1.972.661	521.122	33.713	49,56	766.040
2001	45.313.616	28.156.575	2.298.228	607.128	38.651	46,38	728.482
2002	47.013.166	29.212.627	2.362.860	624.201	29.730	46,80	982.598
2003	41.850.561	26.004.733	1.817.167	480.045	29.723	54,17	874.903
2004	42.756.200	26.567.471	1.931.222	510.175	30.776	52,08	863.253
2005	48.739.597	30.285.381	2.250.300	594.466	27.775	50,95	1.090.383
2006	55.527.155	34.502.974	2.620.000	692.131	35.528	49,85	971.149
2007	62.894.877	39.081.065	2.860.000	755.532	39.749	51,73	983.196
2008	72.714.785	45.182.872	2.940.250	776.732	44.163	58,17	1.023.093
2009	86.462.588	53.725.361	3.450.000	911.394	49.347	58,95	1.088.726
1 milha = 0,62137119	1 galão = 0,26417204						

Fontes: Departamento de Aviação Civil (DAC); Instituto de Aviação Civil (IAC); Agência Nacional de Aviação Civil (Anac); e Anuários Estatísticos do Transporte Aéreo.

Quadro 19. Evolução tecnológica dos equipamentos de voo e produtividade – Tráfego doméstico e internacional[1]. Período 1978-2009

	TRÁFEGO DOMÉSTICO				TRÁFEGO INTERNACIONAL					TRÁFEGO TOTAL			Milhas voadas (mil) TOTAL	Velocidade média (milhas)
	Horas voadas	Quilômetros voados (mil)	Velocidade média (km)	Etapa média de voo (km)	Horas voadas	Quilômetros voados (mil)	Velocidade média (km)	Etapa média de voo (km)		Horas voadas	Quilômetros voados (mil)	Velocidade média (km)		
1978	167.889	111.201	662,35	660	82.848	65.760	793,74	2.263		250.737	176.961	705,76	109.958	438,54
1979	188.799	125.367	664,02	666	96.958	69.216	713,88	2.331		285.757	194.583	680,94	120.908	423,12
1980	211.667	142.140	671,53	680	85.264	68.395	802,16	2.314		296.931	210.535	709,04	130.820	440,58
1981	213.002	142.071	666,99	661	76.860	61.946	805,96	2.225		289.862	204.017	703,84	126.770	437,35
1982	225.899	148.774	658,59	684	74.489	59.758	802,24	2.247		300.388	208.532	694,21	129.576	431,36
1983	213.204	140.282	657,97	666	72.688	58.560	805,64	2.238		285.892	198.842	695,51	123.555	432,17
1984	203.664	133.979	657,84	659	81.349	65.633	806,81	2.394		285.013	199.612	700,36	124.033	435,18
1985	212.029	138.847	654,85	674	85.109	68.837	808,81	2.553		297.138	207.684	698,95	129.049	434,31
1986	245.439	160.307	653,14	700	92.192	74.482	807,90	2.619		337.631	234.789	695,40	145.891	432,10
1987	262.116	167.728	639,90	696	93.682	75.453	805,42	2.654		355.798	243.181	683,48	151.106	424,70
1988	266.028	168.698	634,14	697	98.805	79.760	807,25	2.690		364.833	248.458	681,02	154.385	423,17
1989	279.521	178.394	638,21	579	103.021	83.321	808,78	2.706		382.542	261.715	684,15	162.622	425,11
1990	279.607	178.021	636,68	726	107.763	87.259	809,73	2.762		387.370	265.280	684,82	164.837	425,53
1991	317.784	204.798	644,46	751	122.273	98.184	802,99	2.579		440.057	302.982	688,51	164.837	374,58
1992	251.224	166.743	663,72	728	150.292	121.019	805,23	2.507		401.516	287.762	716,69	178.807	445,33
1993	244.349	163.664	669,80	754	155.135	125.351	808,01	2.575		399.484	289.015	723,47	179.586	449,54
1994	248.382	166.134	668,86	758	167.120	135.502	810,81	2.802		415.502	301.636	725,96	187.428	451,09
1995	261.552	172.826	660,77	785	194.853	156.336	802,33	2.842		456.405	329.162	721,21	204.532	448,14

(cont.)

Anexos

	TRÁFEGO DOMÉSTICO				TRÁFEGO INTERNACIONAL					TRÁFEGO TOTAL				Milhas voadas (mil) TOTAL	Velocidade média (milhas)
	Horas voadas	Quilômetros voados (mil)	Velocidade média (km)	Etapa média de voo (km)	Horas voadas	Quilômetros voados (mil)	Velocidade média (km)	Etapa média de voo (km)		Horas voadas	Quilômetros voados (mil)	Velocidade média (km)			
1996	255.679	167.676	655,81	778	238.280	189.264	794,29	2.649		493.959	356.940	722,61		221.792	449,01
1997	281.619	174.950	621,23	728	267.552	197.579	738,47	2.451		549.171	372.529	678,35		231.479	421,51
1998	324.755	206.353	635,41	763	268.213	208.413	777,04	2.468		592.968	414.766	699,47		257.724	434,63
1999	350.395	223.688	638,39	766	219.384	172.381	785,75	2.566		569.779	396.069	695,13		246.106	431,93
2000	706.179	404.295	572,51	610	204.084	160.684	787,34	2.890		910.263	564.979	620,68		351.062	385,67
2001	742.354	420.115	565,92	609	209.210	161.713	772,97	2.904		951.564	599.677	630,20		372.622	391,59
2002	716.666	404.074	563,82	628	185.424	143.529	774,06	3.056		902.090	569.137	630,91		353.645	392,03
2003	575.622	338.433	587,94	675	172.190	132.967	772,21	3.093		747.812	493.908	660,47		306.900	410,40
2004	563.683	337.841	599,35	693	188.805	145.743	771,92	3.059		752.488	486.637	646,70		302.382	401,84
2005	627.169	364.549	581,26	695	197.604	153.633	777,48	3.019		824.773	538.130	652,46		334.378	405,42
2006	685.179	400.818	584,98	726	162.729	123.908	761,44	2.734		847.908	540.839	637,85		336.062	396,34
2007	748.313	426.693	570,21	746	182.988	136.046	743,47	2.603		931.301	601.219	645,57		373.580	401,14
2008	800.290	480.418	600,30	769	202.224	153.777	760,43	2.675		1.002514	645.611	643,99		401.164	400,16
2009	1.134.418	580.829	512,01	792	185.352	134.688	726,66	3.557		1.319.770	715.517	542,1530		444.602	336,88

0,62137119

[1] Tráfego internacional por empresas nacionais.
Fontes: Departamento de Aviação Civil (DAC); Instituto de Aviação Civil (IAC); Agência Nacional de Aviação Civil (Anac); e Anuários Estatísticos do Transporte Aéreo.

Quadro 20. Dados comparativos de indicadores de produtividade entre empresas norte-
-americanas e brasileiras. Tráfego doméstico e internacional, 2009

	American	Continental	Delta	United	US Arways	TAM	GOL[2]
ASM - total	151.774	97.407	197.723	122.737	70.725	39.581	25.125
RPM - total	122.418	79.824	163.706	100.475	57.889	27.695	16.366
Load factor	80,66	81,95	82,80	81,86	81,85	69,97	65,14
Empregados	66.519	38.720	76.200	46.587	31.340	22.419	17.963
ASM/empregado	2.281,7	2.515,7	2.594,8	2.634,6	2.256,7	1.765,5	1.398,7
Receita total/empregado[1]	274.440	286.771	327.480	314.465	264.099	245.050	190.120
Receita Pax/ASM[1]	11,14	11,05	10,67	10,84	10,75	12,97	13,55

[1] Receita total para o ano de 2008.
[2] Inclui as operações da VRG.
Fontes: http://www.airlinefinancial.com; Air Transport Association (ATA); e Agência Nacional de Aviação Civil (Anac).

Quadro 21. Brasil – Evolução do *yield* no transporte aéreo doméstico (nacional e regional) de passageiros e cargas (em R$ constantes de 2009). Período 1990-2009

	Receita total doméstico (R$ correntes)	Receita de passagens (R$ correntes)	Receita total doméstico (R$ de 2009)	Receita de pass. doméstico (R$ de 2009)	Pax-km pagos (mil) doméstico	*Yield* receita total (R$ de 2009)	*Yield* receita passageiros (R$ de 2009)	Receita cargas doméstico (R$ correntes)	Receita cargas doméstico (R$ de 2009)	Ton-km pagas (mil)	*Yield* receita carga (R$ de 2009)
1990	1.728.000	1.349.568	6.833.696.793	5.337.117.195	14.281.498	0,4785	0,3737	238.464	943.050.157	1.678.129	0,5620
1991	2.176.900	1.687.098	7.153.627.915	5.544.063.278	14.321.856	0,4995	0,3871	293.882	965.741.412	1.626.048	0,5939
1992	2.247.135	1.779.389	6.706.300.629	5.310.370.861	11.806.194	0,5680	0,4498	290.929	868.242.348	1.325.523	0,6550
1993	49.680.523	37.998.337	6.724.138.915	5.142.983.198	12.269.534	0,5480	0,4192	7.705.378	1.042.904.314	1.455.259	0,7166
1994	1.251.786.050	968.965.115	6.192.189.286	4.793.163.659	13.494.206	0,4589	0,3552	191.024.907	944.939.738	1.587.546	0,5952
1995	2.129.102.219	1.736.161.816	5.780.707.205	4.713.838.081	15.646.560	0,3695	0,3013	278.912.391	757.272.645	1.622.536	0,4667
1996	2.499.194.200	2.029.463.407	5.682.836.569	4.614.730.967	16.031.909	0,3545	0,2878	375.641.290	854.158.536	1.490.762	0,5730
1997	3.990.203.314	3.259.941.615	8.408.270.287	6.869.441.996	16.359.007	0,5140	0,4199	471.921.317	994.446.065	1.291.139	0,7702
1998	4.311.254.004	3.510.171.731	8.615.209.106	7.014.400.784	21.775.892	0,3956	0,3221	488.855.356	976.883.086	1.537.081	0,6355
1999	5.058.551.637	4.233.393.746	9.580.249.761	8.017.506.261	19.377.229	0,4944	0,4138	489.705.529	927.439.634	1.570.931	0,5904
2000	6.188.114.752	5.269.809.492	10.856.484.133	9.245.401.132	24.478.576	0,4435	0,3777	528.079.798	926.467.943	2.432.662	0,3808
2001	6.996.098.310	6.002.616.204	11.478.392.873	9.848.401.782	27.585.776	0,4161	0,3570	545.799.359	895.484.769	2.591.550	0,3455
2002	7.982.332.132	7.049.480.822	12.102.515.313	10.688.160.826	27.677.659	0,4373	0,3862	576.435.702	873.970.388	2.595.685	0,3367
2003	8.896.861.310	7.839.332.466	11.751.200.849	10.354.389.837	26.026.651	0,4515	0,3978	576.300.186	761.191.953	2.400.964	0,3170
2004	10.009.223.893	8.710.186.465	12.431.050.209	10.817.698.398	28.263.315	0,4398	0,3827	726.802.531	902.659.272	2.680.628	0,3367
2005	10.252.381.214	8.923.591.210	12.008.193.013	10.451.835.860	35.580.166	0,3375	0,2938	704.213.733	824.816.621	3.252.406	0,2536
2006	10.791.359.473	9.266.157.005	12.203.812.756	10.478.980.460	40.576.646	0,3008	0,2583	808.775.130	914.633.626	3.740.735	0,2445
2007	10.891.128.351	9.484.759.713	11.907.813.833	10.370.160.857	45.749.598	0,2603	0,2267	872.420.559	953.860.910	4.016.582	0,2375
2008	14.204.156.283	12.455.288.998	14.725.732.902	12.912.647.210	49.717.182	0,2962	0,2597	767.362.398	795.539.945	4.300.635	0,1850
2009	13.447.755.503	11.677.097.103	13.447.755.503	11.677.097.103	56.862.447	0,2365	0,2054	743.686.329	743.686.329	4.852.684	0,1533

Fontes: Departamento de Aviação Civil (DAC); Instituto de Aviação Civil (IAC); e Agência Nacional de Aviação Civil (Anac).

Quadro 22. Brasil – Evolução dos indicadores de cobertura financeira, lucratividade, aproveitamento, custo, *yield* e *break-even* nas empresas aéreas regulares brasileiras.
Período 1990-2009

	Receita total doméstico (R$ de 2009)	Despesa total doméstico (R$ de 2009)	Cobertura financeira doméstico	Break--even	Aproveitamento pago doméstico	Lucratividade
1990	6.833.696.793	7.833.035.457	87,24	54,71	66,65	(8,19)
1991	7.153.627.915	8.020.211.800	89,20	56,22	56,01	(4,77)
1992	6.706.300.629	7.110.157.580	94,32	57,00	57,09	(6,02)
1993	6.724.138.915	6.687.358.444	100,55	55,30	61,03	0,54
1994	6.192.189.286	5.297.449.984	116,89	50,10	68,07	14,45
1995	5.780.707.205	5.002.342.683	115,56	50,65	75,74	13,47
1996	5.682.836.569	4.883.577.077	117,57	51,37	78,37	14,95
1997	8.408.270.287	7.334.308.351	114,64	51,29	73,86	12,77
1998	8.615.209.106	8.232.120.935	104,65	56,91	81,09	4,45
1999	9.580.249.761	9.841.481.118	97,35	56,57	68,08	(2,73)
2000	10.856.484.133	10.221.770.333	106,21	55,18	58,09	5,85
2001	11.478.392.873	12.309.943.243	93,24	62,65	60,88	(7,24)
2002	12.102.515.313	13.076.731.835	92,55	61,31	58,87	(8,29)
2003	11.751.200.849	11.231.196.453	104,63	57,50	62,19	4,36
2004	12.431.050.209	11.457.189.133	108,50	59,50	66,10	7,84
2005	12.008.193.013	11.904.622.795	100,87	69,80	73,00	0,87
2006	12.203.812.756	11.901.514.293	102,54	70,20	73,08	2,49
2007	11.907.813.833	12.624.908.644	94,32	73,30	72,74	(6,01)
2008	14.725.732.902	15.291.519.109	96,30	68,50	68,37	(3,84)
2009	13.447.755.503	14.545.976.747	92,45	69,60	65,77	(2,50)

Fontes: Departamento de Aviação Civil (DAC); Instituto de Aviação Civil (IAC); e Agência Nacional de Aviação Civil (Anac).

Ass/km oferecidos doméstico	Pax-km pagos (mil) doméstico	Custo/ ass-km oferecido (R$ de 2009)	Yield receita total (R$ de 2009)	Receita total doméstico (1990=100)	Despesa total doméstico (1990=100)	Custo/ass-km oferecido (1990=100)	Yield receita total (1990=100)
21.428.236	14.281.498	0,3655	0,4785	100,00	100,00	100,00	100,00
25.570.183	14.321.856	0,3137	0,4995	104,68	102,39	85,80	104,39
20.679.916	11.806.194	0,3438	0,5680	98,14	90,77	94,06	118,70
20.104.091	12.269.534	0,3326	0,5480	98,40	85,37	91,00	114,52
19.824.256	13.494.206	0,2672	0,4589	90,61	67,63	73,10	95,90
20.658.442	15.646.560	0,2421	0,3695	84,59	63,86	66,24	77,22
20.457.737	16.031.909	0,2387	0,3545	83,16	62,35	65,30	74,09
22.149.306	16.359.007	0,3311	0,5140	123,04	93,63	90,58	107,42
26.855.363	21.775.892	0,3065	0,3956	126,07	105,09	83,86	82,68
28.461.916	19.377.229	0,3458	0,4944	140,19	125,64	94,59	103,32
41.562.143	24.478.576	0,2459	0,4435	158,87	130,50	67,28	92,69
45.313.616	27.585.776	0,2717	0,4161	167,97	157,15	74,32	86,96
47.013.166	27.677.659	0,2782	0,4373	177,10	166,94	76,09	91,39
41.850.561	26.026.651	0,2684	0,4515	171,96	143,38	73,41	94,36
42.756.200	28.263.315	0,2680	0,4398	181,91	146,27	73,31	91,91
48.739.597	35.580.166	0,2442	0,3375	175,72	151,98	66,82	70,53
55.527.155	40.576.646	0,2143	0,3008	178,58	151,94	58,63	62,86
62.894.877	45.749.598	0,2007	0,2603	174,25	161,18	54,91	54,40
72.714.785	49.717.182	0,2103	0,2962	215,49	195,22	57,53	61,90
86.462.588	56.862.447	0,1682	0,2365	196,79	185,70	46,02	49,43

Quadro 23. Brasil – Evolução dos investimentos nas infraestruturas aeronáutica e aeroportuária. Período 2000-2010 (em milhões de reais de 2009)

	Infraestrutura aeronáutica (R$ correntes)	Infraestrutura aeronáutica (R$ de 2009)	Infraestrutura aeroportuária (recursos orçamentarios)	Infraestrutura aeroportuária (Infraero)	Infraestrutura aeroportuária total (R$ de 2009)	Investimento total nas infraestruturas (R$ de 2009)
1995	180,30	489,53	502,45	463,80	966,26	1.455,79
1996	198,50	451,36	770,60	740,38	1.510,98	1.962,34
1997	236,30	497,95	628,86	369,33	998,19	1.496,14
1998	325,50	650,45	857,16	317,03	1.174,19	1.824,64
1999	295,45	559,54	497,94	331,96	829,89	1.389,43
2000	276,58	485,24	99,21	81,16	180,37	665,61
2001	181,11	297,14	527,87	323,53	851,40	1.148,54
2002	258,73	392,28	299,60	65,76	365,36	757,64
2003	148,75	196,47	552,11	112,27	664,38	860,85
2004	159,70	198,35	650,79	75,76	726,55	924,90
2005	175,45	205,49	1.171,26	438,05	1.609,31	1.814,80
2006	237,45	268,53	836,86	867,39	1.704,25	1.972,78
2007	350,30	383,00	629,77	688,81	1.318,58	1.701,58
2008	512,33	531,15	701,86	427,13	1.128,99	1.660,14
2009	491,91	491,91	759,00	469,00	1.228,00	1.719,91
2010	570,36	535,10	620,51	605,69	1.226,20	1.761,30

Fontes: Instituto de Pesquisa Econômica Aplicada (Ipea); Departamento de Aviação Civil (DAC); Instituto de Aviação Civil (IAC); Agência Nacional de Aviaçã Civil (Anac); Ministério da Defesa/Decea; Infraero; Ministério do Planejamento e Orçamento/Deset; e Ministério da Fazenda/Siaf.

Demanda total (mil)	Demanda doméstica (mil)	Investimentos infraestrutura aeroportuária (1995=100)	Investimentos infraestrutura aeronáutica (1995=100)	Demanda total (1995=100)	Demanda doméstica (1995=100)
38.389	15.647	100,00	100,00	100,00	100,00
40.259	16.032	156,37	92,20	104,87	102,46
43.523	16.359	103,30	101,72	113,37	104,55
49.525	21.776	121,52	132,87	129,01	139,17
37.802	19.377	85,89	114,30	98,47	123,84
47.956	24.479	18,67	99,12	124,92	156,45
48.989	27.586	88,11	60,70	127,61	176,30
48.439	27.678	37,81	80,13	126,18	176,89
46.713	26.027	68,76	40,13	121,68	166,34
48.677	28.263	75,19	40,52	126,80	180,63
59.101	35.580	166,55	41,98	153,95	227,39
56.847	40.577	176,38	54,85	148,08	259,33
60.595	45.750	136,46	78,24	157,84	292,39
69.084	49.717	116,84	108,50	179,96	317,74
76.385	56.862	127,09	100,49	198,98	363,41

Quadro 24. Brasil – Distribuição percentual das obras de infraestrutura aeroportuária em andamento pela Infraero, movimentação de passageiros e de aeronaves, segundo o aeroporto. Investimentos acumulados no período 2004-2009 (em reais de 2009)

	Movimentação de passageiros (mil)	Passageiros (%/20)	Movimentação de aeronaves	Aeronaves (%/20)	Investimentos 2004-2009 (milhões de R$ de 2009)	Investimentos (%/20)
Guarulhos	21.727.649	19,11	209.636	13,42	669,2	10,84
Congonhas	13.699.657	12,05	193.308	12,37	381,5	6,18
Brasília	12.213.825	10,74	162.349	10,39	146,7	2,38
Galeão	11.828.656	10,40	119.287	7,63	341,2	5,53
Salvador	7.052.720	6,20	102.211	6,54	96,2	1,56
Confins	5.617.171	4,94	70.122	4,49	40,9	0,66
Porto Alegre	5.607.703	4,93	79.104	5,06	126,9	2,06
Recife	5.250.565	4,62	66.415	4,25	37,8	0,61
Santos Dumont	5.099.643	4,49	97.075	6,21	901,2	14,60
Curitiba	4.853.733	4,27	80.017	5,12	61,7	1,00
Fortaleza	4.211.651	3,70	51.861	3,32	172,8	2,80
Viracopos	3.364.404	2,96	55.261	3,54	351,8	5,70
Vitória	2.342.283	2,06	49.807	3,19	972,3	15,75
Manaus	2.300.022	2,02	45.852	2,93	42,5	0,69
Florianópolis	2.108.383	1,85	39.790	2,55	132,8	2,15
Natal	1.894.113	1,67	23.015	1,47	355,7	5,76
Goiânia	1.772.424	1,56	52.584	3,37	820,9	13,30
Cuiabá	1.671.704	1,47	45.045	2,88	39,2	0,64
João Pessoa	598.015	0,53	7.831	0,50	142,0	2,30
Macapá	469.836	0,41	12.059	0,77	339,5	5,50
20 aeroportos	113.684.157	100,00	1.562.629	100,00	6.172,8	81,20
TOTAL	128.135.616	88,72	2.290.950	68,21	7.715,6	100,00

Fontes: Instituto de Pesquisa Econômica Aplicada (Ipea); Departamento de Aviação Civil (Dac); Agência Nacional de Aviação Civil (Anac); Ministério da Defesa/Decea; Infraero; Ministério do Planejamento e Orçamento/Deset; e Ministério da Fazenda/Siaf.